U0581705

创新之路

面向未来的校园新生态构建

张 烨◎编著

上海教育出版社
SHANGHAI EDUCATIONAL
PUBLISHING HOUSE

序　言

随着当前我国中小学校教育变革的发展与深化,学校层面的变革与创新已成为教育研究和实践关注的焦点。在这个高速发展的时代,我们不仅要关注教育的现在,更要展望教育的未来。对"未来教育""未来学校""面向未来的学校"的畅想与实践,已成为教育领域热议的话题。改变,正悄然发生在我们每一个人的身边。

在这股变革的洪流中,学校是否已为指向素养发展的教育做好了准备?这是每一位教育工作者都需要深思的问题。通往未来的教育不会一夜之间突然降临,只要我们有面向未来的远见和勇气,主动迎接、主动介入、主动作为,教育趋势就可能朝我们期待的方向发展。这种期待,正是校长和教育者对于教育"应当如此"的理性思考及对于教育"肯定如此"的规律把握。应然理想与必然现实共同构筑起我们对未来学校教育的合理预期和美好愿景。我们怀揣热切的期盼,希望通过创新实践,为学校的未来发展注入新的活力。

在大都市的核心区、见证上海发展和变革风云的黄浦江畔,有这么一所学校、一群人,有预见性地描绘发展蓝图,努力踩准每一个变革的步点,从课堂转型到课程迭代,从机制优化到资源重组,从校园文化脉络延续到面向未来的崭新校园生态构建,创新而务实地践行着每一项具体任务。前瞻而不好高骛远,开拓而不急躁冒进,谋定而行,笃定前行,使百年老校焕然一新。这所学校是黄浦区第一中心小学,这群人的领头人就是张烨校长。

这本书是张烨校长带领黄浦区第一中心小学教育探索与实践的结晶,它记录了学校在教育改革道路上的点滴进步与深入思考。课程建设、学习方式、学习评价、教育空间及队伍建设等方面的创新实践,是学校致力于构建面向未来的校园新生态的创新探索。这些实践让教育过程更丰富、师生关系更和谐、多样化学习需求得到充分满足,是对人作为生命个体的重新打量和深度审视,为我们提供了一个新的视角来思考面向未来的校园生态应当如何,将会怎样。

在课程建设方面,关注人的发展理应成为一所学校课程建设的起点和终点。

关注每一个学生的内心世界,通过课程的浸润使其内心世界变得丰富而有追求。从"课程拼盘""课程图谱"到如今立体的"课程塔",学校以"五育并举、融合发展"为价值引领,以"融思、融智、融美、融创"为课程建设目标,以素养培育、形成问题解决能力为任务驱动,既有满足兴趣发展需求的拼盘底座,又有满足探究发展需求的中坚支撑,更有满足深度学习和智慧创生的顶部融合。这种课程建设理念与实践的创新,无疑为当前指向素养培育的课程建设提供了一种新的思路。

在学习方式方面,学校持续开展"学科项目化""跨学科项目化学习"及小学主题式综合活动课程的开发和建设,构建符合新时代创新人才培育的学习目标,尝试用真实有趣、自主探究、任务驱动的综合学习与实践方式,开启学习方式的革新之路,丰富学生的认知、习得与创生,扩展素养生成的渠道、路径和可能。让素养在每一节真实的课堂中生成,为培养学生的综合素质和未来发展奠定了坚实的基础。

在学习评价方面,学校关注学生综合评价平台的开发与实施。通过建构综合素质评价指标框架,关注学生的学习过程、学习成果、学习态度等多方面的表现,对标指标框架的数据采集与处理、系统相关评价内容的设定与评价报告的生成,为学生提供更加全面、客观、科学、个性的评价。学习评价的创新,能帮助学生了解自己的学习状况,明确改进方向,激发学习动力,有助于提升教育的质量和效果,助力学生的自我提升。

在教育空间方面,学校通过物化校园文化、重构学习空间、增强空间互动感、灵活配置资源等,以空间重构彰显其教育功能,努力适应多样化的学习组织形式、教学方式和课程资源灵活转换等现实需求。教育空间全新的打造和升级,体现了教育理念的转变,不仅为学生提供了更加舒适、美观的学习环境,更能助力教学方式的转变,有助于营造鼓励探索、尊重个性、促进互助的学习氛围,也有助于培养学生主动学习的习惯,满足学生多样的成长需求。

在队伍建设方面,学校探索出"三位一体"教师队伍发展建设的路径,建成"班主任微光队"和"'晴'导师追光团"两大教师队伍品牌,以"师能、师爱、师养"三大工程打造高质量的教师队伍,为教师的专业成长提供了有力的支持和保障。此外,学校还注重团队文化的建设,促使团队成员之间形成良好的合作氛围和共同的价值追求。

　　创建新型学校、培育一代新人，这不仅仅是一种愿景，更是促进学校持续发展的内在动力。"未来不是我们要去的地方，而是我们正在创造的地方。"在这个充满挑战与机遇的时代，让我们怀揣梦想、携手共进、勇攀高峰，以创新的思维和实践，在追求教育理想的道路上不断前行！

2024 年 1 月

目　　录

前　言

面向未来,构建校园新生态

2011年2月至今,我担任上海市黄浦区第一中心小学(以下简称黄一中心)"领跑者"已经整整十三年,从课堂转型到课程迭代,从机制优化到资源重组,从校园文化脉络延续到面向未来的崭新校园生态构建,我带领教师团队努力踩准每一个变革步点,有预见性、有顶层设计地擘画发展蓝图,落实学校转型发展与突破创新的每一项具体任务,见证了这所百年老校的历史蜕变,也走出了一条校园新生态构建的创新之路。同行的历程弥足珍贵,创生的智慧开启全新的未来。为了新一轮起步,需要反身自省,总结提升。

回望这十三年,我们每天都要面临各种各样的挑战与机遇,每一次改革都是对教育理念的深刻思考,每一步创新都是对教育实践的勇敢尝试。在追求学术卓越的同时,我们越来越真切地关注如何让"全人教育"这一现代教育理念落地,力求在知识传授与品格塑造之间找到科学的平衡,致力于提升育人质量,推动我校各项事业的全面发展。

近年来,我校着力以"2+2"的方式,分别从"内涵发展项目"和"支持系统项目"两个维度,有设计感地整体构架我们心目中的校园课程生态、学习生态、文化生态、管理生态,先后有序探索并实施面向未来的、全新的校园样态和内在逻辑的有机重构,取得了令人瞩目的成绩。"内涵发展项目"是指"课程迭代升级"和"学习方式变革","支持系统项目"是指"学习空间重塑"和"教师队伍发展"。

以素养培育为目标、以项目化学习为方式的学习方式变革起步于2015年。在近九年的实践探索中,我校跟随上海市教育科学研究院普通教育研究所(以下简称"普教所")夏雪梅团队历经两轮改革试点,成为2019—2020年上海市教委基教处基础教育综合改革重点项目"学习基础素养"市级种子校、上海市义务教育项目化学习三年行动计划(2020—2022年)种子实验校,取得了扎实且有说服力的推进实绩。《上海教育》《第一教育》《预见学习》等媒体多次报道我校的探索实践,我校也多次在市(区)层面作大型展示和研讨。

我校"指向创新素养培育的学习空间重塑行动研究"项目,是上海市教委教育装备中心领衔的上海市教育科学研究课题"上海市中小学学习空间重构行动研究"(2019年上海市哲学社会科学规划教育项目)的子课题。实际上,我校的学习空间实践研究始于2012年。那年,我校作为一所小学,首次参与以往以中学为主的实验室申报,成功立项了"童心视界"视觉艺术创想学习空间。事实上,这也是一种任务驱动。当时我新调任黄一中心,校舍也是刚刚异地新建而成,整个学校内部空间规划格局比较传统——以"室"为主的点状分布,缺少对凸显课程文化特质、支持学生综合学习实践并在实践中培育素养的高阶思考。于是,我萌生了对校园作"二度设计"的大胆想法,带领团队十年磨一剑,年年有落实,用学生的语言表达就是"校园和我共成长",重构并建成了低结构、序列化、全域性的校园新空间,成为全市公办小学整体构建学习空间的样板,辐射同行。"重构学习空间 促进育人方式和学习方式转变——上海市中小学学习空间重构行动研究"中期论证会在我校召开,我校就相关经验作了现场交流,成果编入《基于学习方式变革的中小学学习空间重构的实践与思考》一书。

2022年,我校成为黄浦区教育改革项目的攻关校,主攻方向是教师队伍建设,项目名称是"素养全面的创新型教师队伍梯队式建设"。我校制订全面详实的攻关方案,以"师能、师爱、师养"三大工程的实施为路径,促进我校乃至整个黄一中心教育集团教师队伍的结构优化和素养提升,阶段性成果两次在区域作了展示交流。

上一轮学校课程领导力发展之际,我校正处换帅阶段,没能成为课程领导力项目研究学校,但学校课程发展作为学生学习资源组成的核心内容,其建设、发展和迭代是不管有没有研究校称号都必须做好的主业。我校多年来始终在深耕细作,突破创新,以"融思、融智、融美、融创"为课程建设目标,以素养培育、形成问题解决能力为任务驱动,努力推动课程实现新一轮升级,让作为课程受益者的学生和作为课程发展专业受益者的教师,都能从中享受到学习与成长的快乐。

以上四个方面的重点突破,启动年份虽有先后,但工作并不割裂,是一体存在于黄一中心每天每刻的管理日常中的,是用多维整合思路与策略去落实教育高质量发展目标的自觉生动实践。我们认为,时至今日,教育管理或者说教育治理的最高境界,就是点状深度变革、整体高位架构和过程整合互为支撑,一个都不能少。作为一名教育工作者,倍感荣幸能在这样一个充满活力与创新的时代主动作为,并把所思、所想、所为做一点记录与分享,在充满勇气、智慧与爱的教育旅程中汲取再出发的新能量。下面将扼要介绍我校在上述几个方面的突破性发展轨迹,作为全书的总览。

一、当下我们怎么做课程

设计一个有一定功能分类的"课程拼盘",丰富和拓展课程内容,以多样性确保学生选择,这只是1.0版本初级阶段的做法。架构一套与学校办学价值追求和文化底蕴相契合,且内在有一定逻辑关联的"课程图谱",让学生在课程"游历"的过程中获得看待、品鉴和评判等一系列能力,形成良好的思维方式和行为方式,这是2.0版本的进阶做法。而我们最终希望达成的3.0版本,是一种更高阶的实践追求——既有满足兴趣发展需求的拼盘底座,又有满足探究发展需求的中坚支撑,更有满足深度学习和智慧创生的顶部,三者融合成一个立体的"课程塔"。

十余年来,我校依据教育部办学指导方针和市(区)各级改革任务要求,结合学校实际,不断调整和优化课程结构,进一步审视课程价值、深挖课程内涵、提升课程品质,以"五育并举、融合发展"为价值引领,以"融思、融智、融美、融创"为课程建设目标,以素养培育、形成问题解决能力为任务驱动,有了一点课程建设的"独家思考",也已经形成了在市(区)层面推广的、可供复制的实践经验。满足深度学习和智慧创生的顶部融合课程建设,主要有以下三种创新做法。

(一) 开展党组织领导下的红色思政课程探索,建设"融思"课程

我校于2016年主动与在地社会资源董家渡海事部门联动,提出将原有的"水上安全教育进校园"活动升级为"我们的蓝色国土"海洋思政课程的想法,由双方党组织牵头,发动全市各区海事机构青年团干部与我校教工团支部共建,共同完成教材编写、每周授课、展示评价等系列教学任务。

该课程以教育部印发的《大中小学国家安全教育指导纲要》和上海市教委印发的《上海市中小学专题教育整合实施指导意见(试行)》为主要依据,将上海海事系统的专业支撑作为课程专业保障,引领学生亲近海洋、探索海洋、关怀海洋;以人

文、科学、生态的认知维度作为课程开发的立足点,引导学生关注蓝色国土资源,树立"海洋国土"概念,提高对于蓝色国土主权的认识,增强爱国主义情感。

课程覆盖三年级全体学生,共建的课程团队编写了学生读本、教师读本,还制作了《寻找身边的"海之家"》社会实践活动指导手册。该课程于 2020 年被市教委认定为"大中小德育一体化课程"首批 100 门"中国系列"校本课程之一,并于 2022 年成功申报上海市网络德育专题课程,现已上线市电教馆平台,实现全市共享。课程实施七年来深受历届学生喜爱,已经成为我校党团队"一体化建设"课程的成功样例。

(二) 推动原有特色课程内涵的升级完善,建设"融美"课程

我校于 20 世纪 80 年代开设摄影社团,90 年代开展影视教育。在此基础上,我校于 2014 年起将原有的这两项内容与国家课程中美术学科的部分内容进行整合,建设"童心视界"少儿视觉艺术课程。具体行动路径为:

1. 升级目标定位。宏观层面,从原来以知识和技能传授为主,转向增强真实的体验与互动,最终指向素养培育。中观层面,紧随视觉艺术文化的发展,将《义务教育艺术课程标准(2022 年版)》中的艺术教育元素,包括舞蹈、戏剧、影视等,全面注入学习过程。微观层面,结合办学特色,尝试将语文、英语、美术、音乐、体育等国家基础课程与摄影、摄像、视频制作等学校拓展学习内容全面整合,打破原有学科相对独立的授课方式,突出课程综合,发挥课程要素协同育人的功能。

2. 编写课程资料。2016 年,由校长室牵头,组织美术、摄影、摄像等社团教师共同编写、出版了《童心视界》课程资料包,分教师版和学生版。其中不仅有大师范作,而且有大量学生的习作,并将作业展示和学习评价融于资料包的设计。目前,该课程已成为黄浦区特色共享课程。

3. 丰富媒介载体。我校自 2014 年起,每隔两年都要联系周边文化地标作为美育学习实践成果展示的外场,联动校内全域空间,开展"融美、融创"主题的少儿视觉艺术节,至今已连续举办五届,成为学生向往的校园艺术盛典。从策展到布展,从课堂习作到社团活动,从亲子参与、志愿服务到社会影响力,每一个环节都是生动的、创造性解决问题的最优载体。

4. 完善配套空间。我校围绕课程设计所指向的素养导向,将大厅、剧场、演

播室等空间改造成"童心视界"少儿视觉艺术体验空间和"童真创意"工艺美术创意空间,为学生搭建了发现美、定格美、传递美的可感可触的舞台。

(三) 站在回应人才培养战略需求的高度,建设"融创"课程

"未来创造家"是我校与同济大学设计创意学院教师合作开展的、面向全体三年级学生的科学创意课程。这也是我校在特色课程迭代中尝试的又一条实施路径,即在我校科创类特色课程中,整体以跨学科综合实践探究和项目化学习为最主要的教与学方式,开展课程设计与实施;以"培养探索精神、熟悉探究方法、养成协作习惯"为目标,以解决真实问题的驱动性任务为内容载体,一学期一个大主题单元。该课程自2018年至今已实施近六年,先后开展了"午餐体验""开一家学校里的便利店""铅笔,第一支现代化的书写工具""我眼中的色彩""跨越时空的建筑""秩序的世界""藏在身边的科学""在日常生活劳动中探究"等主题单元的学习,深受学生喜爱。

在该课程教学团队建设方面,我校尝试了"1+9"的组合方式,即由同济大学设计创意学院的一位教师牵头,我校九位教师参与。这支团队每学期就课程单元内容设计展开讨论,一起梳理本年段各学科知识点,用交集部分链接大概念,设计一个贯穿整个学期或学年的大的驱动型任务,再细化分解成每周具体的学习任务串,并且在授课前固定开展具体教学内容的研讨。此外,校长和分管行政全程参与期初的整体设计和期末的成果展示。

2023年上半年,由市教委推荐,我校两次代表上海基础教育界接受联合国教科文组织对上海科学教育的考察。看到我校全员覆盖的科学普及课程和丰富多样的科技社团活动相互支撑,以及我校为培养学生科学精神、创新思维所开展的生动实践,各国教育大使交口称赞。

二、让素养在每一节真实的课堂中生成

传统教育模式中,教师更多是知识的传播者,学生是被动的接受者,这种模式已无法满足国家创新型人才培养的战略需求,因为我们当下培养的是面向未来二三十年国家发展需要的各类人才,素养要求之高不是靠传授能够达到的,更需要的是自主生成。培养新一代善于主动学习、能够进行批判性思考、具有创新

意识和思维品质的学生,让这些未来建设者和接班人无畏地在世界上独立行走,是我们的职责。因此,我校开启了学习方式的革新之路,在跟随普教所开展"项目化学习"实践研究以及跟随市教研室开展小学主题式综合活动实践研究的过程中,尝试通过真实有趣、自主探究、任务驱动的综合学习与实践方式,丰富学生的认知、习得与创生,扩展素养生成的渠道、路径和可能性。

项目化学习,就是让学习者在包含核心知识、思维层层递进、素养重重交织的情境任务中,综合调取已有的知识和经验,经历自我习得、自主建构、协同完善等过程,以将探究结果个性化呈现的方式,达成认知水平、行为能力和思维品质的全面提升,使素养在积淀中逐渐生成。

目前我校主要聚焦的是"学科项目化",即在国家课程中尝试开展项目化学习,探讨与真实世界相关的学科问题,让学生在解决问题的过程中不断深化对学科概念与知识的理解、掌握以及综合运用,并同步提升"如何获取学习成果的元认知,以及创造性问题解决"的高阶思维品质。同时,我校还尝试联结两至三门学科,开展"跨学科项目化学习"。经过几年来的课堂实践研究,逐步明确了学科项目化学习的四个操作环节,并对每一个环节的内涵作出了界定。这四个环节也可作为学校导向性的教学设计支架,让教师在开展项目化学习设计时有所依凭。

1. 指向确定环节:整个项目目标定位和任务设计的导向。包含对教材作梳理解读,选取并确定学习内容,明确学习内容指向的核心知识、背后的大概念、学习内容所承载的学生不同维度的发展目标与任务,以及统整设计与综合实施的操作路径等,是整个项目设计的"灵魂"。

2. 问题驱动环节:项目化学习过程中贯彻始终的主干。包含问题从哪儿来、如何将散乱无主轴的小问题梳理成一两个核心的大问题和一组有逻辑关系的问题链、如何与儿童的真实世界或虚拟情境结合起来、怎么设计有意义且有趣味的探究性任务等,是整个项目设计与实施的"中枢"。

3. 项目实施环节:项目化学习过程中最直接、最具象的操作部分,也是学生获得知识、提升能力、形成素养的实际操作环节。包含对驱动任务的理解和分解、提出对于结论的假设、制订解决方案、确定分工与合作探究、寻找资源和工具、穿插设计评价、讨论成果内容及呈现方式等,是项目化学习最鲜活的"血肉"。

4. 成果反思环节:项目化学习成果(产品)终极呈现的必要环节,也是对项目运作再优化不可或缺的重要组成部分。包含复盘整个学习过程、展示过程性学习成果和终极性学习成果、分享学习体验与心得、梳理经验和提炼亮点、指出不足及改进建议、形成各类评价等,是师生通过项目化学习最终收获的、属于心智模式提升层面的"精华"。

目前,持续开展项目化学习实践研究的效益正在逐年显现,我校涌现了一支理念与实干并重的青年骨干队伍,培养了一批批具有创新素养和行动力的学生。2019 年和 2022 年连续两届上海市"绿色指标"综合评价报告显示,我校学生不仅学业表现优异,而且高阶思维表现良好。2023 年,我校受市教委教研室邀请,撰写基于绿色指标评价结果、总结提炼优质教育形成经验的案例,并予以推广。

覆盖一、二年级四个学期的"睛睛我能行"小学主题式综合活动课程的开发和建设,也以同样的管理思想和操作路径,回应了幼小衔接过程中,幼儿由"从相对具象的活动中获得经验"到"从分学科系统学习中习得认知"的心智跨越的需求。

三、让校园每一处都成为促发灵感的"学习实验室"

我校自 2014 年起,通过顶层设计、分年度实施的总策略,整体构架校园空间样态,使之更匹配多元学习组织形式、教学方式变革突破、课程资源转换等现实需求,重构校园全域。全校面貌焕然一新,基本形成了支撑学校各类课程学习的新场景、新样态,成为全市学习空间建设的校园样板。

(一) 确立空间重构的理念和定位

突出"全域、全育、全予"。在物理空间上突出全"域"性,不再局限于教师开展课堂教学的场域,而是将学习空间定义扩展为发生学习活动的任意场所,包括正式学习空间与非正式学习空间;在目标指向上突出全"育"性,促进学校育人方式变革,回应课程教学和校园生活中师生共同的学习素养培育和专业发展的多元需求;在行动策略上突出全"予"性,全面赋予学校价值系统中文化内涵的显性表达,全面支撑学生学习系统的资源利用,并建立各学习空间之间的序列性和关联度,充分发挥各学习空间内部大区域和小装置的相互关联作用。

（二）坚持空间重构的四大行动策略

1. 物化校园文化,增强办学理念渗透。在所有学习空间改造中,坚持把学校的办学理念和价值追求融入空间构成和功能划分的顶层设计,把"如何利用空间支持育人"作为重要考量,力求让环境设计的每一个点都能提供来自环境的文化暗示,体现让师生在文化中浸润、在教学中相长和在实践中求知的设计理念。

2. 重构学习空间,助力教学方式转变。空间重塑与课程教学改革同向而行。各楼层的空间根据不同教学需求实现通用,教师能够在课程教学中展开体验式、互动式、合作式、探究式等各种教学。学生可以在图书馆真实场景中学习"通过网格来估测"的数学知识;可以将美术课搬进科学教室,学生的小船能够在船模试速水槽中真实地漂浮起来;下雨天还可以进 AI 教室上体育课,在虚拟的运动场景中锻炼……

3. 增强空间互动感,培养主动学习习惯。例如,"求知廊"里充满浓浓的科普氛围,使学生仿佛置身自然博物馆。学习环境中的文字、表格、标本、画面、小视频等巧妙地结合在一起,形成了强烈的视觉冲击和代入感。还有镶嵌在墙上的四面转格——"科普翻翻乐",上面有各种各样贴近真实生活的问题和答案,学生在翻动转格的游戏中无痕学习。类似的互动学习小装置随处可见,遍布各个楼层,"去说教"的非正式学习也随之无处不在。

4. 灵活配置资源,满足多样成长需求。如何让资源在空间里起到学习支架作用呢?"匠心坊"里配备了一条十几米长的全透明玻璃钢水槽供船模试航,方便喜欢船模的学生在社团活动和科技节中一展所长。"童蒙雅轩"文博书海阅览空间不放过任何一平方米的教育机会,在墙角窗前设置"朗读亭"。当师生从红色地标寻访回来,就可以将汲取到的信仰的力量倾注在朗读中。没有去实地寻访的师生可以通过扫描墙壁上的二维码听介绍,润物无声地开展党史教育。

（三）形成五条可供复制和推广的管理经验

1. 清晰表达公办学校学习空间的"标志属性"。即关注学段特点,把握学科教学和跨学科综合学习等多重交织的实际需求;将办学诉求等学校文化特性物化表达在真实的空间情境中,体现教育教学全要素全程育人的功能。

2. 整体思考下的分步实施努力做到"步步为营"。即学校管理团队要有全局性的顶层设计构想、前瞻性的布局谋篇思路,并与学校五年发展的规划设计紧密联系,校长心中要有一盘"大棋"。

3. 利用教育部门各类平台项目的"政策红利"。即整合利用各种申报机制和平台,使之汇总成为同一个顶层设计服务的"政策红利",体现高阶的管理智慧。

4. 在与设计团队的沟通中坚持"学校立场"。即通过与设计和施工团队的反复沟通,深化外部团队对教育空间改造的理解。

5. 让使用者在学习环境重塑中收获"同步成长"。即在不断改变的校园新空间中,助推师生通过积极主动的感知、体验和实践,在反思、磨合、认同中追求"物"和"境"共同作用的最大育人价值。

通过重塑学习空间,我们不仅改变了学校的物理样貌,而且促进了自身教育理念的转变。我们不仅关注物理空间的改造,更注重营造一种鼓励探索、尊重个性、促进互助的学习氛围。在这些充满教育活力和创新的空间中,学生更加活跃,在互动和探索中学习得更加深入和全面;教师也在这些新环境中找到了更多创新教学的灵感和可能性。

四、"培"与"爱"并重,育优秀教师团队

教师是推动学校发展的关键力量。学校保持高质量持续发展,肯定离不开一支优秀教师队伍的支撑。因此,我校致力于通过启动"师能、师爱、师养"三大工程(以下简称"三师"工程),建立健全黄一中心教师学习、工作、关怀、奖励等各项机制,"培"与"爱"并重,着力锻造一支个人素养全面、团队协作发展、富有创新活力、能应对高质量发展任务要求的创新型教师队伍。主要策略有三条:解冻、变革和激活。

(一) 解冻:以高质量党建引领教师队伍建设

打破固有的行政管理思维定势,把党的领导落实到学校教育工作的各方面、各环节,以高质量党建引领高质量队伍建设,构建党风、校风、学风和师德师风的内在联动机制,建立常态化的思想理论学习制度,开展中国精神宣传教育,加强

党史、国史和形势政策教育,将意识形态工作贯穿教育教学工作全过程,让教师将党的理论、路线、方针、政策内化于心,外化于行,坚定理想信念,以实际行动践行教师的光荣使命。

(二) 变革:以"三师"工程为抓手,构建科学的教师"培爱"系统

我校以申报黄浦区教育综合改革教师队伍建设项目为契机,组建研究团队,从实施基础、达成目标、主要任务、预期成果等方面进行了深入思考和系统梳理,全面启动"三师"工程,并建成了"班主任微光队"和"'睛'导师追光团"两大教师队伍品牌。

1. "师能"工程:通过加强教师培训、提升教师专业素养、开展教学研究等方式,提高教师的教学水平和专业能力,目标是培养具有先进教育理念、掌握科学教育方法、具备较强教育教学能力的专业化教师。我校通过组织教师参加各类培训和学习活动,鼓励教师不断更新知识结构,提高教育教学水平,使我校的整体教学质量得到了提升。同时,"师能"工程也加强了教师之间的交流与合作,促进了教师队伍的团结和凝聚。

2. "师爱"工程:通过加强师德教育、弘扬优秀教师事迹、关怀教师心理健康等方式,增强教师的职业认同感和教育使命感,目标是培养具有高度责任感和奉献精神、热爱教育事业、关爱学生、为人师表的先进型教师。我校通过开展各类师德教育和德育实践活动,引导教师关注学生的全面发展和身心健康,树立正确的教育观念和价值观念,整体提升了我校的德育工作水平。同时,"师爱"工程也加强了师生之间的互动和交流,促进了师生之间的感情和信任。

3. "师养"工程:通过加强教师自我管理、开展健康有益的活动、提供良好的工作环境等方式,提高教师的综合素质和生活品质,目标是培养具备良好自我管理能力、身心健康、富有创新精神和生活情趣的高素质教师。我校通过开设"师养"课堂和组织各类文体活动,引导教师关注自己的身心健康和生活质量,培养教师的多种兴趣爱好和综合素养,使教师的精神面貌和工作状态得到了提升。同时,"师养"工程也加强了学校对教师的关心和爱护,体现了学校对教师的重视和尊重。

(三) 激活:循序渐进推动集团内教师联动发展

激活"点",发现每位教师的特长点、闪光点、潜能点,设计有清晰目标、自主

发展路径、成果预设的个人成长规划;激活"面",加强教研组、年级组、项目组等团队建设,广泛发掘资源,提供各类研究、提升、展示的平台,激励和优化评价导向,创新各类管理机制,赋能教师,大有可为;激活"体",有序地推动点面共振,促进全校教师队伍形成各美其美、美美与共、抱团发展、遍地开花的良好局面和态势。

作为黄一中心教育集团牵头学校,我们还由本校这个"点"向着集团这个"面"作更广泛的引领、带动和辐射,以"项目化学习实践研究"为集团共研项目内容,连续两轮组建思政、语文、数学、体育、科学"五大学科工作坊",开展大量行动研究,并积极展示阶段研究成果,深化共建共享,促进集团不断向着紧密型、高质量、示范型方向发展。集团内六所成员校勠力同心,协手发力,取得高位优质均衡发展。

在当下任何行业都非常"内卷"的时代,除了承担繁重的常规性工作任务之外,还要挑起这么多富有开创意义和价值的改革重担,有时也会不胜疲惫,但我们的团队总是在相互鼓励:有思想地去做,就会觉得有意义;有创意地去做,就会觉得有突破;有顶层设计地去做,就会觉得有长远效益;有整合思维地去做,就不会觉得是简单叠加的无用功。一路走来,始终感受到思想与创造的力量如同阳光,照亮了我们生活、学习与工作的世界,也照亮了我们前行的道路。我们也应该带着光,去努力点亮每一个学生的成长之旅,点亮每一位教师的发展之路,成就一所富含管理创意和教学活力的、有灵魂高度的学校。

感谢您阅读这本书。上海市黄浦区第一中心小学的发展故事,是一个关于梦想、努力和成就的故事,也是一个关于如何用创新激发百年老校教育活力的真实故事。希望通过我们的分享,能够带给大家关于小学教育创新和发展的一些启示和思考。

感谢所有为这部书稿作出贡献的人!截稿之日也是新的脚步跨出之时,步履不停,是我们教育人的责任和使命,继续加油!

张烨

2024 年 3 月

第一章

课程建设创新

一、课程设计:五育并举,在融合中创新

(一) 以素养培育为导向的课程管理

在教育发展的道路上,创新是极具价值的。基础教育的创新是什么?学校能做出怎样的创新?我校在课程管理的创新上进行了多种方式的研究与实践。我校从积极响应国家发展改革的基本点出发,在坚守国家课程的基础上,投入热情,积极调动教师的智慧,开发大量校本课程。在校本课程建设的过程中,制订相应的管理制度,积极鼓励创新,整合利用校内外各类资源,使教育创新的理想落地。我校教师撰写的《红色思政课程探索践行德育创新》《文化积淀孕育美育课程创新》《体育课程融合中创新》《综合活动课程主题式创新》等文章,从不同维度展现了课程创新的不同侧面,可以一窥全豹。

我校长期积极推进课程管理的创新并取得了显著的成效。我校致力于打造品牌课程,打造出多个在市、区较具影响力的品牌课程。这些品牌课程极大地发挥了区域的辐射作用,有的为兄弟学校所借鉴,有的成为市、区的教育成果,辐射外省市。

我校在课程的管理创新方面理顺关系,实现程序化的管理。一方面建立了课程开发的基本程序。首先,课程领导小组在听取专家的意见和建议的基础上,对学校课程总体方案进行前期设计,并由学校校务会讨论通过;其次,各学科教研组根据学校课程方案总体要求,自主开发拓展型和探究型校本课程的具体科目内容,选编教材,撰写授课计划,设计教学与评价,由校课程工作小组审查通过;最后,课程领导小组每学年召开专题会议,听取工作小组的总结与反思,进一步修订和完善学校课程方案。另一方面形成了课程的管理程序。首先,工作小组每学年制订学校课程实施的学年度课程计划,整体协调人员、科目、场地及资源,并加强课程实施的过程管理;其次,教师根据课程计划设定教学(活动)目标,安排教学(活动)进度,设计教学(活动)实施方案,组织实施后及时反思、提炼经验,整理、保存教学(活动)的相关资料;最后,领导小组和工作小组成员日常随机参与教学(活动),了解活动进程,予以指导和指正。每学期召开工作会议,交流教师的成功经验,解决存在的问题,总结学校课程的实施情况,对学校课程的实施情况进行评价与总结。我校还发挥教师的积极作用,使教师在课程的

领导、管理与执行的过程中，承担起学生成长引路人的职责。

我校在课程管理创新的路上形成了自己的操作策略。比如，关注课程目标。学校的课程目标必须基于学校的课程理念，并与总体办学目标一致，高度契合。因而，我校在"以人为本，促进人的发展，用真情和智慧打造师生共有的文化空间和精神家园"的办学目标总领下，基于"全面成长与个性发展并重，实践能力与创新素养并举，为学生提供精致、优质的课程服务"的课程理念，将学校的课程目标定为：课程让学生实现和谐发展、自主发展、创新发展。

我校基础型课程的课程目标是以国家课程为载体，以教学理念、行为的创新为推动力，提升学生德、智、体、美、劳综合素质，促进学生基础性学力养成，奠基学生的终身和谐发展。拓展型课程的课程目标是以学校课程"睛彩之窗"为载体，拓宽学习视野，体现知识拓展和综合能力的提高，以丰富的课程选择促进学生发展性学力的养成，服务学生的个性自主发展。探究型课程的课程目标是丰富学习经历，培养实践能力和创新精神，用专题性、综合性研究学习的方式激发学生研究性学力的萌芽，引领学生创新能力发展的持续进步。《文化积淀孕育美育课程创新》一文展现了学校如何追求更有品质的美育课程，如何在学校特色美育课程文化的积淀中再创新。学校坚持以美育人、以文化人，坚持立德树人与美育，拓宽学校美育的路径与方法，将课程与美育进行深度融合迭代，助推学生艺术人文素养的提升。

（二）架构"同心圆"，凸显四个"融"

我校的课程内容形成了一个完整的架构，能够更好地发挥课程的实际价值及最大功效。该架构可视为从一个中心点出发形成的"同心圆"。

从"同心圆"课程架构示意图可见其内涵：基于"全面成长与个性发展并重，实践能力与创新素养并举，为学生提供精致、优质的课程服务"的课程理念，不断通过"融入项目化学习等综合学习方式推动国家课程中的学习变革""学校文化底蕴再挖掘，促进红色思政课程再提升""学校特色课程再深化，促进五育融合发展再创新"三大路径，不断优化迭代现有的学校课程体系，建设具有"融思、融智、融美、融创"特质的、五育融合的"睛彩"系列课程，促进学生和谐发展、自主发展、创新发展。

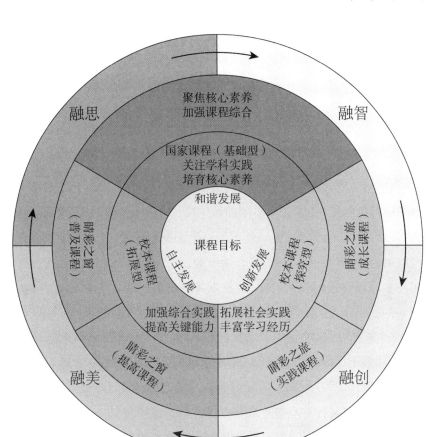

图 1－1 "同心圆"课程架构示意图

我校总结了五项规则以保证课程实施的高效：一是顶层设计与反馈微调；二是内容设置与特色培育；三是科目设计与教程编写；四是资源协调与系统支持；五是区域共享与示范辐射。在这五项规则的有效支撑下，课堂教学改革的探索全面开花，学校开展的项目化学习取得了丰硕的实践成果。

在不断深化的课改进程中，我校一直在思考与行动，深入进行基础型、拓展型、探究型三类课程统整的创新探索。实践发现，这三类课程板块相对独立的设置虽有助于基层学校清晰地认识各部分的课程功能定位及互补作用，也更便于管理和考核，但学生的学习行为是一项完整复杂的系统工程，在课程执行的过程中，有许多学习内容无法简单机械地用基础、拓展、探究等定性归类。据此，我校尝试寻找一个点，将"童心视界"少儿视觉艺术特色课程的建设作为一个实践载体,依托此课程,统整、融合三类课程,进一步促进学生学习素养的综合提升。

"童心视界"少儿视觉艺术课程使用我校编写的三位一体的校本教程,将摄影、影视制作的教学课时纳入自主拓展型课程,将创意美术的课时纳入基础型课程。利用假期,布置相关的创意长作业要求,吸引有兴趣和才能的学生参与。我校两年一度开展与此课程相关的视觉艺术文化节活动,充分展示学生的学习成果,在向内推动学校课程文化形成的同时,辐射到区、市。作为上海市摄影特色学校和影视特色学校,我校二十多年的教学实践积累使摄影与摄像课成为学生喜爱、家长欢迎的特色课程,也培养出了一批影视小记者,其中不少校友已经走进上海电视台、新闻晨报等单位,成长为专业记者。

在校本课程建设的创新方面,我校发挥教师的聪明才智和创造性,从国家课程拓展的需求出发,形成了多门学科的教学辅助资源,建有"玩'美'视界""阅读心语"等课程,有效支持了国家课程的学习。在建设多样化活动课程领域,结合教师能力、个人兴趣爱好等,开发出"少儿美工""美学坊""机器人"等课程。

在积极适应国家教育发展改革方面,《红色思政课程探索践行德育创新》一文展现了课程建设创新方面的一个积极尝试。教师坚持立德树人为本,教学蕴蓄扎实的理论素养,树立坚定的政治信仰。教师要提高自身的教育能力,不断丰富教学手段、教学方法,善于开发和运用丰富多样的教育资源,不断提高思政课的说服力、吸引力、感染力,让思政课堂变得"有知有味"。打破学科界限,学科之间相互配合、相互渗透,从而促进学生全面发展,形成育人合力,打造德育特色课程"我们的蓝色国土"这门海洋国土教育校本课程。该课程采用寓教于乐、多元化的教学策略,通过主题式、项目化的教与学的方法,聚焦国家国土安全的"海洋国土安全"主题,融入生态安全、资源安全、深海安全、海外利益安全的有关内容。将"海洋强国梦"融入课程、教材和校园,增强学生的国家安全意识,让学生了解、掌握维护国家安全的常识。

目前,小学主题式综合活动实践课程已经成为我校成熟的校本课程。课程注重游戏化、生活化、综合化的学习设计,强化体验式、探究性学习,引导和支持学生"玩中学""做中学""探中学"。《综合活动课程主题式创新》一文展现的课例"睛睛我能行",也成为入学以后新生的引领课程,帮助学生顺利完成幼小衔接的过渡。在学习习惯、生活习惯和心理衔接等方面给刚入校的学生一种鼓励,使其初步建立角色认同、集体意识和归属感,逐步形成适应小学生活与学习的正确价值观、必备品格与关键能力。《体育课程融合中创新》一文展现了我校坚持"健康第一"的教育理念,积极开发课程资源,把体育与德育、智育有机地结合起来。以学生发展核心素养为引领,落实立德树人根本任务,引导学生形成健康与安全的意识及良好的生活方式,促进学生身心健康、体魄强健、全面发展,实现了课程在融合中的创新。

我校努力为课程插上创新的翅膀,让创新在丰饶的大地开花,在创新教学管理及课程建设的探索方面奉献了成果与经验的盛宴。然而,我校并不满足,前进的步伐不会停止。发展进步是我校的根本追求,在充满挑战的教育发展的大道上,师生们向着光明,永不止步。

二、课程执行:课程学习内容与建构创新

(一)探索红色思政课程,践行德育创新

1. 立德树人是根本

2019 年 3 月 18 日,习近平总书记在学校思想政治理论课教师座谈会上指出,"思想政治理论课是落实立德树人根本任务的关键课程""我们办中国特色社会主义教育,就是要理直气壮开好思政课"。其根本是用新时代中国特色社会主义思想铸魂育人,引导学生增强中国特色社会主义道路自信、理论自信、制度自信、文化自信,厚植爱国主义情怀,把爱国情、强国志、报国行自觉融入坚持和发展中国特色社会主义事业、建设社会主义现代化强国、实现中华民族伟大复兴的奋斗之中。

2. 思政课"有知有味"

青少年是祖国的未来、民族的希望。我们党立志于中华民族千秋伟业,必须培养一代又一代拥护中国共产党领导和我国社会主义制度、立志为中国特色社会主义事业奋斗终身的有用人才。因而,我们更要把下一代教育好、培养好,从学校抓起、从娃娃抓起。在小学、中学、大学循序渐进、螺旋上升地开设思想政治

理论课非常必要,是培养一代又一代社会主义建设者和接班人的重要保障。

思政课的作用不可替代,思政课教师队伍责任重大。教师应提高自身对建党精神内涵承载和知识体系的认识与理解,积累丰厚的党史知识,蕴蓄扎实的理论素养,树立坚定的政治信仰。同时要提高自身的教育能力,不断丰富教学手段、教学方法,善于开发和运用丰富多样的教育资源,不断提高思政课的说服力、吸引力、感染力,让思政课堂变得"有知有味",将建党精神讲懂讲透,将理想信念真正融入学生的思想。

3. 校本课程助发展

1985 年开始,我校就很注重校本课程开发建设。基于"全面成长与个性发展并重,实践能力与创新素养并举,为学生提供精致、优质的课程服务"的课程理念,我校将课程目标定为:课程让学生实现和谐发展、自主发展、创新发展。其中,学校拓展型课程的目标是:以学校课程"睛彩之窗"为载体,拓宽学习视野,体现知识拓展和综合能力的提高,用丰富的课程选择促进学生发展性学力养成,服务学生的个性自主发展。通过课程学习,使学生在德育、智育、体育、美育以及社会性发展等各方面获得全面提升。

以上目标简化为学生自主发展的行动口号是:做创新、自主、和谐的"小睛睛"。近年来,我校在原有基础上进一步完善"睛彩之窗"拓展型课程和"睛彩之旅"探究型课程,为学生提供了更多的体验和实践平台,促进学生快乐成长,提升学校办学品质。

4. 行规教育展新容

党的事业需要培养一代代的接班人。少先队是预备队,在共青团的带领下,以先锋为榜样,引导少年儿童争做未来先锋,帮助少年儿童扣好人生的第一粒扣子。党、团、队一体化是信念一体、学习一体、课程一体的系统。

学校教育的载体是课程,学校课程分为学科课程与非学科课程。学科课程明确要求课程内容与学生经验、社会生活相关联,突出课程内容的内在联系与知识体系的结构化和系统化。非学科课程以各组织单位为设计主体,以各主题内容为学习要素,如摄影技巧、水上安全等,结合学生实际,与学科课程整合,整体纳入学校的课程计划,开设摄影课程、小记者兴趣组,形成学校大课程体系。党、团、队教育是学校课程的重要构成,有专属的课程内容和组织形态,通过专设的课时,以专题教育、主题展示、社会实践等多种形式,形成多维度、多结构的学习任务。党、团、队课程要遵照党章、团章以及队章的内容与要求,确定课程的结构,根据不同年龄段学生的基础和能力,分层分类设计课程内容和学习要求。

5. 品牌课程出亮点

我校在打造德育品牌课程过程中,注重与学生行为规范教育相融合,充分发挥学科教学、校园文化、课外活动这三大德育载体的作用,并通过"课程育人、活动育人、环境育人、评价育人"四大策略的运用,让学生逐步在活动中养成良好的行为习惯。

我校开设了"睛睛告诉你"法制行为规范课,将学生在校的日常行为规范教育与小学生普法、学法有机结合起来。在过去的实践探索中,我校结合《中华人民共和国国旗法》《中华人民共和国未成年人保护法》《中华人民共和国道路交通安全法》等设计制作了《尊重国旗好少年》《尊重国歌好少年》《不做校园"小霸王"》《上学路上》《垃圾分类减量 争做环保达人》等行为规范课录像。

为了推进法治进校园,不断丰富学校法治教育,切实增强学生法治观念,小东门街道法治建设委员会联合黄浦区教育局、黄浦区司法局和我校一起打造"'典'亮童心,与法同行"系列课程,致力守护每一个"少年的你"。富有趣味而生动的沉浸式普法活动,让学生在欢声笑语中牢记法律知识,从小学法,长大守法,履行历史使命,立足当下,努力奋斗,争做优秀的中国特色社会主义事业建设者和接班人。

我校通过开展"黄一中心阳光学子"评比活动来保障行规教育落到实处。"黄一中心阳光学子"评比活动设置了十个单项奖,涵盖了孝敬长辈、关心集体、积极锻炼、勤劳自理、诚实守信、友好互助等方面,对学生各个方面的行为规范给予激励引导。近两年,我校为了激励更多学生养成垃圾分类和爱惜粮食的习惯,在阳光学子十大单项奖的基础上特别设置了年度特别奖项,2019年设置了"环保少年"奖,2020年设置了"光盘小达人"奖,2022年设置了"劳动小达人"奖。

近三年来,我校在低年级段校本课程中积极探索"主题式综合实践活动",并编制了一、二年级校本活动手册。在每个活动的"睛睛来点评"环节中,都设置了学生行规的要求。一年级诸多活动中都将"能认真倾听他人发言,遵守课堂规则"作为活动后学生自评、互评的重要内容。在二年级"乐游海昌动物园"

综合实践活动后,也设置了"遵守了游客参观规则"行为规范评价要求。

教师运用多样化、生活化的载体,培养学生良好的学习习惯、生活习惯、交往礼仪和集体意识,把真情和智慧渗透在校园的每个角落,无限地延伸到校园之外。

6. 课程成效辐射强

在实践过程中,我校形成了一系列"小学生海洋国土教育"学习资源:《我们的蓝色国土》教育读本,分学生版、教师版;"我们的蓝色国土"课程精选视频集,收录了海事志愿者教师的课堂教学实录,海事志愿者教师团队、黄一中心青年教师团队齐心打造的"双师型"课堂实录和"云微课"课堂实录;《我们的蓝色国土——"寻访身边的海之家"》社会实践手册;"海巡 01 号"拼版学具;等等。基于实践过程中的这些成果,形成又一课程品牌:"我们的蓝色国土"。

将这些学习资源在黄浦区内、上海市内与更多的师生共建、共享,是我校课程建设组一直坚持的。区内发挥协作块教育集团优势。在黄浦区内,我校积极发挥协作块牵头校的作用,向协作块内其他五所学校提供了"我们的蓝色国土"教育系列学习资源(两个版本的教材、视频集和实践手册)。对于积极投身"小学生海洋国土教育"的协作块校,我校向该校师生多次赠送《我们的蓝色国土》两个版本的教育读本、《我们的蓝色国土——"寻访身边的海之家"》社会实践手册和"海巡 01 号"拼版学具。同时,邀请海事志愿者教师团队专门送课进校园,为学生提供他们所需的课程教学。

图 1-2 《我们的蓝色国土——"寻访身边的海之家"》社会实践手册

我校以"我们的蓝色国土"特色课程成功申报上海市教委首批"中国系列"课程的契机,在全市范围内开展"小学生海洋国土教育"的资源辐射。

我校发挥青年教师和海事系统志愿者教师的聪明才智,结合全国中小学安全教育日的宣传活动,在线上开辟了"小学生海洋国土教育云空间",将学习手册、精选教学视频等学习资源上传至云空间,供全市师生学习使用。同时,我们通过组织面向全市小学生的"水上交通安全知识"网上竞赛活动,吸引更多的学生关注"小学生海洋国土教育云空间",参与学习海洋国土知识。对于所有参赛获奖的选手,我们通过颁发获奖证书、赠送《我们的蓝色国土》教育读本和"海巡01 号"拼版学具,进一步扩大"小学生海洋国土教育"的辐射影响力。"我们的蓝色国土"课程作为上海市首批"中国系列"课程,成功申报市网络德育专题课程,课程组已于 2022 年完成网络课程方案、课程文稿,并已制作完成,现已上线,辐射全市,提高本课程影响力。

课例："我们的蓝色国土"

为了贯彻并落实总体国家安全观,作为开展国家安全教育的一种既系统又科学的手段,黄浦区第一中心小学积极打造德育特色课程、海洋国土教育校本课程"我们的蓝色国土"。该课程聚焦国家安全体系 16 个领域中国土安全的"海洋国土安全"主题,结合我国实际国情,融入生态安全、资源安全、深海安全、海外利益安全的相关内容。将"海洋强国梦"融入课程、教材和校园,全面增强义务教育阶段学生的国家安全意识,让学生了解、掌握维护国家安全的常识。该课程采用寓教于乐、多元化的教学策略,通过主题式、项目化的教学方法,以"海洋"作为切入点开展国家安全教育,以点带面,对完善"国家安全"专题的相关课程具有一定现实意义。

一、课程理念和目的

(一) 课程理念

本课程以教育部印发的《大中小学国家安全教育指导纲要》以及上海市教委颁发的《上海市中小学拓展型课程指导纲要》《上海市中小学专题教育整合实施指导意见(试行)》作为主要依据,以上海海事系统的专业支撑作为课程专业保障,采用模块化方式开设"我们的蓝色国土"课程。围绕"海洋国土"概念,启蒙国家安全意识,让学生初步了解海洋国土的基本常识,感受个人与国家安全的紧密联系,增强爱国主义情感。

(二) 课程目的

本课程以人文、科学、生态的认知维度作为课程开发的立足点,引导学生亲近海洋、探索海洋、关怀海洋,关注蓝色国土资源,提高对于蓝色国土主权的认识。本课程的学习目标:第一,了解蓝色国土、蓝色国土安全等相关概念,以小见大,进一步认识到国土安全的重要性,启蒙国家安全意识;第二,在蓝色国土相关知识学习的过程中,激发对海洋生物、海洋资源的兴趣,认识到蓝色国土资源的丰富,从小树立保护蓝色国土资源的意识;第三,知道蓝色国土安全与每个人息息相关,进一步增强"爱海、护海、强海"的爱国主义情感。

二、课程目标:循序渐进,价值渗透

我校作为上海的一所百年老校,紧靠上海的母亲河——黄浦江,有着丰富的海洋资源和传统,一直浸润在黄浦海派文化、海派教育之中。在新时代,加强小学生海洋国土教育是学校的责任和使命。

在分析我校育人目标和学生发展核心素养点的基础上,制订了该课程的教育目标,根据小学生身心特点,对标五项关键能力,重点培养学生的海洋意识、爱国情怀以及实践能力。

(一) 从学校育人目标出发

《义务教育课程方案(2022年版)》指出:"义务教育要在坚定理想信念、厚植爱国主义情怀、加强品德修养、增长知识见识、培养奋斗精神、增强综合素质上下功夫,使学生有理想、有本领、有担当,培养德智体美劳全面发展的社会主义建设者和接班人。"

我校提倡并实践"关注每一个人,用真情和智慧打造师生共有的精神家园",坚持"培育德智体美劳全面发展、能力素养与社会性发展良好的黄一中心学子"的育人目标,使学生成为"创新、自主、和谐"的新时代少年。

基于我校的培养目标,参照学生发展核心素养,我校提出了"黄一中心阳光学子"的三大必备品格和五项关键能力要求。三大必备品格是"家国情怀、责任担当、全面发展",五项关键能力是"生活自理能力、团队合作能力、沟通表达能力、信息与技术能力、实践创新能力"。

（二）确立海洋教育目标

以"黄一中心阳光学子"的三大必备品格和五项关键能力为依据,提出"小学生海洋国土教育"总目标:重视人与海洋的和谐发展,在"知海—亲海—爱海"的基础上,培养小学生具有一定的科学探索能力,掌握海上安全的基本技能,树立正确的海洋价值观和可持续发展观,培养小学生的海洋国土意识。

同时,根据校情和小学生身心特点,分解海洋国土教育的总目标并制订了分年段教育目标,分层落实海洋国土教育的基本要求。

表1-1 我校"小学生海洋国土教育"分学段教育目标

学段	教育目标	具体实施要求	实施依据
低年级	初步了解四大洋,知道海图、港口的作用及发展历史;激发学生对航海史的兴趣;以感受海洋国土为核心,培养"初晓海洋"的意识	知晓海洋生物的毒性,了解灯塔是祖国的海上标志,启蒙海洋意识,在"知海"的基础上重点培养对海洋生物的兴趣,能认识日常生活中一些常用的海上安全标识	小学低年段学生在学龄前就已从绘本或实践中获取了对海洋的初步认知。这个阶段的学生心理带有明显的形象性、具体性、无意性,尚不具备抽象性、随意性,观察、注意、识记基本处于无意状态,情感也处于比较低级的阶段。在进行海洋国土教育的过程中,以对海洋的认知活动为主
中年级	认识海洋资源;了解海洋国境,激发保护海洋资源的情感;以认识海洋国土为目的,培养"认识海洋"的意识	懂得运用一定的信息技术,通过自主探究,认识海洋和海底世界的丰富资源,具有海洋资源保护意识,理解蓝色国土的含义,知晓海洋权益日益受到重视,在"亲近"的基础上,培养海上出行的好习惯,启蒙海洋国土意识	小学中年段学生的思维开始由具体的形象思维向抽象思维转化,在概括海洋等事物时,既有形象性,又有抽象性,观察具备一定的目的性、精确性、顺序性,感情的稳定性、可控性、丰富性、深刻性有所提升,并初步有了一些高级情感的体验,如道德情感、理智情感、审美情感等。这时的学生已经对海洋有了初步印象,从内心对海洋有了一定感知

（续表）

学段	教育目标	具体实施要求	实施依据
高年级	认识海上交通工具和标识;知晓灯塔的意义,初步掌握海上自救能力,养成海上安全出行的好习惯;以关爱海洋国土为内涵,培养"探索海洋"的意识	能较熟练地运用信息技术,通过合作学习,了解航海历史,探秘海洋,认识开发海洋新空间的重要性,具有海洋可持续发展的意识,树立蓝色国土神圣不可侵犯的意识,在"爱海"的基础上,掌握一定的海上自救技能,培养依法维护国家海权的意识	小学高年段的学生已经可以抽象概括一些简单事物,可以凭借语言进行想象,并能有目的、有选择地进行回想,高级情感逐步成熟

三、课程架构与内容

（一）课程框架

在小学阶段开展海洋国土教育,我们的课程突出学校德育的时代特征,拓展传统海洋教育知识性的内容。丰富的主题活动拓宽了"小学生海洋国土教育"学习的空间,从课堂到社区,从书本到场馆。双线并行的方式有效促进学生对海洋国土的了解与热爱。

1.凸显科学性:以课程培养能力

在学校德育课程中开设"我们的蓝色国土"课程,编写海洋国土教育读本,注重其科学性,培养小学生的海洋意识、海洋国土意识以及综合能力。

表1-2 "我们的蓝色国土"课程一览表

模块	学段	主题	资源
模块1 海洋文化与历史	低年级	认识海洋	十六铺码头、三山会馆
	中年级	海上的使者	
		祖国的港口	
	高年级	走进海图	上海海图中心、中国航海博物馆
		走进中国航海博物馆	

（续表）

模块	学段	主题	资源
模块2 海洋资源与保护	低年级	海洋动物知多少	上海长风海洋世界、 上海海昌海洋公园
	中年级	生命诞生于海洋	
		海底世界宝藏多	
	高年级	开发海洋新空间	深海探索馆
模块3 海上安全技能	低年级	——	上海海事系统各海事局、 学校安全知识学习空间
	中年级	海上交通安全	
		海上出行好习惯	
	高年级	海上遇险自救	上海海上搜救中心
模块4 海洋国土与国防	低年级	——	海巡01号公务船、 洋山深水港、 东海舰队
	中年级	祖国的灯塔	
		蓝色的海洋国土	
	高年级	神圣的海洋主权	

2. 提高普适性：以活动激发情感

我们注重将"小学生海洋国土教育"的特色课程与丰富多彩的海洋主题活动有机融合，整体设计主题教育和社会实践活动的内容，激发学生热爱海洋国土、守卫蓝色家园的情感。

表1－3　"我们的蓝色国土"主题活动一览表

模块	学段	主题活动实施形式	
		校内专题活动	校外实践活动
模块1 海洋文化与历史	低年级	世界海洋日宣传活动	走进上海海洋水族馆
	中年级		探访十六铺码头
	高年级		走进中国航海博物馆
模块2 海洋资源与保护	低年级	专项学习：我爱海洋小生物	走进上海海昌海洋公园
		亲子活动：海洋世界大探险	
	中年级	拓展学习：我们身边的水资源	
	高年级	拓展学习：中国的骄傲—— 蛟龙号的故事	走进深海探索馆

（续表）

模块	学段	主题活动实施形式	
		校内专题活动	校外实践活动
模块3 海上安全技能	低年级	全国中小学生安全 教育日宣传活动	"水上交通安全知识" 网络竞赛
	中年级		
	高年级		
模块4 海洋国土与国防	低年级	亲子学习:上海的位置	走进海军上海博览馆
	中年级	拓展学习:中国海军	
	高年级	拓展学习:世界海军	参观洋山深水港

（三）课程内容:源于生活,引导实践

本课程的题材内容与学生生活经验相结合,是学生喜闻乐见的。在设计课程内容时兼顾创新性和多样性,在主题活动设计中关注情境性和体验性。通过课程的实施,引导学生体验和实践,丰富他们的学习经历。

1. 立足生活化,体现多样性

在设计课程内容时,立足学生已有的经验,体现新颖、丰富的特点。"我们的蓝色国土"课程内容包括"走进海洋世界""海洋资源探秘""海上交通安全"和"海洋国土保护"。在每个单元内容的选择上,我们以三维目标为导向,既有以知识与技能传授为主的教育内容,又有注重过程与方法的教育内容,更有凸显情感态度与价值观的教育内容。

2. 关照差异化,注重体验性

利用校内的主题教育活动内容,分年段设计各种形式的"海洋"主题活动,关照活动的情境性与学生的体验性。比如,在全校范围内结合"国家安全日""世界水日"和校科技节等时间节点,统一开展"水上交通安全进校园"主题教育活动。再如,依据"低年级重在激发兴趣,中年级重在学习知识,高年级重在提升能力"的"小学生海洋国土教育"要求,在全校分年级开展"我爱海洋小生物""我们身边的水资源""中国的骄傲——蛟龙号的故事"等专项学习内容,确保每位学生每学年至少参与一项普及型的、和海洋有关的专题学习教育活动。校外,我们主要以《我们的蓝色国土——"寻访身边的海之家"》社会实践手册为载体,引导学生通过亲子活动、假日小队活动等,开展亲近海洋的社会实践活动。

四、课程的组织与实施

(一) 课程的实施方式

2014 年 4 月,国家教育部提出了《关于全面深化课程改革　落实立德树人根本任务的意见》,明确了当代学生应具备的适应终身发展与社会发展需要的必备品格和关键能力。为了适应新时代学生成长的需要,增强社会责任感,提高学生核心素养,让学生有更充裕的时间接受海洋国土教育,在海洋国土教育课程与活动设置、课时安排及教师配备、校本学习包等条件逐渐成熟的前提下,我校开始创新性地尝试探索海洋国土课程和综合实践活动课整合的新实施模式。

我们认为,在满足小学生思想道德发展需要的过程中落实立德树人的根本任务,要以对学生进行生活指导为主,主要通过活动实现教育目的,并在这一基础上进行相关的知识和理论学习。如何将国家的战略落实到具体的学校教育实践之中?基于传统和优势,开展"小学生海洋国土教育"创新实践课程,让学生走出课堂、走出校园,在真实的体验中丰富海洋知识,增强海洋资源保护意识和海洋国土意识,养成适应终身发展和社会发展需要的必备品格和关键能力。这也是学校办学和发展的命题之一。

作为创新教育标杆学校和海洋国土教育特色学校,我校在实施海洋国土教育的过程中总是不断形成新的想法,并积极地付诸实践。两线并进,整合学科特色课程和校内外主题活动资源。注重不同学科教师之间的沟通,充分挖掘各学科中的海洋意识培养资源,同时避免各学科之间授课内容的重复。比如,在道德与法治课上,详细讲授地理大发现、虎门销烟、甲午海战、太平洋战争等与海洋相关的历史事件,激发学生的爱国热情,培养学生的海洋安全意识;在自然课上,介绍海水的成分和海洋中的化学资源;在美术课上,讲授海洋生物的种类、分布情况以及海洋生物资源,提高学生对海洋资源的感性认识;在探究课上,幻想未来的海底世界,使学生更深刻地理解开发海洋新空间的有关知识。

"纸上得来终觉浅,绝知此事要躬行"。在激发学生积极学习海洋小知识的同时,我们还鼓励和组织学生参与多种社会实践活动。通过多彩的活动,丰富海洋国土教育实施渠道,扩展海洋国土教育的外延,积极引导学生开展各种有益的海洋科普活动,激发学生学习海洋科普知识的热情。

此外,我校采用项目化学习、跨学科教学、《我们的蓝色国土》教育读本引领自主学习、合作探索活动、循环深入场馆学习等多项协同策略,综合小学生的学习册、寒暑期作业、阅读刊物等资源,根据不同年龄的学生心理发展情况,穿插一些有趣的海洋小故事、海洋小常识,使海洋国土教育活动充满生机。儿童的感性思维优于理性思维,他们的心理还不成熟,各种价值观都有待完善,对其进行相应的教育可取得很好的成效。选择适合他们的活动开展"小学生海洋国土教育",潜移默化地普及海洋常识,培养他们的海洋情感和海洋意识,从而使小学生向往大海,从小就有海洋梦。

(二) 丰富教育形式

通过项目化学习设计、跨学科教育教学设计、多元性成果展示以及"云微课"等多项协同的教育实施策略,丰富教育教学形式,对学生进行海洋国土相关教育,让学生从小树立海洋强国的"蓝色信念"。

1. 以项目化学习提升核心素养

(1) 聚焦项目化学习内核

近年来,随着培育和落实学生核心素养的呼声越发高涨,国内也兴起了项目化学习研究。国内项目化学习在基础教育阶段的推动者之一夏雪梅博士,在她的《项目化学习设计:学习素养视角下的国际与本土实践》一书中对学习素养视角下项目化学习的界定最适合中国的学科项目化研究。她将项目化学习定义为:学生在一段时间内对与学科或跨学科有关的驱动性问题进行深入持续的探索,在调动所有知识、能力、品质等创造性地解决新问题、形成公开成果中,形成对核心知识和学习历程的深刻理解,能够在新的情境中进行迁移。

(2) 明确项目化学习特征

托马斯、康德利夫等人评论了三十多年来项目化学习重要的研究成果,发现高质量的项目化学习和学生的学习质量间存在积极正向的关系。

从"走进海图"课例中,我们不难发现,在"小学生海洋国土教育"中运用项目化学习,有以下几大明显的特征:

素养目标。"小学生海洋国土教育"项目化学习指向的目标是综合统整的。在探究问题、完成项目的过程中,学生调用所有的心理资源,达成深度理解海洋知识,发展能力,培育热爱海洋、具有捍卫海洋国土意识的素养目标。尤其重要的是,项目化学习增加了学生接触、探索"大观念"(big idea)的机会。项目是学习内容,是主要的教学策略。学生通过完成学习项目来学习重要的观念、概念、能力,而不是将项目作为传统学习结束后的展示、表演、附加实践或例证。

驱动性问题。驱动性问题是"小学生海洋国土教育"项目化学习的核心要素,使整个项目学习活动保持持续性和一致性。学生的项目化学习是通过一个个有关海洋、海洋国土的驱动性问题黏合在一起的。

持续探究。"小学生海洋国土教育"项目化学习的历程是持续探究解决驱动性问题的历程。探究包含调查、知识建构和问题解决,可以是设计、决策、发现问题、解决问题、建立模型等。在"小学生海洋国土教育"的项目化学习中,学生自主选择、自由支配学习时间,进行持续探究。最重要的是,这些探究的过程不是孤立的,而是围绕驱动性问题逐步深入的。比如课例中"认识海图标识"是项目学习的第一步,"看懂海图"是项目学习的第二步,"掌握绘制航海线路的步骤"是项目学习的第三步,最终"形成航海线路绘制方案""完成海图上航海线路的绘制"。一步步探究学习的过程是一环扣一环、循序渐进的。

(3) 设计项目化学习

在对小学生进行海洋国土教育时,课题组注重教育内容的项目化设计,让学生在一定时间内通过一系列特定的学习目标引领,利用多种学习工具完成相关学习任务,从而掌握重点知识和技能。

设计"小学生海洋国土教育"过程中的项目化学习,所有项目都是具体的,每个项目都是独立的。学生参与解决这些具有延展性的、具体的问题,接受挑战,主动探究,创造出某件作品并完成重要知识的学习。具体任务如表1-4所示。

表1-4 "我们的蓝色国土"项目化学习任务一览表

内容	素养培育点		学习包	核心知识	项目化设计路径	成果呈现方式
走进海洋世界	勇于探究	计划先行	1. 讲义及PPT 2. 纸质海图 3. 动画教学视频	1. 认识海图上的标识 2. 知晓制订航海线路图的基本步骤	为国际友人设计一条回家的航海线路	绘制一条航海线路
		团队合作				
	问题解决	问题意识				
		创新思维				
		沟通能力				
	技术应用	平板电脑的使用能力				
海洋资源探秘	勇于探究	计划先行	1. 讲义及PPT 2. 动物折纸 3. 海洋资源视频	1. 了解海洋资源的分类,知晓海洋资源的多样性 2. 熟悉一种海洋资源的特性	设计一张介绍海洋资源的海报	举办海报小展览
		团队合作				
	信息意识	信息收集				
		信息筛选				
		信息整合				
海上交通安全	珍爱生命	保护意识	1. 讲义及PPT 2. 学生用救生衣 3. 救生衣穿戴步骤视频	1. 认识海上安全标识 2. 掌握救生衣的穿戴步骤和方法 3. 知晓其他海上救助姿势	设计一套海上逃生方案	海上逃生方案汇总
		逃生技能				
	问题解决	问题意识				
		创新思维				
		沟通能力				
海洋国土保护	信息意识	信息收集	1. 讲义及PPT 2. 领土争端视频资料 3. 学习任务单	1. 了解我国处理领海争端的依据 2. 初步知晓我国应对领海争端的方法 3. 初步认识"南海九段线"	选择一则岛屿纠纷事例,制订一份解决岛屿纠纷的方案,进行汇报	组织一次"海事大家谈"活动:观看时事视频,根据应对领海争端的处理依据,说说我国的应对方法
		信息筛选				
		信息整合				
	国家认同	国土意识				
		爱国情怀				

(4)把握项目化学习环节

美国巴克教育研究所提出了项目化学习的八大"黄金准则":重点知识的学

习和成功素养的培养，解决一个有挑战性的问题，持续性的探究，项目要有真实性，学生对项目要有发言权及选择权，学生和教师在项目中进行反思，评论与修正，项目化学习成果的公开展示。

项目化学习设计是实施海洋国土教育的一种主要策略。我们借鉴了八大"黄金准则"的成果，在具体操作程序中提炼出"选定项目、列出计划、选择学具、活动探究、作品制作、成果交流、活动评价"等七个环节。

例如，在第一单元的《走进海图》一课中，项目化学习设计的任务是：为参加进博会的国际友人设计一条回家的航海线路。

要完成这一项目学习任务，教师和学生首先必须共同研制一份学习计划。经过讨论，在学习计划中列出完成该项目学习的核心：第一，认识海图上的标识，会看海图；第二，知道制订航海线路图的基本步骤。

接着，教师根据这个学习计划为学生提供多样的学习工具。既有通用的学习工具平板电脑，又有专业性很强的大小区域海图，供学生在学习探究活动中灵活使用。

经过小组成员的合作探究，各学习小组绘制出了国际友人的航海线路图，并通过课堂展示交流分享学习成果，用文字描述自己设计的航海线路图方案，进一步巩固了所学核心知识。

最后，通过学生自评、小组伙伴互评和海事专家点评环节，让学生对于海图的学习充满自信与快乐，再也不是机械地看标识识图了。

2. 以跨学科教学建立知识联系

（1）明晰跨学科教学内涵

跨学科教学又被称为"学科交叉教学""学科渗透教学"。美国学者认为跨学科教学就是打破学科的界限，通过组合各学科课程内容，在各学科之间建立起内在的联系，从而让学生在更加广阔的领域中学习的教学。

德国学者提出的关于跨学科教学的解释是：跨学科教学是指以一个学科为中心，在这个学科中选择一个中心题目，围绕这个中心题目，运用不同学科的知识，对所指向的共同题目进行加工和设计教学。

我国学者认为，跨学科教育教学指的是在教学过程中以某一学科为中心，打破学科限制，结合各学科知识，有目的的、有计划地进行教学设计和组织教学活动。

虽然各国学者的表述并不完全一样,但仍然有很多相似的地方,都指出了跨学科教学是涉及两门和两门以上学科而进行的教学或教育活动。

综上,本研究中的跨学科教学是指以一个主题为中心,运用两门及两门以上学科知识、方法、思维方式进行教学活动。针对教学内容设计相应的教学活动,培养学生的创新意识、综合水平和解决问题的能力。

(2) 开展跨学科教学设计

跨学科教学设计:"小学生海洋国土教育"项目化学习设计的教育内容,在每个相对独立的教育教学任务实施过程中对课题组提出了跨学科教学的新要求。在对小学生进行海洋国土教育的过程中,许多内容需要运用不同学科的知识。教师需要启发学生利用其他学科中学到的知识和经验,解决海洋国土教育中遇到的问题。

例如,在第二单元的《海洋资源知多少》一课中,教师在教学中通过组织学生运用劳技、美术等学科掌握的技能来激发学生学习海洋动物知识的兴趣。课堂教学一开始,通过模拟情境,让学生折纸海洋动物引入学习;在课堂教学结束时,组织学生画一画自己喜欢的海洋动物,突出该动物的特征,巩固学习。

再如,在第三单元的《海上遇险自救》一课中,教师灵活运用语文、道德与法治、健康与卫生等相关学科技能,通过让学生诵读海上安全童谣、学穿救生衣、练习自救方法等环节的教学设计,为学生带来了生动的一课。

跨学科活动设计:"小学生海洋国土教育"中有对学生爱海、爱国情感的培养,有探究、创新意识的培养等,其中有许多动手操作、实践探究的内容。在这些主题教育的活动中,课题组注重联系其他学科类似的学习目标,使跨学科设计更适合"小学生海洋国土教育"主题活动。

表1-5 与海洋国土教育相关的学科

学科	拓展方面	教育意义
语文、音乐	德育	着力于提升对海洋、海洋国土的热爱及保护意识
自然科学、道德与法治	专业知识	掌握海洋知识、海上安全技能、海洋保护有关法律条文等

（续表）

学科	拓展方面	教育意义
探究	能力	设计海洋、海洋国土知识相关的调查研究,开展海上安全技能操作、探索海洋资源等活动
美术、信息科技	创新实践	搜集信息,给予主题教育活动更多元的设计思路,培养创新精神、实践能力

例如,在"认识海洋"的主题活动中,学生开展自主探究,寻找海洋中的丰富资源,制作"海洋大宝藏"科普小报。三年级学生在美术老师的指导下制作手绘小报,学习设计标题、编写和美化文字;四年级学生在信息科技老师的指导下制作电子小报,学习用 Word 排版、加边框、贴图等。寻找"海洋大宝藏"跨学科活动,让学生的美术和信息科技能力也得到了提高。

（3）设定跨学科教学步骤

在"小学生海洋国土教育"中,我们该如何开展跨学科学习呢?《问题、方法、知识:西蒙跨学科研究启示》一文中介绍了西蒙如何进行跨学科学习,为我们指明了方向。通过实践,基于上述多个课例和活动实例,我们总结了"小学生海洋国土教育"中实施跨学科教学设计的三大步骤。

第一,找到大问题。这个大问题并不是简单的问题,西蒙称之为"事关人类生存与发展的重大基础性问题"。我们认为,这个大问题是学生仅通过学习单一学科知识不能够解决的问题,必须走跨学科学习的途径。

第二,用跨学科知识解释问题。小学生在学习海洋知识、海洋国土知识时会遇到各种问题,有些能够用已有的经验去解决。如果遇到比较复杂的大问题,就要摆脱学科的束缚,走出原有学科的路径,大胆创新,运用其他学科的知识,融合学科资源,分析问题。

第三,用跨学科知识解决问题。小学生在学习海洋知识、海洋国土知识时,要灵活运用不同学科知识,统整知识内容,解决所遇到的问题。

3. 以"云微课"覆盖家校空间

2020 年春,上海海事系统的志愿者教师团队和黄一中心教师团队一起,以海洋国土教育为主题划分板块,结合学校层面的师资力量与海事局的专业团队,开展了"走进海图""海上安全自救"等一系列微课的录制工作,并在协作块范围形成了区域共享课程。创设"小学生海洋国土教育"云课堂空间,让学生线上学习海洋国土教育微课视频。

4. 多元成果展示促进协作交流

"小学生海洋国土教育"成果展示也是多方面、不拘一格的。激发学生的学习热情,促进学生更好地合作学习;考查学生的自主学习情况,调动其积极性、主动性、创造性,促进学生全身心投入海洋国土学习;在交流研讨中收获成功的喜悦,培养学生主动探究合作的良好习惯,提高学生的协作交流能力。

(1)课堂展示

在课堂学习中,学生填写的一本本《我们的蓝色国土》学习手册,设计的一条条航海线路、一张张海洋资源的小海报、一份份海上逃生方案……这些都是学生学习的成果。

(2)活动展示

学生参加有关海洋国土教育时巧手制作的海洋动物、用海洋生物布置的教室环境,以及参加主题活动制作的一张张手抄小报。

5. 以"持续深入场馆"丰富多项体验

《关于全面深化课程改革 落实立德树人根本任务的意见》中明确指出:"学校要探索利用科技馆、博物馆等社会公共资源进行育人的有效途径。"近年来,我们积极探寻一种场馆学习与学校课程深度"多点合作"的方式——循环深入场馆学习。其主要形式有两种:

第一种形式:"先校后馆"。学生在学校学习相关海洋知识后再进入相关场馆,以实物为载体进行亲身参与和互动的体验。例如,在课堂学习关于中国航海史和航海博物馆的知识后,组织学生利用假期社会实践活动开展"航海博物馆一日游"活动,在实践中深化拓展课堂里所学的知识。

第二种形式:"先馆后校"。教师先组织学生进入场馆,学生得到丰富的体验与经历后,带着自己的疑问与独特的感受回到学校,再学习相关知识。例如,学校组织学生带着探究学习单,在上海海洋水族馆和上海长风海洋世界开展"睛彩之旅"社会实践活动之后,再回到"我们的蓝色国土"课堂学习"海洋资源"这部分内容,课堂气氛相当活跃,学生一连串的课堂提问常常将海事志愿教师都要问倒了,需要组队来校授课。

五、课程的评价设计

学习评价指对学习者通过学习所获得的素质发展状况及学习过程本身进行评判。恰当的评价有利于激发小学生对海洋知识、海洋国土教育的喜爱。

（一）评价目标

"小学生海洋国土教育"的开展关注的是学生成长的经历,目标是为学生提供更多有关海洋知识、海洋国土知识的优质、多样的学习选择。因此,黄一中心的教师始终坚持认为:"小学生海洋国土教育"的评价不是为评价而评价,更不能采用百分制分数去衡量学生学习能力的高低,而是让学生体验过程,培养情感,收获成功。

（二）评价原则

1. 多元性原则

"小学生海洋国土教育"的评价主体是多元的。评价对象也是评价参与者、评价主体。"我们的蓝色国土"课堂教学活动评价表采用了自主评价、同伴互评和教师点评相结合的多元评价。学生自评能提高小学生学习的积极性与主动性,促进其反思;同伴间的互评是学生进行学习和交流、分享学习成果的过程,能从不同角度为学生提供自主学习、发展状况等多方面的信息。

2. 过程性原则

"小学生海洋国土教育"评价注重学习的过程,而不是完成某一件作品、某一次任务的成绩。在主题活动和社会实践活动中,我们设计了实践活动过程性记录评价单,强调阶段性学习成果,激励学生体会学习海洋国土知识的快乐,激发学生爱大海、爱蓝色国土的情感。

（三）评价方式

在多年的不断迭代中,我们从课程评价、主题活动评价、学生评价三方面探索对小学生加强海洋国土教育的实效性。

1. 课程评价

每年召开执教教师座谈会,邀请专家听课,一起就教育的内容是否适合小学阶段的学生、教育的内容是否专业、教育资源是否多样、师资管理等几方面进行反馈。

2. 主题活动评价

采用完成性评价的方式。如低年级学生记录"海洋世界大探秘"主题活动参与过程的活动评价表,中年级学生在《我们的蓝色国土——"寻访身边的海之家"》社会实践手册中列举的 15 个场馆学习中完成的探究学习单和过程性记录评价单。

实践活动的评价以校外实践手册评价为主,根据不同的活动设计不同的评价形式:学生互评、教师评价、家长评价。学生互评让学生在相互评价的过程中学会合作,同时培养学生学会欣赏他人。教师引导学生在评价过程中发现他人的优点,互相学习,共同进步。教师评价相对更全面,贯穿学生整个学习活动过程,同时还要关注学生差异,因材施教,包括口头评价、文字评价、奖品激励等。家长对孩子在校外的活动学习情况作跟踪式评价。因家长并非专业,所以可以借助校外实践手册的评价内容对孩子进行更有效的评价。

自主学习的方式对教师和学生都有一定程度的要求,更适用于小学中高年级学生。以"海洋大宝藏"课例评价为例:

中高年级的课堂更偏向同一个主题,学生以小组为单位选择各自的内容进行自主学习。在"海洋大宝藏"活动课中,学生以小组形式共同阅读资料,根据教师的问题找寻需要的答案并提炼关键内容,合作讨论并展示给其他同学,锻炼表达能力。展示之后进行互相评价,分别从"会学""会说""会做""会问"四个方面进行自我评价和同伴互评,从而学习不同的探究方式。教师再加以引导和提示,同时结合课堂活动评价表的内容进行点评,帮助学生更好地罗列框架。

主题式的合作学习。学生围绕一个特定主题,通过合作学习获取知识,在共同学习的过程中习得他人的探究方法或思考方式。通过自我评价、同伴互评以及教师评价,更直观地获知自己学习过程中的不足和其他同学的优势,再结合不同的方式和结果完成合作。这样的学习是内发的,对于中高年级的学生而言更有深度。

小组形式的自主探究活动评价方式以生生互评为主,教师则作为引导者和观察者。学生之间互相的评价模式可以更加激励学生探究知识的积极性。

图1-3　"海洋大宝藏"主题活动课

3. 学生评价

我们主要采用教育部推行的等第制评价,以鼓励学生为前提,将各项指标的评价分为"优秀、良好、一般、加油"四个等第。

表1-6　"我们的蓝色国土"课堂活动评价表

评价方面	评价等第				自我评价	同伴互评	教师点评
	优秀	良好	一般	加油			
会学	会收集与本节课中所学海洋国土知识有关的资料,具有交流归纳总结的能力	会收集与本节课中所学海洋国土知识有关的资料,具有一定的交流能力,尚不能独立归纳	能收集与本节课中所学海洋国土知识有关的一些资料,具有一定的交流能力	能学习同伴所收集的与本节课中所学海洋国土知识有关的资料			
会说	1. 能简明扼要地交流内容 2. 语言流畅,表现自如	1. 对交流内容有一定的概括 2. 语言流畅,不胆怯	1. 交流时基本能抓住关键点,不拖沓 2. 表述清楚,语言流畅	1. 思路基本清晰 2. 语句基本流畅			

（续表）

评价方面	评价等第				自我评价	同伴互评	教师点评
	优秀	良好	一般	加油			
会做	1. 能熟练使用各类相关工具 2. 组内分工明确,有效利用平板电脑查阅相关资料	1. 在老师的指导下,基本能使用各类相关工具 2. 分工明确,有效利用平板电脑查阅相关资料	1. 能够协助组员一起使用工具 2. 协助组员查阅相关资料	1. 在同学的帮助下,参与工具的使用 2. 协助组员查阅相关资料			
会问	能够根据本节课所学内容提出有质量的问题,乐于向老师、同学提问	能够根据本节课所学的内容提出问题、会向老师、同学提问	能够根据本节课所学的内容提出问题,但不善于提问	不能对本节课所学的内容提出问题			

六、课程的成效与未来发展

（一）课程的成效

1. 学生海洋意识和探索能力显著增强

在进行小学生"海洋国土教育创新研究"的过程中,课题组教师通过校局联手、馆校合作,以生活中学生熟悉、感兴趣的海洋生活情境为素材,不但激发了学生的学习兴趣和求知欲,而且拉近了学生与海洋知识、海洋国土知识之间的距离,激励学生主动参与学习海洋知识、海洋国土知识,从小树立建设海洋强国的"蓝色信念"。

案例1:低年级——"我爱海洋小生物"亲子活动

这个活动是为低年级学生设计的一项"初晓海洋"主题活动。低年级学生偏爱有趣、形式多样的活动,亲子活动就是一种很有教育意义的学习方式。学生和家长除了生活上,在学习上也有了更多的沟通和联系,互相学习、进步,使得学生对海洋知识的学习更具积极性。学生在动手和认知能力方面都相对欠缺,由家长在侧辅助,使活动得以顺利完成。学生和家长一起完成海洋生物主题的教室环境布置,完成海洋生物的小绘画等。

案例2:中年级——"海洋大宝藏"探究活动

海洋中蕴含着无穷的宝藏。学生普遍熟悉的海洋宝藏是海洋生物,对于海洋矿产资源、海水化学资源、海洋能资源、海洋油气资源等并不熟悉,但学生表现得很有兴趣。

教师不急于把知识告诉学生,而是请学生自行查阅资料,制作"海洋大宝藏"小报,并在汇报课上让各个小组交流自己的学习成果。自主学习让学生更愿意去认识海洋,也更惊叹于海洋宝藏的丰富多彩。

中年级学生在较系统地学习了"我们的蓝色国土"课程之后,结合学校的科技节活动,开展"海底世界宝藏多"主题教育活动。在活动中,学生通过自编电子小报、手抄报等多种方式,展示自己在课堂内外收集到的有关信息,提出自己对保护海洋资源的建议。

案例3:高年级——海洋知识大迁移

《四通八达的交通》一课旨在让学生在学习过程中体会上海的航空、航运、铁路和公路的发展是随着城市的发展而变化的,上海有着四通八达的交通。

在活动中,教师设计了"选择去上海的邻近城市杭州的出行方式"这一环节。有几位学生在全班交流的过程中说得头头是道,不仅说出了自己选择的理由,而且画出了最佳路线。这几位学生都有一个共同点,就是参加了"我们的蓝色国土"校本课程学习。在学习海洋国土知识时,一部分学生已经接触了地图、海图,有了一定的读图能力。没想到,他们在课程中的收获远远不止这些。

在"活动二:读图解图,分析交通变化"中,所有的数据均来源于学生家庭,学生感觉很真实,饶有兴趣地分析图表。虽然读取数据的能力还不够强,但在读两张饼状图的过程中,他们努力试着分析数据。有一位男生说:"2000年前在国内旅游的家庭占全年级的86%,2000年后国内旅游的家庭只占了34%,而去亚洲、欧洲或其他地方的人反倒变多了。我觉得上海的交通变得四通八达了,这就是社会的发展。"多么精彩!不仅看懂了饼状图,而且分析得有理有据。他又补充道:"我在海事安全课上已经看过许多饼状图了!"这令执教教师感慨:"'我们的蓝色国土'课程不简单!"

在"活动三:资料阅读,了解航运特点"中,学生两人一组,阅读洋山深水港的相关材料。材料中出现了"吞吐量""水水中转""标准箱"等与航运相关的专业词汇。因材料生涩难懂,对于学生来说是个挑战。在交流时,那几位参加过"我们的蓝色国土"课程学习的学生又大放异彩。他们不仅把这几个词语向大家解释得清清楚楚,而且分享了洋山深水港的建造历史,像小老师一样给其他同学讲了生动的一课。同伴间相互学习,形成良好的学习氛围。

在每一个环节的学习中,参加过"我们的蓝色国土"课程学习的学生在课堂中进行了一次"海洋知识大迁移"。

几年来,低年段学生对海洋知识从不了解逐渐到了解,中高年段学生在原有知识基础上锻炼了动手能力、探究能力等。学生接受海洋国土教育的主题活动形式更加多样有趣,对海洋国土教育的思考和想法也越加全面且深刻。

我校学生对海洋国土的知晓程度大大提升,对海洋知识、海洋国土知识的学习兴趣明显提高。课题的深入开展,不仅丰富了小学生的海洋知识,增强了学生的海洋资源保护意识、掌握海上安全技能和海洋国土意识,而且提升了学生的社会责任感。"我们爱大海,我们爱蓝色国土,我们——爱中国!"这是黄一中心培育的新时代少年的心声。

2. 教师专业能力快速提升

在课程实践中,参与该项目研究的青年教师学有方向,在各方面进步显著。参与课程研究的茅宇凯老师从一名普通的青年教师成长为黄浦区拓展型学科中心组教师,曾先后三次进行市、区公开教学,向大家展示"我们的蓝色国土""双师型"课堂的风采。他和海上搜救中心的姚黎黎老师一同执教的《海上遇险自救》一课,被评为2019年上海市"一师一优课"市级优课并被选送教育部参加全国评比。青年教师林洁颖老师在参与本课程研究后,和茅宇凯老师以"小学生开展海洋国土教育主题活动开发与实施研究报告"为题一起申报黄浦区青年课题,该课题被推荐为上海市青年教师立项课题。两年里,两位青年教师拿出了他们的研究成果,编制了适合小学生的《我们的蓝色国土——"寻访身边的海之家"》社会实践手册,参与编写了《我们的蓝色国土》教育读本。课题成果申报2019年黄浦区教育科研成果,获区科研成果评比三等奖。

3. 特色共享课程建设备受关注

"我们的蓝色国土"课程成为黄浦区"大中小德育一体化课程"建设中首批

区域共享课程,并被评为 2019 年黄浦区德育特色课程。该课程被黄浦区推荐申报上海市"大中小德育一体化课程"建设中的"中国系列"课程,2020 年成为市教委认定的首批 100 门"中国系列"校本课程之一。

2020 年,黄一中心和上海海事局在全国中小学生安全教育日当天,联合开展了"2020 年小学生水上安全知识网上竞赛"活动,全市 16 个区 80 几所学校近13000 名小学生参加了该活动。该课程还通过黄浦区德育共享课程平台、学习强国 App、云上课程空间等平台,向全区、全市小学生进行网课教学。

(二) 对未来发展的思考

1. 基于 IS 合作的新理念,建立专业的师资队伍

首先,在课程深入推进的过程中,我们发现在进行跨学科教育教学设计、项目化学习设计时,还需要吸引更多学科的教师加入,在校内组成更专业的团队以支持课题的推进。

其次,海事志愿者教师因为岗位的流动,教学水平有较大差异,需要通过组建相对稳定的"海事特聘教师+海事志愿者教师"团队,和校内教师一起打造更有魅力的"双师型"小学生海洋国土教育课堂。

再次,基于"IS 合作"(institution-school)的新理念,课题组要更充分地利用社会资源、场馆讲解员、公共机构海洋专家,组成更专业的"多师型"小学生海洋国土教育教师团队。

2. 打造"我们的蓝色国土"品牌课程,校外辐射共享成果

在总结课程成果时,对于已经形成的经验,要在我校校本课程建设中形成长效机制。同时,作为黄浦区首批德育特色共享课程,我校将在立足黄一中心教育集团化学校的基础上,积极探索面向全区兄弟学校的辐射工作的途径。

"我们的蓝色国土"课程作为上海市教委首批"中国系列"课程,将通过继续申报市级、部级"一师一优"课,与中国航海博物馆、上海海事局联手组织面向全市小学生的海洋知识竞赛等一系列措施,进一步推进课题研究,提升该课程在全市的影响力。

(林洁颖)

(二) 体育课程融合中创新

1. 融合中实现创新

体育是学校教育不可或缺的组成部分。近年来,我校充分利用体育课程积极开发课程资源,把体育与德育、智育有机结合起来,落实立德树人根本任务,树立"健康第一"的教育理念,以学生发展核心素养为引领,充分体现健身育人本质特征,引导学生形成健康与安全的意识及良好的生活方式,促进学生身心健康、体魄强健、全面发展。

什么是融合?"融合"在心理学上一般是指个体或群体由于自身生存环境或发展需求的不同,形成具有自身特点的心理活动。在本课题中,融合表现在多个方面,比如构建符合学生年龄特征、兴趣爱好和生活世界的情境,提供生动活泼、趣味盎然、能吸引学生参与的健身活动;创设与实践活动相匹配的人文空间,让学生身临其境,在耳濡目染中达成育人实效。

2. 小学体育"兴趣化"

2015 年,上海市教委推行"小学体育兴趣化"体育课程改革试点,将课程目标与课程实践紧密结合,改变传统的体育教材内容配置方式和教学组织形式,精心设计教学内容和创新教学方法手段,使小学生从入学开始就对学习体育产生兴趣,喜欢上体育课,乐于参加体育活动,身体活动能力不断增强,身体素质明显提高。在"小学体育兴趣化、初中体育多样化、高中体育专项化"的"三化"课程改革理念引领下,我校全面更新传统教学理念,对教材进行教育性、健身性、兴趣化、游戏化改造,以"兴趣"为抓手,充分落实到体育课程中,并积极探索如何激发学生对体育活动的兴趣。

小学低年级课程教材中融入各种身体基本活动类型的趣味体育游戏,淡化讲解方法,注重活动规则和课堂常规的建立,抓住身体素质发展的敏感期,采用多种方法与手段发展学生灵敏、柔韧、协调等能力;小学中高年级注重创编开发集体性趣味游戏,让集体性趣味游戏走进教学,注重以基本动作技能、身体素质、练习方法和运动规则融入体育游戏的手段为主的教学内容选配,通过体育游戏全面发展学生的身体活动能力。

在日常体育课中,我们借助《趣味体能》一书,挖掘符合教学实际的趣味游戏,尝试转变教材内容,激发学生学习兴趣。以五年级为例,教师借助课例的形式探讨趣味体能游戏与日常教学相结合的可行性。通过让学生学习并改进"趣味体能:活力套圈"游戏,在教学中运用体验式学习、动作讲解与示范、游戏竞赛等教学策略,结合趣味体能的内容,激发学生参与趣味体能游戏的兴趣,提升学生的学习主动性和实效性。

表1-7　改编"趣味体能:活力套圈"游戏要求的表格

游戏名字	捣蛋鬼和搬运工	小队名字		设计者名字	
方法	捣蛋鬼(1人):在内圈活动,负责从中圈将别人家的标志搬到远处 搬运工(1人):在内圈活动,负责从自己家搬自家标志到中圈 组织员(2人):在外圈活动,负责从别家搬自家标志到自家 胜负判定:观察中圈的标志数量,谁家的标志多谁就赢				
规则	1. 捣蛋鬼只能拿别家标志,搬运工只能拿自家标志 2. 一次只能拿一个标志,不可以扔 3. ……				
注意	1. 场地上人数较多,注意不要撞到 2. ……				

游戏在改编的方向上可以有更多变化。让学生在学会原版游戏的基础上,思考原版的游戏值得改进或者不适合自己小组的地方,并以此为基础加以改编。通过尝试,验证这个改编后的游戏是否"能玩、好玩、大家都喜欢玩"。最后将成功改编的经验汇编起来,作为自己的课程资料。

3. 身体素质发展是关键

青少年是国家未来的新生力量,学生的体质健康始终备受国家、社会、家庭的重视。通过体质健康测试,学生可以了解自身的身体状态及生长情况,教师也能根据数据给出建议、指导学生锻炼,并通过数据分析发现问题,用有针对性的方法提高学生身体素质。

我校严格落实测试要求,积极有序地开展学生体质健康监测。每年的9至11月是国家学生体质健康测试和成绩上报时间。测试前,我校会根据具体文件要求,成立测试小组,组织专职教师学习并制订方案。测试期间,利用晨间、午间、晚间三个时间段开展专项指导,专职教师根据各年级的测试项目,每天为学生进行项目指导。比如,一年级的新生不会跳短绳,任课教师除了日常教学,还会在这三个时间段手把手地教会学生跳绳。这样的个别辅导始终贯穿整个体质测试过程。我校的班主任团队作为体质测试的监督组,主要任务就是督促学生积极锻炼,把学生的测试情况实时地反馈给家长,不仅起到了桥梁作用,而且促进了家校合作,共同关注学生的身体素质。

近些年来,我校还积极开展体质测试大比拼,组织各年级开展单项抽测,并将体质测试成绩与文明班级评比相结合。每年根据《上海市体质健康测试报告》进行质量分析,保持优势,追赶弱势,根据数据查找存在的问题。除了与区内学校的比较分析,我校更注重针对学校自身情况进行数据分析,包括班级与班级之间、年级与年级之间的比较。经过不懈努力,近三年我校的体质健康测试排名稳步提升,及格率、优秀率也呈逐年递增的态势。

表1-8 2019~2021年我校学生体质健康综合评价

	2019年	2020年	2021年
及格率	98.8%	99.4%	99.5%
优良率	64.9%	66.7%	73.2%

4. 资源整合丰富课程

我校体育课程体系是根据体育与健康课程标准的要求,结合自身实际情况,整合本校体育教学资源而成的。建设体育与健康课程体系的根本目的是对国家课程进行补充,避免其过于统一或系统化,使我校的体育教学成为一个灵活的系统,既有国家课程作为骨架支撑,又有具有学校特色的体育课程来进行填充,真正做到以人为本,将学生的发展放在首位。

我校将每周五节体育课设置成三节体育课和两节专项课。三节体育课由专职体育教师任教,按照国家课程标准完成教学任务。两节专项课由一名管理老师+专业教练的模式来完成课程教学,不仅丰富了体育课程,而且解决了专职教师空缺的现实问题。另外两节体育活动课采取"1+N"的模式进行授课,即一名专职体育教师+班主任。通过灵活的资源整合,满足了"5+2"的体育课程设置要求。

表1-9　不同学段的课程内容

年级	专项课程	活动课程
一年级	啦啦操、体育舞蹈	1+N
二年级	足球、体育舞蹈	1+N(校外体育场馆)
三年级	篮球、空手道	游泳
四年级	排球、击剑	晴晴篮球公园
五年级	花样跳绳、空手道	棋类选修

体育课程不能只注重暂时的体育实践效果,还要注意提高学生的体育文化素养。体育课程内容要适应时代的发展、学校教育的发展,按学生的生理和心理需要而设置,必须具有科学性、趣味性和实效性,提升学生的身体健康、心理健康、体育文化素养。

体育舞蹈作为学校的品牌项目,在一、二年级主要以普及为目的,打下扎实的基础,为后续选拔优秀运动员做铺垫。以我校冠名的黄浦区"黄一中心杯"体育舞蹈历届比赛中,我校多次获得团体第一、个人男女全舞种第一的好成绩,为区、市输送多名优秀运动员。我校是黄浦区传统体育特色校,也是区足球、篮球联盟校,根据黄浦区开展体育特色项目布局"三大球"进校园的要求,结合黄浦区体育大联赛,开设了多项球类课程。根据场地条件,我校还开设了动静结合、上下肢协同发展的新型体育项目击剑、空手道和花样跳绳等课程。

通过五年的学习,学生不仅能拓展和加深对体育基本知识、基本技能的掌握,而且能形成自主选择、自我规划和自主学习的能力,获得更多的成长空间。

5. 技术赋能课堂环境创设

信息化背景下,信息技术进课堂有着积极的作用。信息化是高质量教育的必经之路,利用数字技术改造学习空间,做到人机协同,并渗透到教、学、测、评等各个方面。我校正在积极探索教育数字化转型,用信息赋能,用智能提质。

由于我校体育场地较小,没有室内体育馆,一碰到下雨天、雾霾天,就只能在教室里上单一形式的理论课或者开展棋类教学。体育课无法正常在室外的操场上完成,就容易导致学生运动时间不达标、运动量不够。我校盘活教学资源,引进可投屏、触摸的信息技术设备，在舞蹈房的基础功能上叠加了室内体育运动的功能，创建了交互式的体育学习空间，开发了多种灵活的教学内容，有球类学习、体能训练、赛事竞技、趣味游戏等，可供不同年级的学生选择。从视觉、听觉、触觉三个维度出发，给予学生全新的运动体验感，弥补了没有室内体育场馆的缺憾。例如，在学习体操类内容时，选择室内"乐园"进行教学，不仅可以利用投屏播放各种动作技能，而且能定格动作、记录动作、创编动作组合，既有利于提高教学效果，也能培养学生自主学习的能力，这是室外场地所做不到的。我校还创建了"睛彩课程互动平台"，让学生自主选择自己喜欢的运动项目，充分发挥以学生为主的教育理念。

我校除了通过引进信息技术来满足学生的学习兴趣，还对学生的体能发展进行研究并建立电子档案。在以往的体能课中，教师主要凭经验来判断学生的体能情况，存在判断上的局限性和不准确性，导致对学生开展精准教学受到限制。针对这个问题，我校借助信息技术来科学掌握学生体能情况，利用数据进行教学的实时反馈和个性化指导，让学生佩戴心率监测手环来赋能体育教学。心率手环可在运动的过程中实时采集学生的心率数据，实时监测学生心率，帮助教师掌握学生体能情况。教师根据心率数据，实时调整运动强度与密度，引导学生合理分配体能，并基于数据进行作业分层，给学生布置个性化作业。在我校"睛彩一中心"学生综合评价平台中，教师可以为学生建立电子档案，把学生的体质健康测试数据、体育课程考核情况、个性化的体育作业、运动小贴士、评价徽章等信息录入系统，这样就能精确、直观地看到每一位学生的体育课程数据，实现了数据可视化。

6. 校园体育文化育人

校园体育文化的建设对学校体育发展具有积极的作用，是实现学校体育工作目标的重要途径，也是培养学生形成体育兴趣，最终达到健身育人目的的重要方式。

我校体育文化氛围的创设旨在通过体育环境、体育活动、体育精神等方面的建设营造一个良好的育人环境。在校园体育文化建设中，我校运用黑板报、校广播站、彩虹窗等媒体宣传校园体育活动,报道中国体育健儿的优秀事迹,激发学生爱学校、爱祖国的热情和民族自豪感,循序渐进地培养学生体育精神。

我校曾举办"亲子运动会""拔河比赛""趣味游戏"等体育比赛。这些比赛主要以竞赛形式呈现,缺少体育文化的渗入,参与面也不够广泛。经过"再设计",全新的"睛睛篮球公园"校本体育活动应运而生。它的最大特点就是全体参与,不会打篮球的学生也可以参与。我们把"睛睛篮球公园"活动分割成了宣传、策划、学练和比赛四个模块,教师可以指导学生选择自己擅长的模块。我校还将"睛睛篮球公园"与项目化学习进行有机结合,在发展学生运动能力的同时,也培养了学生的体育素养。

课例:"睛睛云上运动会"

近几年,我们在单元教学、学练活动、课后作业的设计基础上,探索线上、线下融合的体育课程实施,通过主题运动会的形式,充分激发学生对体育的兴趣和内驱力,让学生在居家时也能得到身心的锻炼和发展。教师作为运动会的策划者,针对不同学段的学生设计符合学情的运动项目。在鼓励学生踊跃参与的同时,也思考如何让运动会更有特色。教师还尝试利用信息技术,设计"睛睛云上运动会"学练平台,提高居家锻炼的积极性,让学生养成持续健身的好习惯,最终实现体育育人的目的。

设计"睛睛云上运动会"另一目的是借助线上平台,增进师生情感交流和心理疏通,了解学生居家锻炼情况,提升家校共育的合力,润色校园体育文化。

在"睛睛云上运动会"的内容选择上,我们结合学生年龄特点,充分考虑居家体育锻炼的环境条件,选择人人可参与的内容,以主题式构建大单元学习,衔接"空中课堂"知识与技能,链接课程考核内容等,设计了分年段内容:低年级"动物运动会"、中年级"绳毽飞扬"、高年级"运动达人"。我们安排了发布—练习—竞赛—评价—展示五个环节。每周一发布比赛项目作为体育作业,内容上参考单元化的设计思想,设计三个大单元和若干小单元。

表 1-10　"睛睛云上运动会"三个大单元和若干小单元的具体内容

年级	一、二年级	三、四年级	五年级
主题	"动物运动会"	"绳毽飞扬"	"运动达人"
具体内容	毛毛虫爬行	踢毽子接龙	速度滑冰
		跳绳闯关赛	越野滑雪
	小螃蟹移动	拍毽子接龙	冰上芭蕾
		速度跳绳	碰碰响1
	小兔跳	绳毽组合1	活力串烧
		跑跳爬组合1	碰碰响2
	小海狮顶球	绳毽组合2	跳绳速度达人
		跑跳爬组合2	登山走

　　以三、四年级为例。我们结合课上的内容和市体质健康测试要求,设计"绳毽飞扬"主题大单元,每周发布一个小单元。例如小单元主题为"拍毽子接龙",练习项目为拍毽子接龙,挑战最多能连续拍几个。通过简单、童趣化的体能练习为主的比赛项目,满足不同学生的比赛需求,提升其练习积极性。随后的练习阶段,教师的主要任务是答疑指导,通过在线视频指导、语音指导等,及时了解学生的学练情况以及存在的问题,帮助学生一起参与比赛,感知学生的学习情绪。教师可以根据每次练习的成果、出勤次数等信息,更清楚地了解每一个学生的进步和参与度,进而及时督促与鼓励。

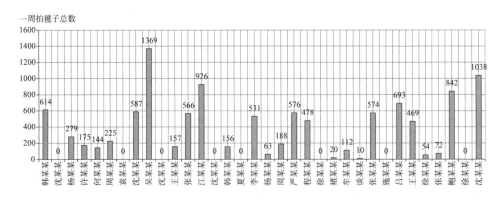

图 1-4　四(5)班"拍毽子接龙"项目成绩统计

以五年级为例。我们以运动项目为主题,针对居家锻炼的情况,设计了"登山走"体能锻炼项目。依托网络直播平台,尝试举办了一场生动有趣、扎实有效的线上直播挑战赛——"登山"超级秀。该项目通过"家长辅助、孩子运动"的形式,既拓展了学生居家锻炼方式,又增进了亲子间的情感交流。同时,视频直播比赛的方式也提供了学生之间线上见面的机会,为学生即将结束的小学生涯留下难忘的回忆。

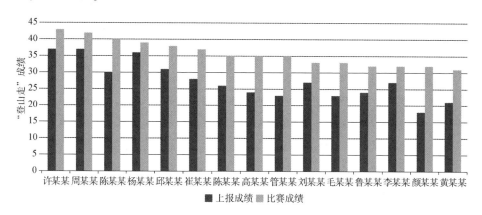

图1-5 五(3)班"登山走"项目成绩统计

评价阶段根据上传的数据,设计多种评价维度,包括自评、互评、师评,具体评价点包括遵守规则、出勤、进步等。通过钉钉群"班级圈"展示学生参与比赛的风采,并鼓励家长和学生一同参与评价。"睛睛云上运动会"不仅能增强学生体质,更能让学生建立起运动习惯,发展体育兴趣,养成诚实守信、坚持不懈的体育品质。

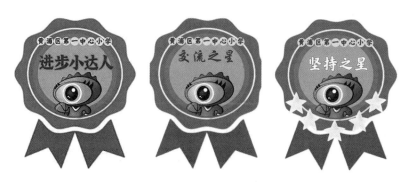

图1-6 学生设计的"睛睛徽章"

我校开展"晴晴云上运动会"的目的除了以目标为引领，增强学生体质外，还希望学生在遇到不可抗力的时刻也能保持积极向上、乐观健康的心态，并形成良好的家庭体育氛围，最终促进家庭、学校共育的良好态势。学得认真、练得有效、赛得激烈、评得有理，加上信息技术的加持，使整个云上运动会系列课程有特色、有内涵、有深度。

我校体育课程未来的发展重点有以下几方面。

（1）发挥教师教学能力，完善激励评价机制

加强体育教师综合素养，增强在岗教师的体育教育教学能力。体育教师要学习新的教育观念和运动训练理念，增强开发青少年儿童专项运动的能力，了解国内外青少年儿童专项运动训练的前沿动态，掌握增强青少年体质的新方法、新手段，进一步提升专项技能，帮助学生掌握两项运动技能。

体育教师课余指导学生"勤练"和"常赛"，承担学校的课后训练、课外活动、课后服务、指导参赛任务等均计入工作量。学校根据学生体质健康状况和竞赛成绩，在绩效工资内部分配时给予倾斜。完善激励评价机制，鼓励体育教师积极投入学校体育课程设计工作。

（2）加强新兴运动与传统运动的融合

严格落实"教会、勤练、常赛"的课程要求，把课程要求的内容与形式作系统化统一安排。根据《义务教育体育与健康课程标准（2022年版）》（以下简称《课程标准》），义务教育阶段体育与健康课程内容包括基本运动技能、体能、健康教育、专项运动技能和跨学科主题学习。《课程标准》中提出："新兴体育类运动除了与其他类运动具有共同的育人价值和能力要求外，在增进学生对不同国家和地域体育文化的了解，激发学生的求知欲与探索欲、好奇心与冒险精神等方面具有独特的育人价值。"学校可根据实际情况，创造性地选择和设计其他运动项目课程内容，如引入小轮车、冰壶、攀岩、登山等新兴体育类运动项目，并尝试与传统运动的融合。

（3）创新拓展学校体育空间

继续推进校园体育场地设施开发和综合利用。在校园用地有限的情况下，改善场地器材建设配备，推进学校体育场地智慧化改造，与校外体育场馆达成合作，开设各类体育兴趣班，满足学生需求。

未来的新阶段，学校体育应遵从"促进学生全面发展"的价值导向，坚持从学生立场出发，以学校文化为根，紧跟时代发展潮流，最终实现以体育人。

（解亦婷）

（三）文化积淀孕育美育课程创新

1. 以美育人与立德树人

落实立德树人是课程改革的根本任务。习近平总书记强调："要全面加强和改进学校美育，坚持以美育人、以文化人，提高学生审美和人文素养。"美育本身就具有德育功能，对于促进学生全面发展具有不可代替的作用，对于提高学生的思想道德素质、科学文化素质、身心健康素质和劳动技能素质也都具有深远意义，能够让学生在艺术熏陶下自然而然地提升自己的品性修养、文化素养等，达到"以美启德"的效果。

如何追求更有品质的美育课程？如何基于文化积淀孕育美育课程创新？如何拓宽学校美育的路径与方法，突破学校资源与课程的局限，将课程与美育进行深度融合迭代，助推学生艺术人文素养的提升？这些一直都是我校教育持续思考与解决的重要问题。

我校致力于梳理、重构、优化校本特色课程资料包，围绕"融思、融智、融美、融创"四大特质，分别从目标、内容、形式、逻辑等方面对显性课程和隐性美育课程进行梳理，建构了基于学生多元发展的"睛"彩课程体系，在不断的积淀中寻求创新，在不断的创新中反思积淀，逐渐发展出重素养、有特色、灵活性、开放式等美育课程特征，在课程文化积淀中孕育出了多项"再创新"的举措。

2. 学习素养之美育

课程文化品质的提升源于师生在实践中互相成就、不断生成的智慧创造。在课程育人活动实践中，我们发现，学生的学习素养是学生与课程学习之间构建的一种审美关系。教师激发学生的好奇心和求知欲，引导学生探索，并不断根据学生的表现进行调整。这样有利于学生主动参与特色课程建设，使学生由"客体"升级为"主体"，充分发挥他们的积极性，让不同类型的课程文化因学生的表现和参与度的不同而各具特色。

学生沉浸在课文精彩片段的情节里，徜徉在艺术与科技的奥妙中，为了解决一个思辨问题查阅资料、反复推演，与同学合作表演舞台剧，与大家分享研究性成果的感悟……这些学习过程蕴含对"美"的因素的发现、体验、欣赏和创造，让课程学习过程不再乏味，让学习充满美好体验，学生从中获得学习与生活的幸福感,产生创造未来美好生活的学习兴趣与动力。这样才能彰显学校课程的文化积淀,展现出文化的重量与质感。

3. 教师自主开发课程

随着教师对学习素养的关注,自 2014 年起,我校引领师生变"被动"为"主动",注重培养教师的创新精神和独创意识,培养教师自主优化和开发课程,从而一改师生依赖于以国家课程课本为中心上课的"被动"常态。在课程开发过程中,我们在原有课程积淀的基础上不断提升,学习方式转变为重探究而非讲授,教学形式呈现为重多样而非单一,学习成果体现为重过程而非结果,评价量规设计为重素养而非技能。

4. "童心视界"现"睛"彩

在我校众多"睛"彩课程再创新并成功转型的案例中,最典型的就是"童心视界"少儿视觉艺术课程。20 世纪 80 年代,我校已经开始尝试摄影、摄像教学,先后开设了摄影、摄像等微课,进行活动课的实践探索,引领学生"用小眼睛观察大千世界",用镜头记录平凡而美好的生活,用图像和照片表达个性化的思想观

图 1-7 《童心视界——少儿视觉艺术课程教材》(上海教育出版社 2016 年出版)

点。三十年后,基于对学生艺术素养、创新素养培养的高度重视,我校开始思考如何将这些活动课逐渐发展成为受学生喜爱的特色课程。

我校经过课程内涵建设的重塑和前瞻性思考,于 2016 年正式出版了《童心视界——少儿视觉艺术课程教材》。首先,该课程充分尊重学生的主体地位,结合学生的成长与认知特点进行目标预设,从以知识和技能传授为主,向着增强真实的体验与互动转变,最终指向核心素养的培育,培养学生的全面发展。其次,在人文思想和科学规律表达渠道越来越多元的当下,课程紧随视觉艺术文化的发展,将新的课程标准下的艺术教育元素,包括舞蹈、戏剧、影视等,全面注入学习过程,帮助学生领会艺术与文化之间的关系。最重要的是,该课程结合办学特色,尝试将语文、英语、美术、音乐、体育等国家基础课程与摄影、摄像及视频制作

等拓展型课程全面整合,打破原有的学科相对独立的授课方式,突出课程综合,发挥协同育人功能。"再创新"的课程以解决问题和真实任务为载体,激发学生的学习兴趣与驱动内力,螺旋递进,不断提升创新实践能力,开启一轮又一轮更具体验感和挑战性的少儿视觉艺术探索之旅。

我校围绕课程设计所指向的核心素养导向,形成了"童心视界"少儿视觉艺术体验空间和"童真创意"工艺美术创意空间,设有摄影坊、美工坊、书法室、陶艺吧、茶艺室、3D长廊、视界廊、新星媒体中心和光影大厅,既满足了视觉艺术课程的实施,也为参与课程的"小睛睛"们搭建了发现美、定格美、传递美的各类舞台,从而优化了美育特色课程的完整结构。

"童心视界"少儿视觉艺术课程与几个主要学习空间体系相辅相成、相得益彰,贯穿我校特色课程实施的全过程。在此系统支持下,学生的学习素养获得提升,我校成就了一届又一届收获颇丰的学生项目小组、学生社团、兴趣班等团体,曾荣获全国DI青少年创新思维总决赛"文艺复兴奖"、全国"致敬中华优秀传统文化"项目学习活动一等奖、全国青少年航空绘画大赛一等奖等重量级奖项。

图1-8 全国DI青少年创新思维展示小队

图1-9 "致敬中华优秀传统文化"项目学习小组

5.课程实施历程美

课程的组织与实施是美育的主要渠道。美育应贯穿中小学教育教学的全过程,引导学生感悟中小学阶段丰富多彩的审美内容与形式,从而认识到生活中、社会中不同的美,锻炼他们对美的感知能力、探索能力和创造能力。由于小学生无法长时间集中于讲授式学习,并且对专业技能和核心素养发展的需求既有共性又有个性。因此,美育课程实施既要关照学生学习素养的获得,又要关注其实施过程的真实性、审美性和愉悦性。美育课程众多,教师需要做好精心筛选,寻找更多教学对接点,通过创设开放式的教学情境、组织项目化学习活动、延伸拓展型指导等,帮助学生在生活化的学习过程中提高核心素养,以感知启体验,以实践融经验,以挑战渡考验,使美育渗透的知识技能变得更生动有趣,让学生想学、乐学、会学。这些也是我校课程的创新重点。

6."四美"课程渗透美

我校在整合国家课程和特色课程的基础上,逐渐建构出"学科美育""跨学科美育"与"活动美育""环境美育"组成的显性与隐性双层次"四美"课程体系,在课程融合的交叠互补中建构"美"的教学内容,选择"美"的学习方式,以"美"的语言表现"美"的过程,以"美"的方式表达"美"的成果,形成完整的课程结构,推进美育的全方位实施。

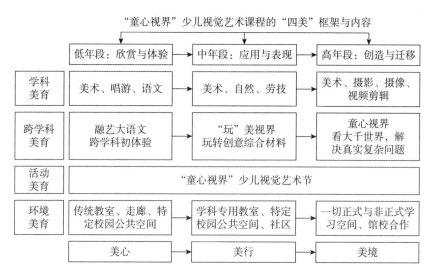

图 1-10 "童心视界"少儿视觉艺术课程的框架与内容

其中,学科美育课程是在每一个独立学科中渗透美育,对国家课程进行校本化实施。以语文学科"如何成为最美朗读者"项目课程为例。通过召开朗读分享会、寻找最美朗读者等方式,引导学生利用"朗读亭"录制读书音频,将习得的知识提升为解决驱动性问题的思想方法,并应用到真实生活中。该课程聚焦语文"听说读写看"的五大素养,提升审美感知(对文章的理解与阐述准确与否、声音好听与否、感情到位与否、服装整洁与否等），释放学生的个性，激发其创造力，使其在感悟"关爱""美好"等人文主题的基础上，深层思考学科背后的意义。

跨学科美育课程重在打破学科的边界，通过拓展型、社团型、活动型、项目型课程的自主开发与实践，让学生基于真实情境建立综合的审美认知，深入理解知识能力的结构。在"双减"政策引导下，我校在课后服务项目中开发出更多兴趣类综合实践课程，让教师能够不断优化美育过程，让学生能够获得适宜的个性化学习与美好的发展体验，不断提升发现美、欣赏美、表现美、创造美的能力，从而成为具有核心素养的未来人才。以"小铅笔·大能量"跨学科项目课程为例：学生在不同学科教师的组合教学引导下，通过课堂内外的研究，从铅笔本身的物理特性、数理规律和使用方式等特征出发，逐步拓展其背后所蕴含的技术变革、艺术理论、文化特点等。该课程包含"铅笔的特性研究""铅笔的人文探索"与"铅笔的创想思辨"三个任务单元，让学生完整经历"主题研究—思考探讨—文化理解—素材收集—技法选修—创意实践—公开展示—互动交流—反思迁移"的过程，融汇思想、文化、历史、科技等诸多方面，呈现出跨学科主题完整的知识体系和概念层级结构，让原本容易被忽略、被模糊的意象主体变得鲜活，从而让学生在理性与感性之间找到易于开放创新和探究体验的支持点，自主经历情感化设计等有意义的美育过程，让课程文化内涵的表达更具研究性、趣味性和互动性。

图 1-11 "小铅笔·大能量"课堂与成果展示

活动美育课程以我校特色活动为主线，目的是让每一位学生在游戏化、趣味性的课程中留下深刻记忆，是给学生带来多样化、可视化、个性化美育体验的重要渠道。我校一直积极地探索拓宽美育共享资源辐射面积的途径，联动家庭、场馆、社区、高校等校内外资源，为学生搭建了各种"舞台"，例如"童年的夏晚"校园灯光晚会、型秀小论坛等，引领每一个学生大胆自信地进行审美表达与艺术表现，丰富了学生美育活动的形式和内容。此外，还制订了配套的评价体系和评价量规。这些课程提升了学生的核心素养，形成了开放高效、多方协同、充满活力与魅力的学校美育新样态。

表 1-11　学校主要的活动美育课程列举

活动美育	活动内容	评价内容
"书香校园"读书节	荐书活动	思维发展与提升
	作家进校园	审美鉴赏与创造
	露天书市	艺术表现与表达
"童心视界"少儿视觉艺术节	师生作品展	参与兴趣
	艺术体验与互动	审美感知
	发布作品集	创意实践
"童年的夏晚"校园灯光晚会	文艺汇演	参与兴趣
	舞台上下互动	艺术表现
	表彰颁奖	文化传承与理解
"小创客乐成长"科技节	个人/团体比赛	感知与发现
	科技讲座	科学思维与美术技能
	科技制作体验	创造性问题解决

　　环境美育课程主要指的是课程文化的审美性内涵在校园环境中的隐性表达。通过教育技术的智慧赋能，我们将技术融入教育的时空，学校仿佛变成一座"动听的美育校园"：以不同时代艺术大师的作品作为大厅的欢迎屏；让学生说出关于传统节日的故事并在电子屏轮播；美妙的音乐盒是学生课间休息时可以"拍一拍"的"玩具"；墙上的作品呈现着不同年段学生的个性与思维、创想与自由、灵气与智慧；学校的公众号、视频号以学生喜闻乐见的方式，通过一段段精彩的图文描述、摄影剪辑、沙画或动画制作等，将学生经历的"美"展现在大家面

前……课程文化的积淀与学校的创新美育"无声胜有声"地悄然传递,学生沉浸其中,与美同行。下文中还会提到,在学习空间与场景的优化中,我们突破审美局限,力图让每一个空间都具有审美价值,让学生能真正感受这鲜活的美育魅力和浓郁的校园课程文化,享受这份精神上的诗意的栖居。

课例:"童心视界"

目前,"童心视界"少儿视觉艺术课程已经成为我校最为成熟的特色品牌美育课程。它注重每一位学生的整体学习素养、艺术素养和个性特色发展。它既是一种理想信念、一种实践探索,也是一段过程经验、一个长远目标。

"童心视界"中的"童心"即指"儿童的心灵、认识与思想",正如晚明李贽"童心者,心之初也"的理论所言,本课程的主旨就是不忘初心,回归儿童本位,做发扬与保护"童心"的美育。"视"即"儿童的视野、视角与视觉体验"。在学生的校园生活中,学校的课程文化积淀很大程度上影响着学生的"视界"。"界"即"世界",主张激发儿童"用小眼睛看大世界""用艺术表现力记录美好童年世界"的意愿。

一、课程的基本理念

设计与发展"童心视界"少儿视觉艺术课程的初心是依据新时代美育要求,依托本土美育资源,以"童心美育"为核心,以素养培育为导向,从儿童视角出发,追求"童真童趣"的回归。时至今日,"童心视界"课程已将美育融入各类课堂实践、课后服务和创新性课程改革,优化校园特色美育课程的文化内涵,重构校园美育空间新生态,充分发挥校园课程育人、文化育人和环境育人的作用,深化落实立德树人的教育总目标,实现了在已有的美育课程文化积淀中的"再创新"。

二、课程的迭代目标

前文提到,我校于20世纪80年代率先开设影视特色教育课,并于2014年开始尝试统整影视、摄影等课程内容,最终出版了《童心视界——少儿视觉艺术课程教材》。此后,该课程的目标发生了巨变,以"技能化"为特点的艺术教育和以"知识化"为特点的学习不再是该课程的最终目的,转变为以核心素养培育为导向的"去技能化""去知识化""去边界化",形成了一种独特的美育模式。对于

该品牌课程的持续发展"再创新",我校基于小学生的学情特点,进行了整体规划、顶层设计,具体如下:

前五年,根据新出版的校本教材对四、五年级学生进行拓展型、兴趣型的摄影、摄像教学。课程通过展示图片、讲述故事、操作示范、实践游戏等多种方式激发学生学习创作的兴趣,培养学生的艺术鉴赏能力,帮助学生体会视觉艺术的乐趣、感受动手操作的成就,丰富小学高年段学生的审美体验,提高学生的艺术表现能力。课程首先从学生自身角度切入,先探究镜头中的自己,之后引申到家庭,发现家里的视觉艺术,再到美丽的校园中去实践,最后以在地文化资源"老码头"为探索对象,由简到繁,由易到难,循序渐进,使学生了解摄影、绘画、编辑软件等的基本技巧,并利用所学,学以致用。

近五年,我们发现,美育的实施需要全社会、全学科的合力推进,需要艺术实践和美学理论并行。各门学科之间要相互助力,尤其是美术、语文、音乐、舞蹈、戏剧、自然等学科,更要积极主动地发掘自身学科实施美育的固有优势。我校通过着力重构各类学习空间,不断地进行资源融合与跨学科创新,扩展"童心视界"课程内容和场景范围,在摄影、摄像美术类别的基础上,吸纳了专为低年级设计的"'玩'美视界""融艺大语文"和油画、剪纸等"睛"彩课程。"童心视界"不再是一门特色学科、一本特色教材、一个拓展课堂的概念,不再是四、五年级的专属课程,而是在"学科美育""跨学科美育"与"活动美育""环境美育"组成的显性与隐性双层次美育课程文化体系下的"美育共同体",适用于不同学段的学生,使我校学子在以艺术体验为核心的多样化实践中提高艺术素养和创造能力。学生在修习国家课程、全面夯实基础的同时,可以自主选择兴趣类、拓展类、活动类、项目类课程,获得个性发展。

此外,"童心视界"课程已成功申报为上海市中小学专题教育网络课程,在全市范围内共享校本特色美育资源。未来,我校将进一步拓宽资源与辐射范围,更加重视核心素养的形成与发展,打造更大规模、更高品质的"童心视界"美育课程生态,塑造学生美好心灵。

表1-12 "童心视界"课程迭代创新的顶层设计

内容	前十年	2022年	未来
课程设计重点	专注于研发拓展型、兴趣型的摄影、摄像两类学科美育特色课程	构建在"学科美育""跨学科美育"与"活动美育""环境美育"组成的显性与隐性双层次美育课程文化体系下的"美育共同体"	强化家、校、社、馆的多方协作,进一步拓宽资源与辐射范围,打造更大规模的美育课程生态
美育目标	注重摄影、摄像的知识与技能的学习,结合在地文化资源进行实践	坚持以美育人、以美化人、以美培元、立德树人,聚焦核心素养的培育	促进学校建构起"美心·美行·美境"美育课程生态,真正发挥课程美育的功能

（一）课程总目标

教育的根本任务是培养人、发展人,既要符合国家立德树人的总体要求,也要适应未来社会发展的需要。在这样的思想背景下,我校将"以美育人、以美化人、以美培元、立德树人,让童心迸发光彩"作为推行"童心视界"美育课程的永恒追求与目标,建构起"美心·美行·美境"美育课程生态,真正发挥课程美育的功能,不断地在课程文化积淀中去探索、完善和创新美育实施的方法。

（二）课程学段目标

第一学段（一~二年级）：感知身边的美,初步形成发现、感知、欣赏美的意识;学会使用不同的工具、材料和媒介表达所见所闻、所思所想;参与美术与其他学科相结合的游戏活动,初步形成综合探索与学习迁移能力。

第二学段（三~五年级）：感受中外艺术的魅力,能评述不同门类的艺术作品,与同学分享和交流自己的体会;探索传统和现代的工具、材料和媒介;初步掌握照相机和摄像机的使用方法,了解构图等表现手法,学会基本的拍照摄影技巧和一些常见的制作视频软件操作方法,学会基础剪辑,能以视觉形象的方式与他人交流;能够以个人或小组合作的形式,将美术与自然、社会及科技相融合,探究探索与学习迁移的能力。

三、课程的框架与内容构成

美育在一定程度上就是受教育者在体悟审美体验之后所带来的自由与自主的精神追求和心灵塑造。因此,美育是由外而内和由内而外相统一的浸润过程,而不只是一个教育的过程。基于这样的思考,依据《义务教育艺术课程标准(2022年版)》和预设的课程培养目标,我校多次研究修订了"童心视界"课程的结构与框架,历经了逐一整合、逐渐优化的过程,形成了基于学生多元发展的"四美"课程基本框架,构建出多元整合的课程结构框架与内容。

四、课程的实施与组织形式

在"童心视界"少儿视觉艺术课程实施中,教师作为引导者,鼓励学生对生命自然、地方文化、传统经典、现代设计、当代艺术等生发审美感知、个性理解和积极思考。我校以学生的视觉艺术创作过程和成果作为校园的文化互动景观,营造了以美育人、以美化人、多样体验的校园氛围,也逐渐形成了"寓教于'馆'""寓教于'展'""寓教于'项目'""寓教于'活动'"的区域化、体积式的美育特色课程组织形式。

(一)寓教于"馆"

我校一直尝试突破中心城区校占地面积小的局限性问题,发挥社区地理优势。在探索整合利用各个学习空间的基础上,我们还积极将社会美育与学校美育课程进行合理的统筹,融通社会美育资源,与周边的春美术馆和上海复星艺术中心等实现馆校跨界融合,定期组织学生走出校园,有效地拓展学习时空。由此,"儿童立场"有了更加切实的体现,为学生创新思维的培养提质增效。学生在新鲜场馆的刺激下,从观察、体验、实践中收获颇丰。美术馆、画廊的沉浸式体验让他们领略视觉作品的独特魅力,怀揣热情创作之心;在博物馆、纪念馆的故事引领下,他们将思维和认知置于艺术发展的长河,向人类文明鞠躬,向优秀文化敬礼,向当代哲思致敬,开拓了个性表达的审美视野……这些馆校融合的课程或活动都直指学生的乐学善学、人文情怀、理性思辨、创意实践、反思迁移等素养。学生陶冶了情操,塑造了美好心灵,坚定了文化自信。

2022学年,我校与上海复星艺术中心合作,推出以"藏在生活里"为主题的馆校课程,旨在引导学生学着像专业艺术家一样关注艺术与生活的联系,让学生能够发现藏在身边的艺术,汲取丰富的审美元素,启发新的艺术思考。该课程根据当时在展的两位中西方当代艺术领军人物的个展,衍生出了四个艺术表现板块。学生通过参与布展、与艺术家对谈、担任导览员等不同情境下的真实任务,学会用更加多维的视角和丰富的形式捕捉生活中的点滴,最终完成了个人作品或集体作品,并在外滩BFC公共空间展出,受到了来自社会各界的关注与赞许。

图1-12 学生在上海复星艺术中心与艺术家面对面,与家人合力完成"城市空间搭建"

课程实施期间,我校还在上海复星艺术中心平台围绕"城市空间搭建"的主题举办了一场"艺术畅想"亲子DIY课堂,学生纷纷"脑洞大开",和家长一起畅享艺术的喜悦,教师从旁适度引导,"家、校、馆"合力的美育场景感染着在场的所有人。学生利用吸管,通过捏、插、拼、搭等方式,拼接心中的城市模型,在"爱"与"创"中形成能自主、愿合作、爱探究的宝贵品质。

(二) 寓教于"展"

我校积极常设各类展览或展演,将展陈功能与课程育人功能相结合,学生在这个可体验、可互动、个性化的艺术空间里,亲手打造创意艺术装置和展陈作品,成为"小小艺术家""未来创造家""超能设计师"等。我们强调,学生的美术作品不只要被悬挂、观赏或阅读,更需要表达及交流。于是,依托校园升旗仪式、校园电视台、校园艺术节、校园灯光晚会等,我校组织学生开展了丰富多彩的艺术展呈展演,学生因此成为美的演绎者、艺术作品的讲述人、美术展览的策展人,甚至特定场馆的执行馆长。在市、区等各级艺术作品展示中,"小睛睛"们的艺术成果多次收获嘉宾领导、外校教师、专业评委、媒体记者的好评……多平台、多层次的艺术展为学生提供了艺术殿堂,外化了学生的艺术情感,传递了学生的美好创想,增强了学生的精神力量,也彰显了我校的美育理念,使整个校园环境浸润在和谐互融的优秀课程文化中。

图1-13 艺术展上的小小导览员　　**图1-14 "型秀小论坛"上的作品讲述者**

(三) 寓教于"项目"

指向学生核心素养的引路方向应"强调真实性学习"。在"双减"背景下,我们大力倡导和实施的项目化学习或项目式作业与美育实现了完美相聚,比如,我校将美术与数学学科相结合,把制订"爱'艺'相连"义卖活动方案作为重要驱动性任务交给学生自己来办,使"童心视界"艺术节中的师生作品变得更有意义。全校师生的义卖筹得33048元,全部捐赠给了黄浦区红十字会少儿基金项目,巧妙地将德育与美育相结合,弘扬了友善助人的志愿精神,培养了学生乐于奉献、关心他人的优秀品质。

图1-15 学生绘制的义卖活动方案　　**图1-16 《童心视界——少儿视觉艺术课程教材》中的《构思校园手绘地图》一课**

再以《睛睛看校园——绘制校园地图》一课为例。这是《童心视界——少儿视觉艺术课程教材》中面向中高年段学生的美术学科项目学习成果。地图作为人类空间认知的工具,关乎地域文化,具有强大的文化特色。学生可以从了解脚下这块土地开始。我们深度挖掘校园文化资源,搭建起美术与地图文化的知识、技能链接。项目设计的驱动性问题是："请你为母校代言：通过发现母校的独特魅力，提出自己的设想，制作一张独特的手绘地图，作为给一年级新生的入学贺礼，助力他们早日适应新校园的方方面面。"

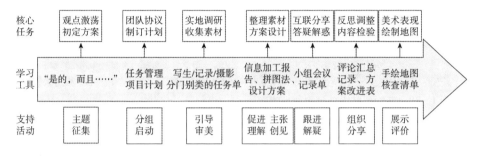

图1-17 "睛睛看校园"美术学科项目学习历程

学生将校园的自然环境、课堂教室、文化设施、露台走廊、健身跑道等公共环境设施，乃至流行风尚、历史文化、未来规划等都展现得头头是道，一定对母校百年的历史积淀、现实的日新月异、未来的梦想蓝图有许多自己的感受和认识。学生在这个项目中的学习历程主要是"主题征集—计划制订—素材收集—方案设计—内容核验—成果赠送"。他们选择自己熟悉、了解或感兴趣的校园区域，关注某个感兴趣的现象、事物、话题，用创意地图的形式来记录对母校的独特印象，并将之作为入学贺礼赠送给一年级新生。之后不久，他们又灵活应用同类型的设计思维为校园艺术节绘制打卡地图，有效地迁移学习素养，解决了学科的重难点问题以及学科关键能力培养的问题，并且培养了创造性问题解决的能力。

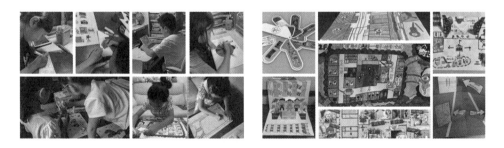

图1-18 "睛睛看校园"美术学科项目中学生的自主深度学习场景与学习成果

图1-19 开学典礼上项目组成员赠送入学贺礼

图1-20 学生设计的艺术节打卡地图

（四）寓教于"活动"

我校充分发挥活动育人的功能,将美育全程、全员、全方面与校园文化活动相结合,形成了"晴"彩校园文化系列活动。截至目前,两年一届的"童心视界"少儿视觉艺术节盛典活动在我校已经举办了五届。十年来,这一场场横跨校园内外的艺术节,除了在学校学科专用教室、大厅、露台、操场、走廊等场景布展以外,展区还曾设在老码头创意园、十六铺水岸等地。

2022年,我校联合位于外滩的上海复星艺术中心共同策划了十周年纪念的"童心视界"少儿视觉艺术课程活动,着力以艺术节为载体,从儿童的视角出发,搭建连接"家、校、社"的儿童美育生态系统,挖掘每一名学生用艺术表达自我、收获成长的无限可能,收集学生心声,并鼓励他们将所思所想以艺术的方式转化为更具弹性、张力的表现力,传递到社会的不同角落,让每个学生都可以参与表达、实现和分享,完成各方面能力和素养的提升。

表1-13 "童心视界"少儿视觉艺术节历程

时间	文化节概貌	文化节特色
2014年第一届		在老码头创意园举办,包含校园印象风、舞动的线条、水墨对话、微电影、师生摄影、互动体验、爱心义卖、画册出版

（续表）

时间	文化节概貌	文化节特色
2016 年第二届		在十六铺水岸举办,包含校园印象风、舞动的线条、水墨对话、摄影、DIY 互动体验、爱心义卖、画册出版
2018 年第三届		在校园风雨过道举办,包含鲜花物语、印象油画、手绘世界、色彩拓画、速写画、藏书票、师生摄影、互动体验、爱心义卖、画册出版
2020 年第四届		云上艺术节,在微信公众号上宣传展播学生艺术作品,联合春美术馆出版 2018~2020 学生油画作品集《晴彩》
2022 年第五届		"校园+上海复星艺术中心"校内外联合举办,包含多件公共艺术互动装置,馆校合作课程"藏在生活里"作品成果展示,包含主题性绘画、雕塑、影像、陶艺、集体作品等

五、课程的评价设计

课程评价体系是评价美育教学开展的重要指标,教师通过研究《义务教育艺术课程标准(2022 年版)》,发现修订后的课程标准依据核心素养发展水平,特别研制了"可评""可测"的学业质量标准,整体刻画不同学段学生学业成就的具体表现,这也为美育评价提供了一定的依据。另外,评价建议的基本原则中特别强调了"重视表现性评价",这更像是为鼓励"项目化学习"等综合探索性学习而量身定制的评价方式。

基于新课标要求,我们打破过去以师评为主的单一评价模式,做了以下创新:鼓励多样评价主体,即以"自评、互评、师评、家长评、社会评"实现五环赋能评价链;构建多维评价标准,通过设计"五育并举"的评价支架,将美育拓展到各学科、各领域,做到以美育德、以美启智、以美培创、以美健体,并将美育视为五育评价的最高旨归,最终指向"素养时代下面向人的终身学习";建立多样的奖励机制,在"睛彩一中心"学生综合评价平台上积极实施"以奖章促学"的模式,做到"一项目一表彰""一阶段一表彰""一挑战一表彰";搭建多种评价空间,将学生作品制作成数字化资源呈现在各类线上平台,让更多的学生、教师和家长能够对作品进行评论或点赞,学生自己也可以在评价中发掘优点、增强自信、认识缺点、改进不足。科学合理的评价体系可以提高教学活动的课程质量,促进学生的学习兴趣,激励任课老师的教学创新性,最终提升整体美育课程的教学质量。

六、课程的成效与未来发展

(一) 完善美育课程的开发迭代,培育学生的核心素养

十多年的课程实践经验使我校美育课程体系不断完善,推动小学美育多元化实践。我校立足儿童审美实际,结合美育目标和美育内容,以校园内不同课程为参考,为不同阶段的学生设置不同的美育课程,在创新变革中构建了校本特色的美育课程体系。递进式美育课程的开发迭代,既展现了美育目标的差异性,又包含美育内容的特殊性。

2019 年上海市义务教育学业质量"绿色指标"评价结果反映出我校对于小学低年段美术教学中学习空间的利用与创设实施的两方面成功:其一是学生的艺术学科各能力较高,艺术素养指数为 9 级,在艺术感知力、艺术审美情趣和艺术创意表达三个维度都达到了优秀的水平;其二是学生的学习动力得到了很好的呵护和激发,学生在学习中主动探究、互动交流和反思的高阶思维能力发展得到一定程度提升。

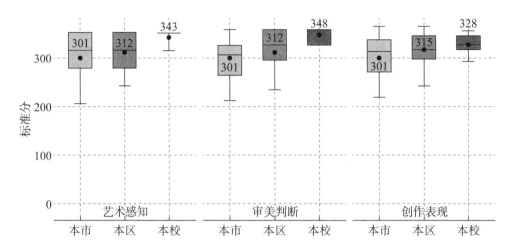

图1-21 学生艺术学科各能力维度的得分分布

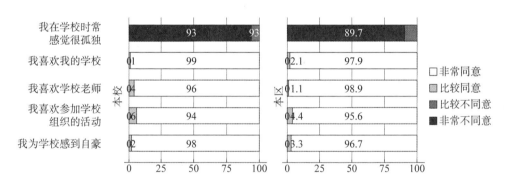

图1-22 "绿色指标"中学生对学校归属感相关问题的看法

(二) 发挥教师的文化积淀,拓宽美育资源范围

我校围绕师德教育、专业研修、综合素养等对教师展开相适应的研修培训,根据教师实际情况分类分层培训,定期进行实践交流,系统开展课题研究。切实加强每一名教师走班教学、分层培养的能力,以及对学生发展指导、综合素质培养的能力,充分发挥不同学科教师的文化积淀,从而实现从学科教学真正走向"以美育人"教师角色转型,拓宽美育资源范围。

教师不断转变课程理念和行为方式,通过教研组的研发讨论,综合多种教学手段与组织形式,共同营造"童心视界"课程和课堂文化,逐渐形成了共同的价值观念和行为准则。不仅常规的基础型美育课程得到落实,而且开展指向学习素养培育的项目化学习等美育教学改革创新实践研究,引领学生全面、自主、个性地成长,从而实现学生、教师和学校的协同发展。

(三) 强化"家、校、社、馆"的多方协作,推进美育全方位渗透

"童心视界"课程不仅涉及学校、教师及学生,而且与家庭、社区、展馆等主体的美育实践密不可分。"家、校、社、馆"是学生生活成长的重要环境,学生在审美意识、审美能力等层面的表现及实践不可避免地受到其影响。本课程在强化"家、校、社、馆"的多方协作方面下足了功夫,设置一个个具有针对性的、校内外结合的美育实践,在提升美育实践趣味性的同时,激发学生的想象力,为不同年段的学生提供充分展现自身审美意识和审美能力的机会,帮助学生开阔眼界、提升创造能力,实现学生的个性化美育。

在教育数字化转型的背景下,网络和教育信息技术是一个很大的资源库,教师可以通过它找到课程开发所需要的资料与合作的线上场馆,并获得相关的信息,启发课程的迭代开发思路,拓宽视野。未来的"童心视界"将突破学校的边界,依托学校智慧平台的打造,让"家、校、社、馆"的交叠影响更好地推动学生素养提升,真正实现全方位美育渗透,让美育在童年生活每一个不经意的场景中发生。

(于嘉璐)

(四) 综合活动课程主题式创新

1. 综合活动课程

"让每一个孩子都健康快乐成长"是上海市基础教育改革和发展的总体目标;"办学生喜欢的学校"是黄浦教育的办学宗旨。小学是儿童正式系统化学习的起始阶段,备受家长重视和社会广泛关注。

为促进儿童从幼儿园到小学的平稳过渡,优化小学课程实施路径,2017 年,上海市小学低年级实施主题式综合活动课程试点正式启动。小学低年级主题式综合活动课程要求从儿童生活出发选取主题,围绕主题设计活动和学习任务,通过各类活动提供学习经历,引导儿童"做中学",感受、体验与探索真实世界,满足儿童的好奇心和发展需求,为后继学习和终身发展奠定基础。

我校是一所具有优秀传统的百年老校,教学严谨、规范。近年来,我校一改一期、二期课改时的保守做法,抓住机遇,积极参与市教委关于"学习基础素养"的综合改革重点项目,围绕"以学习为中心"的课堂创建,开展教学研究,并取得了实质性成果。其中最重要的一点,是教师走出单一的学科教学设计思维,利用情境、规则、工具这三大转化要素,帮助学生在已有经验、真实生活、未来潜能之间努力建立起应有的联系。可以说,前期关于"学习基础素养"的实践研究,为下阶段在一、二年级开展主题式综合活动课程的探索奠定了认知基础。

近些年来,我校以视觉艺术为抓手,逐步构建起了富有校本特色的"睛彩之窗"拓展型课程,同时辅以"睛彩之旅"探究型课程。一系列校园文化、节庆活动也从一开始的点状分散,发展为系统串联。课程与活动资源优渥、内容丰富,形式多样,深受学生喜爱。伴随着课程的发展,我校还同步建设了"慧创空间""律动空间""工美空间""视觉空间"等一系列课程实施新空间,助力学生的发展。各类课程的发展,为一、二年级开展主题式综合活动课程提供了丰厚的土壤条件。几年来,我校致力于厘清理念,深化内涵,探索路径,有效提升了办学水平与学生的学习效能。

2. 确立能力发展目标

在幼儿园,幼儿的学习是生活化、游戏化、主题式的,以游戏为基本活动和主要活动。进入小学阶段,分学科系统化的传授成为主要学习方式。基于"以人为本"的教育理念,依据儿童心理特点,遵循儿童发展规律,我校制订了主题式综合活动的能力发展目标:引领一、二年级学生积极参与各项有益身心健康的活动,通过活动提供丰富、综合的学习经历,使学生尝试着认识自我、管理自我、表达自我;使学生逐步提高适应环境的能力,能遵守规则、懂得关爱、乐于交往;使学生喜欢亲近并探索自然,好奇善问、敢于尝试,为成为一名"善学、乐思、守信、有礼"的黄一中心少年奠定基础。

3. 核心素养为导向构建

从幼儿园到小学的转型,学生首先面对的是从综合性主题活动到语数外分科系统化的教学体系的转变。为降低学科系统化的知识体系的难度,我校探索打破学科知识的逻辑,从学生的家庭、社区、校园和自然环境等真实情境中寻找主题,以一体化的内容建立课程与生活实践之间的联系。

从校本教材和办学特色中提取相关内容,依据低年级学生身心发展规律和认知特点,循序渐进地围绕"我与自己""我与社会""我与自然"三个维度开展内容设置和任务设计,推动学生活动经验的螺旋上升。

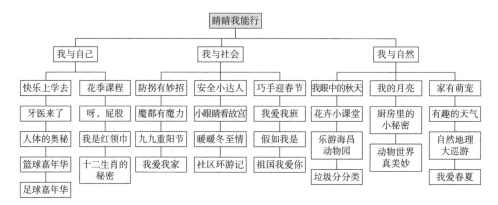

图 1-23 主题式综合活动课程结构

低年级主题式综合活动课程的推进为学生提供了丰富的学习经历,满足了他们的好奇心和发展需求,同时也培养了学生的创新思维和解决实际问题的能力,为后继学习奠定基础。

4. 全课程融合理念实施

跨学科梳理教学内容,基于校情整合已有的三类课程资源,提取小学低年级同质内容,将教材中的知识点拓展成经验点,围绕综合经验的获取过程开展活动设计,并分四册开发《睛睛我能行》低年级主题式综合活动校本手册,将评价融入活动实施的过程,使之更富童趣,体现激励性、导向性和常态化。

图 1-24 开发活动手册

此外,我校在"小学空间环境创意设计项目"的基础上,强化全方位育人的环境,使环境成为学生的隐形学习课程,以课程空间支撑起特色课程的深度发展。

课例："睛睛我能行"

目前,小学主题式综合活动实践课程已经成为我校成熟的校本课程。课程注重游戏化、生活化、综合化的学习设计,强化体验式、探究性学习,引导和支持学生"玩中学""做中学""探中学"。"睛睛我能行"也成为入学以后新生的引领课程,从学习习惯、生活习惯和心理衔接等方面让刚入学的学生顺利完成幼小衔接。

小学主题式综合实践课程一年级第一学期"睛睛我能行"中的"睛睛"是学校的吉祥物"睛宝宝"。"我能行"给刚入校的学生一种鼓励,让他们顺利实现幼儿到小学生的身份过渡,感受、理解小学和幼儿园的不同,向往、热爱小学生活与学习,初步建立角色认同、集体意识和归属感,逐步形成适应小学生活与学习的正确价值观、必备品格与关键能力。

一、课程基本理念

"睛睛我能行"课程以学生素养为中心,从习惯、素养、品质等方面着手,让学生在学习过程中逐步养成社会发展需要的必备品格与关键能力。课程营造幼小科学衔接新生态,注重学生良好兴趣和习惯的培养。

近年来,一年级幼小衔接的学习准备期有各种形式的活动,但是大多以教师讲授为主,较为传统。把幼小衔接和课程整合,将各项学科知识融会贯通,让学生在一年级第一学期能够顺利地完成身份的转变。我们通过小学主题式综合活动课程给予课堂更大的自由度与包容性,充分留白空间、耐心放慢时间,尽可能最大化地实现理想的衔接教育,让学生不仅能适应学段和环境的切换,而且埋下向上向善、乐学乐思的种子,形成愉悦融入集体、团结协作、积极进取的生态雏形,为他们的终身学习和生命成长奠基。

二、课程目标

(一) 多元活动,促进幼小衔接

在活动内容上,从生活出发选取主题,设计活动任务,让学生在"玩玩做做"中学习,引领学生认识、发展自我,参与并融入社会,亲近并探索自然,初步形成对自我、社会和自然的整体认识,养成良好的生活、学习和交往习惯。

(二) 强调过程,发展多元评价

在丰富多元的活动内容与任务情境中,鼓励和尊重学生自主选择对话、写作、参观、制作、表演、绘画、游戏、科学研究等方式。应用活动手册、研讨式评价、展示性评价等方法实现对学生的多元评价。

三、课程实施与组织方式

"睛睛我能行"课程学习模式多样化,包括学生与学生的合作、教师与学生的合作、学生与家长的合作。学生在课程中充分发挥自己的能力,通过多种形式了解自己,了解老师,了解学校,了解社会。课程的情境真实,来源于生活。学生在课程中逐渐完成行为习惯、学习习惯的转变,心理上能够真正认同小学生的身份。

(一)注重全课程融合,提升学生学习能力

"睛睛我能行"课程指向学生生活准备类发展目标的情感认知和底层能力,涉及时间管理、自理能力、生活习惯、劳动技能、文明卫生等方面的幼小衔接。

课程设计了"防拐有妙招"单元,告诉学生在上学和放学路上的安全知识。通过小调查、走迷宫、是非题,让学生了解放学时家长没有来接的情况下应该怎么做,如何

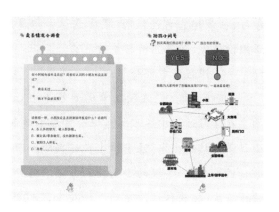

图1-25　手册中的防拐内容

应对自己遇到的突发事情,遇到不能解决的问题时应该怎么做。例如,求助保安叔叔,护导老师、护校警察等。这是进入小学需要学会的安全知识。幼儿园的放学和小学的放学有所不同,通过这样的课程能够让学生更快地适应小学生的生活。

这个单元还要求学生记住自己和家庭的基本信息,如父母的电话、姓名,家庭住址等。这些内容贴近小学生生活实际,对于新入学的学生来说是非常需要的。课程借由创设情境实现学生带得走的习惯、看得见的成长。以往的学前准备期时,我们也有类似的环节,一般通过家长会的形式告知家长,然后告知学生。

通过课程和学习准备期活动的整合,让学生做好生活习惯方面的准备。通过课程学习,学生从依赖父母慢慢转为独立自主,进而提升自主学习能力。

（二）遵循儿童发展规律，养成良好学习习惯

幼儿园生活与小学生活之间有较为明显的差别。学前教育是以直观形象思维为主的游戏化学习，小学教育则是课堂教学。学生适应程度不同，会产生一定的差异性，可能会出现很多学习习惯的问题。

学习习惯的含义较为广泛，既包含学习兴趣和学习意识，也包含思维能力、表达能力、读写能力和发现问题能力等多方面的内容。"睛睛我能行"课程注重学生多元化的发展，引导学生在游戏中学习。

课程包括对话、写作、参观、制作、表演、绘画、游戏、科学研究等方式，全学科融合，帮助学生从幼儿模式的游戏学习过渡到小学阶段的课程学习。图文并茂的内容让学生能够静下心来阅读，并且在教师的引导下学会逐页翻阅，形成良好的阅读习惯。"十二生肖"单元中，学生将自己喜欢的生肖故事讲给大家听。在学生对故事有所了解的时候，教师可引导学生复述故事，培养语言组织能力，为未来的语文学习奠定基础。学生愿意分享自己喜欢的生肖故事，感受到阅读的快乐，进而养成良好的习惯。

课程中绘画的内容比较多，如 DIY 创意相片、我的照片墙等。学生在课程学习中可提高专注力。五颜六色的图片让学生有直观的感受，提升学习的兴趣。教师帮助学生集中注意力，鼓励学生在专注的学习状态下对画面进行想象与再创造，引导学生将这种专注的态度投入到日常的学习活动中，促进学生自主学习能力的发展，养成良好的学习习惯。

图 1-26 学生作品

三、关注儿童心理适应，顺利完成幼小衔接

课程培养学生对于小学生活的热爱之情，让学生更加向往小学生活，对于小学生活怀揣希望。这也是让学生为自己成为一个小学生感到自豪的重要方面。学生拥有积极的态度，面对小学生活也会拥有良好的情感体验。"晴晴我能行"课程的第一单元就是"快乐上学去"。"大家快来认识我"让学生介绍自己的姓名、名字的含义、自己的喜好，制作自己的创意相片并展示在教室里，树立良好的自信心。"朋友见面会"让学生从外貌、体型、肤色、发型四方面介绍新朋友，并给新朋友画一画肖像画。很多学生在进入小学的时候，人际交往能力差，胆子小、不敢主动与伙伴交往，还会出现与同伴不能友好相处的情况，遇到问题的时候不敢主动找教师反映或者寻求帮助。在这样的情况下，学生可能会感到孤独、沮丧。所以，通过这样一个课程让学生发展人际交往能力是有必要的。

"快乐上学去"让学生在入学之后能适应新的环境以及新的人际关系，对身心健康发展也有积极影响。通过第一单元的有效引导，提升学生的社会适应能力，让学生在幼小衔接当中真正体会小学生活，进入小学时能拥有一定的适应能力。

四、课程的评价设计

评价具有重要的导向作用。小学时期知识技能学习并不是第一位的，自信、兴趣和习惯才更加关键。这对学生的继续学习以及终身发展有着直接影响。幼小衔接阶段，教师为学生自信心的树立埋下种子，有助于学生在后续进入小学学习生活时，以积极向上的态度勇敢面对生活及学习中的挑战。

本课程以过程性评价与终结性评价相结合。过程性评价分散在各个主题单元实施的过程中，评价维度主要包括兴趣、态度、方法和习惯等。学期终结性评价采用学习成果展示或情境任务挑战等形式，评价维度主要包括挑战目标达成

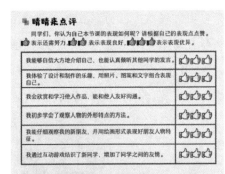

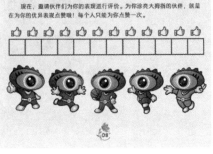

图 1-27　课程评价表

度、与他人合作的表现、对情境任务的理解、工具的使用、规则的遵守等。课程评价自评与他评相结合。凸显学生的评价主体意识，选择适合的评价维度让学生开展活动自评。由执教老师、经过培训的家长志愿者以及高年级学生志愿者等成员组成他评队伍，选择适合的评价维度开展综合评价。

《睛睛我能行》低年级主题式综合活动手册将评价融入活动实施的过程，使之更富童趣，体现激励性、导向性和常态化。

五、课程的成效与反思

幼小衔接阶段是学生步入正式学习阶段的重要时期。这个时期的学生要努力适应小学的学习生活对其提出的新要求，难免会出现焦虑、压抑等心理问题。"睛睛我能行"小学主题式综合实践课程帮助学生适应小学生活，从最初的习惯、学习到身心、生活、社会、学习四个方面的适应，实现幼小科学衔接。随着新课标的出台，课程持续更新迭代，助力学生顺利过渡，幸福成长。

（严　萍　蒋婷婷）

第二章

学习方式创新

一、项目化学习:价值与意义

随着新时代创新人才培养目标的提高,基础教育改革中对中小学教育改革的要求也不断提升。在这样的背景下,提出"项目化学习"具有重要的意义。它上接人才培养目标,下连课堂教学变革,对学校教育改革的深化起到了促进作用。

(一) 学习目标指向新时代创新人才培育

在这样一个日新月异的时代,随着深度学习理论、人工智能等新兴技术的不断涌现,创新已经成为社会发展的需要。创新的关键在人才,人才的基础在教育,教育的灵魂在创新。在这样的背景下,当前基础教育的目标应当是让每一个学生从小就能掌握学习的通用法则,使其具备较高的学习基础素养。可以说,以素养培育为导向的课程与教学变革,是当前基础教育课程与教学改革的趋势。在项目化学习过程中,学生可以培养创造性思维、批判性思维、团队合作等重要的终身学习能力。因此,这样的学习方式变革对于新时代人才的培养是不可或缺的。

(二) 学习方式符合基础教育改革的要求

《2020 年上海市基础教育工作要点》中提到:"深化中小学创新创造教育,开展围绕中小学创新创造教育的课题、课程、课堂的研究与实践,……鼓励开发体现区域特色的创新创造教育校本课程,加强配套课程资源建设。改变课堂教学方式,开展真实情境下问题解决的教学实践,不断提升学生创新创造能力。"对学生创新素养的培育也是上海基础教育"十四五"研究规划中的一部分。项目化学习正是一种倡导多学科融合、注重创新精神和实践能力培养的学习方式,有利于学校对学生创新素养的培育,是让素养落地的"行动"。学校应敢于根据时代发展的需要不断创新,以项目化学习为抓手,推动学习方式变革,进行人才培育的创新探索。

(三) 学习研究进一步深化学校教育变革

《义务教育课程方案(2022 年版)》中提出,要推进综合学习,探索大单元教学,开展主题化、项目式学习等综合性教学活动,促进学生举一反三、融会贯通,加强知识间内在关联,促进知识结构化。作为上海市教育科学研究院普教所学习基础素养项目组的成员校之一，我校长期致力于"以学习为中心"的课堂变革实践研究。早在几年前，我校已跟随市项目组探索项目化学习。就像上海教育学会会长尹后庆所言："今天在我国的教育背景中探讨项目化学习，要立足于我们国家的基础教育课程变革的整体环境。项目化学习的探讨和推进不是孤立的，而是要上联对立德树人的思考，下接对学生学习质量的追求。"我校从研究伊始就尝试在国家课程中实施项目化学习，基于课程标准，依托教材，将项目化学习要素式植入学科教学，希望学生通过学习方式的变化，深化学科能力。通过近几年的探索，实现了教学方式和评价方式转变，在数学等学科积累了大量的实践案例和经验。做有质量的学科项目，让学科项目成为教学常态，这些是我们希望通过不断地实践和思考所能达到的课堂教学变革目标。

二、项目化学习：架构与实施

（一）学习流程的构建原则

项目的单元性原则。选择便于进行项目化学习设计的学科知识内容，从大单元整体设计的角度，统整思考驱动性任务和与之关联的子任务串，让学生将完成任务和掌握知识融于创造性解决问题的过程中。

项目的真实性原则。将生活中的真实现象、问题与学科知识中相关联的内容进行"替代"和"转换"，让学生在创造性解决问题后习得的经验能迅速形成向生活的迁移。

项目的创造性原则。鼓励学生创造，让项目化学习的流程契合创造性问题解决的全过程：破解任务的思路发散性、解决问题的方案多元性与解决问题的结果个性化呈现，融创造性于学习全过程。

项目评估的多样化原则。让项目学习活动的评价贯穿始终。评价方式多元客观，合理利用多样化的评估工具，让个体和小组多样的评估形式贯穿学习全过程。

（二）学习流程的结构要素

教学样态结构要素的选取，一是基于对创造性思维要素的考虑，二是基于创造性问题解决过程和项目化学习实施阶段的对照。

1. 对创造性思维组成要素的梳理

创造性思维的组成要素主要有两种说法。其一,由知识、能力和意向三个方面组成。其中知识是指人已有的知识、经验等,能力是指创造性思维能力,这种思维能力是一种高层次思维能力。其二,由情意倾向和能力两个要素构成。其中,能力是指创造性思维能力,而情意倾向主要是指好奇心、求知欲、冒险性、挑战性等。知识是发展创造性思维的基础,但不能作为其组成要素。因此,我校项目组更认同第二种说法——创造性思维的组成要素是创造性倾向和创造性思维能力。其中,创造性倾向包括冒险性、好奇心、想象力和挑战性四个维度,而创造性思维能力则包括流畅性、灵活性、独创性、精致性四个维度。

2. 对创造性思维组成要素的再度提炼

关于创造性问题的解决过程,研究者提出了众多理论模型,分别体现了对创造性过程的不同理解。本研究首先梳理了夏雪梅博士在《项目化学习设计:学习素养视角下的国际与本土实践》中提出的项目化学习设计框架。该框架由针对教师的六个要素组成:寻找核心知识;形成本质问题并将其转化为驱动性问题;澄清认知的高阶认知策略;确认主要的学习实践;明确学习成果及公开方式;设计覆盖全程的评价。这六个要素也是在实际设计项目化学习时可参考的六个步骤。夏博士在《项目化学习的实施:学习素养视角下的中国建构》中整合了拉尔默(Larmer)等人的项目化学习四阶段框架,强调要形成低结构—高结构循环的实施阶段,该框架由针对学生的六个要素组成:入项探索、知识与能力建构、合作探究、形成与修订成果、出项、反思。

另外,参考吉尔福特(Guilford)的创造性过程模型中所包含的准备、酝酿、阐明以及确认四个步骤,可知创造性想法的产生需要经历这四个阶段。阿玛拜尔(Amabile)在其创造力成分理论中提出了创造性问题解决过程模型,研究表明,创造性问题解决过程并不是一个固定不变的模式,根据对回答确认及传播的结果,个体会选择回到之前某一过程重新开始,或者放弃。伊萨克森(Isaksen)等进行整合和拓展,形成包含四个构成因素和八个阶段的开放、动态的弹性结构。在此基础上,本研究将结构要素简化提炼成"单元建构、问题驱动、项目实施、成果反思"等四个操作项,并将这四个操作项的内在关系进行了逻辑建构,形成了创造性解决项目课堂样态的实践框架(见表2-1)。

表 2-1　从创造性理论与项目化学习理论中提炼的结构要素比较

项目化学习设计 夏雪梅	项目化学习实施 夏雪梅
寻找核心知识	入项探索
形成本质问题将其转化为驱动性问题	知识与能力建构
澄清认知的高阶认知策略	合作探究
确认主要的学习实践	形成与修订成果
明确学习成果及公开方式	出项
覆盖全程的评价	反思

吉尔福特	阿玛拜尔	伊萨克森	结构要素
准备	问题或任务确认	架构问题	单元建构 问题驱动
酝酿	准备	探索数据建构机会	
阐明	产生回答	产生想法	项目实施
确认	对回答的确认及传播	产生解决办法	
		建立接受	成果反思

(三) 学习流程再造

我校在项目化学习实践中,尝试架构项目化学习设计与实施流程,从项目化学习结构要素中提炼出"指向确定、问题驱动、项目实施、成果反思"四个主体操作项,并将这四个操作项的内在关系进行了逻辑建构,形成了创造性解决项目课堂样态的实践框架。它们之间的关系见图 2-1。

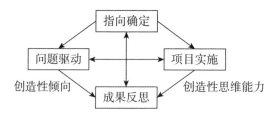

图 2-1　指向创造性问题解决的项目化学习课堂样态的实践框架

1. 指向确定。课堂样态离不开对知识和能力的明确指向,只有提炼出核心概念,才能指向学科学习的本质问题。

2. 问题驱动。要将本质问题转化为符合学生心智理解的驱动问题,嵌入学生感兴趣的情境之中,并对驱动性问题进行创造性倾向的融入。

3. 项目实施。无论是学习流程还是教学组织,都指向学生的创造性思维能力培养。学习空间不仅局限于课堂,而是延伸到校园、社会;学习对象不仅是师生,还可以是家长和社会人士等。

4. 成果反思。在打破时空局限的项目化学习中让学生解决问题,形成独特的见解和方法,任务的驱动和项目的实施互相作用。前面三个要素都紧紧围绕学科核心素养,同时融入对学生创造性问题解决能力的培养,最终形成成果反思。项目化学习的成果反思指向创造性地解决驱动性问题,指向核心知识的深层次理解,包括学习过程的展示。它的结果也是对这个项目完成的全程性的学习评价的指标。

（四）学习实施策略

1.“指向确定”环节

在学科实践中,学生学习用学科的思维方法和视角尝试分析并解决真实问题。学科项目化学习的目标最终是指向学生综合素养的全面提升。因此,“指向确定”环节显得尤为重要,它是整个项目目标定位和任务设计的导向,包含“对教材作梳理解读”“选取并确定学习内容”“明确学习内容指向的核心知识是什么、背后的大概念是什么、学习内容承载着学生不同维度的发展目标与任务是什么”,以及“统整设计与综合实施的操作路径有哪些”等,是整个项目设计的灵魂。

此环节必须基于对学科课程标准的解读,明确学科核心素养及学习素养培育点。此环节的操作路径包括:研读课标,定位素养培育点;对教材作梳理解读,选取并确定单元主题和单元学习内容;在确定内容后,设定明确的学科素养目标及学习素养目标(见图2-2)。

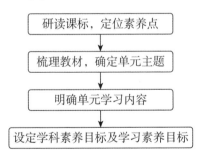

图2-2　“指向确定”环节操作路径示意

以下分享英语和音乐学科的相关案例。

英语学科项目化案例“The Insect Book”

一、项目呈现

（一）项目简介

本项目以科技周为背景,围绕3A Moudle 4 Unit 1 Insects 的内容与语言,以制作

"The Insect Book"为主,完成思维导图为辅,抛出问题:"How to make the insect book?"学生借助思维导图,历时4课时,完成一页昆虫介绍,最终合力制作班级手绘书。在此过程中,学生逐步了解昆虫的多面信息,也逐渐熟悉思维导图并学会使用。本项目通过构建思维导图,将知识结构化,以图像辅助学生思考,形成知识衔接。学生在语言知识学习的过程中不断探索主题意义,解决真实问题,发展核心素养。

(二) 项目目标

1. 英语学科素养

(1) 语言理解和运用:听懂对话或语段,提取昆虫相关信息,识别与案例有关的材料;运用英语介绍喜欢的昆虫,通过口头和书面的形式,与他人分享想法。

(2) 思维外显与发展:分析思维导图,判断各层级之间的逻辑关系,归纳概括共同特征和规律;发挥想象力,创造性地解决新问题,提高学习效率。

(3) 学习能力提升与迁移:吸收并理解思维导图所传达的内容,完成知识迁移;掌握学习方法,学会独立思考。

(三) 挑战性问题

1. 本质问题

理解并掌握昆虫的相关信息,学会甄别昆虫。借助思维导图,以口头与笔头的形式完成昆虫介绍。

2. 驱动性问题

本项目发生于真实的科技周情境,学生合作完成一本班级昆虫书,抛出驱动性问题:"How to make the insect book?"用任务抛出问题,以问题带动学生思考。

子问题1:昆虫书围绕着昆虫展开,什么是昆虫,如何甄别昆虫?

子问题2:可以从哪几方面描述喜欢的昆虫? 如何制作思维导图?

子问题3:如何利用思维导图完成昆虫书内页的制作?

子问题4:怎样的昆虫书内页是美观和有丰富意义的?

(四) 项目实施

1. 引入任务背景(0.5课时)

首先,教师借助科技周,引出项目主题任务:制作一本手写手绘昆虫书。然后,教师引导学生在真实的情境中观察、了解昆虫的表象特征,激活已知主题内容。最后布置作业,学生通过选择一张喜欢的昆虫图片并进行介绍,进一步掌握核心词汇和句型,培养描述昆虫表象特征的能力。

2. 甄别昆虫,初步制作思维导图(1 课时)

教师带领学生回顾项目任务,并进一步细化任务内容。每位学生独立制作一页手绘昆虫书页,最后整合书页,组成一本班级昆虫书。

学生在真实的情境中,通过观察、阅读等方式,进一步了解昆虫的局部特征。以小组讨论的形式思考归纳昆虫的定义与特征,掌握甄别昆虫的能力。同时在教师的带领下,学会归纳昆虫的特征,完成思维导图的初步制作;学会提取思维导图中的关键信息,进行口头介绍。通过作业初步完成思维导图,并进行口头介绍。课后,教师进行指导,帮助学生改正思维导图中常见的错误,如内容填错、层级颠倒等,并在下一节课的热身环节中进行分享和交流。

3. 掌握更多信息,进一步完成思维导图(1 课时)

在教师的带领下,通过阅读、搜索等方式,抓取昆虫相关重点信息,整理归纳昆虫的习性、能力等,进一步完成思维导图。学生能够理清思维导图中各信息之间的关系,进一步学会使用思维导图,从多方面口头介绍喜欢的昆虫。教师布置作业:进一步制作完整的思维导图,较为完整地口头介绍自己喜欢的昆虫。课后教师进行批改与指导,帮助学生改正思维导图中的错误,并在下一节课中结合项目内容,让学生组内分享和交流,检测语言运用能力。

4. 借助思维导图,完成昆虫书页(0.5 课时)

课前,学生在教师的帮助下,逐步改正并完善思维导图。热身环节,学生尝试在组内进行交流分享。在任务情境中,学生借助思维导图构建起关键信息与核心句型之间的联系,由口头落实到笔头,完成书面的昆虫介绍。课后完成个人手绘书页的制作以及语段介绍的书写,并加以装饰。

5. 整合手绘书,选出最佳内页(0.5 课时)

学生完成个人书页的制作,在小组中与同学分享。在班中开展“最佳内页”选拔赛,学生自愿报名参加,展示并介绍自己制作的书页,全班进行投票。最后由教师整合全部书页,将书页装订在一起,完成班级手绘书。

(五) 项目评价

本项目评价主要由教师进行点评,评价对象为学生,同时把学生自评与学生互评融入课堂之中,伴随项目展开。项目评价设计参考了《义务教育英语课程标准（2022年版）》，围绕着学科知识、思维品质和综合能力这三个方面的评价维度，设计了综合评价表（见表2-2）。

表2-2 "The Insect Book"综合评价表

评价维度	评价内容	师评
学科知识	1. 单元核心词汇	
	2. 单元核心句型	
	3. 昆虫的口头与笔头介绍	
	4. 甄别昆虫的能力	
思维品质	1. 获取和归纳关键信息的能力	
	2. 从不同角度看待事物	
	3. 拥有自己的观点和喜好	
	4. 拥有初步思辨能力	
综合能力 （包含表达、创新、 学习、跨学科等）	1. 乐于表达，积极参与	
	2. 发散思维，敢于探索创新	
	3. 制作并能正确使用思维导图	
	4. 排版合理，有自己的审美	

评价发生在项目结束后，主要依据是学生个人书页的完成情况。同时考虑学生是否掌握语言知识，思维品质是否有所体现，综合能力是否凸显。

二、"指向确定"环节的思考

（一）结合学情，构建设计项目化内容

三年级学生经历了两年的英语学习后，有了一定的语言基础，学习内容也从词句向语段过渡，开始初步接触写作。但由于经验不足，大多数学生不知该如何下手。项目的初步设计旨在帮助学生发展写作能力，由写句子向写语段进一步提升。由于三年级学生需要依靠直观具体的内容帮助记忆，所以项目重点关注如何帮助学生构建知识体系，加强语言的理解和内化。

经过研究发现，这个阶段的学生开始具有一定的逻辑思维力和观察力，思维导图就是一个很好的图像式学习工具。通过分类，理清逻辑关系，可帮助学生建构较为立体的学习支架,将知识结构化,辅助学生思考,形成知识衔接。

项目初始之际正逢学校科技周开幕,所以借助真实背景,选取与科技周相关的主题内容。在梳理三年级教材时,发现 M4 板块主题为"The natural world",围绕自然世界展开,包括昆虫、农场动物以及植物三个单元主题,与科技节背景相关。随即在年级中展开调查,结果表明大部分学生对昆虫世界有浓厚兴趣。同时,三年级自然课本中,也有昆虫相关知识,可以融合自然学科,形成跨学科联动。除了让学生学习英语语言知识之外,也可以让他们掌握昆虫的特征与自然习性,学会甄别昆虫。

综上,本项目设计围绕昆虫与思维导图这两个关键要素展开。学生通过制作思维导图,构建知识框架,了解昆虫的多面信息;借助思维导图,完成口头和笔头的描述性语段,落实到书页上;结合美术课程中所形成的绘画及审美能力,装饰书页;最后将书页装订成册,拥有属于班级的昆虫书。

(二) 梳理教材,罗列知识和能力目标

基于小学牛津英语沪教版教材,研读《上海市小学英语学科教学基本要求》,结合学情可知,三年级学生经过两年的学习,在词法方面已知晓并了解形容词在句子中的修饰功能,并能使用相关的词汇描述物品的形状和颜色;在句法学习上,能识别句子中的主语和谓语,初步理解句子的意思,尝试使用陈述句进行表达;能简单复述应用文的基本信息,如主题、内容、信息等。

基于教材,结合本课的单元目标,我们确立了以下知识与能力目标。

表 2-3 "The Insect Book"知识与能力目标

词法	能正确书写并使用 butterfly、bee、ladybird、ant 等昆虫词汇,并能运用表述类词汇描述昆虫的颜色、大小等,同时表达自己对于昆虫的感受
句法	能使用"What is it?""It's …"对昆虫进行询问、应答和描述;能运用"Look at …""It's … It's …""It can …""It likes …"等句型,对自己喜欢的昆虫进行介绍
语篇	能在制作"The Insect Book"的语境中,理解、朗读语段和语篇,提取相关信息,了解昆虫的特征、身体部位、习性及能力等,绘制思维导图,并借助语言框架,形成语段

（三）基于大概念，明确学习素养目标

1. 熟读课标，制订大概念目标

（1）建立联结，确定大概念

单元整体教学为学生建构了一个完整且有序的知识体系，学生从中理解学科意义，实践整体认知。这种完整的有机英语学习体系需要架构在大概念之下。通过研读课标，理清各册教材、各个模块之间的联系，找到单元教材之间的各个联结点，整合联结点，确定单元大概念。考虑学生已有的语言知识，继续延用螺旋式上升的知识体系。以本项目采用的 3A Module 4 Unit 1 Insects 为例，结合跨学科元素，从自然教学单元中整合出思想话题内容，并依次提炼出小概念，确定单元大概念。如下表所示。

表 2-4　概念梳理

话题内容	整合小概念	确定大概念
Getting to know insects	通过阅读学习对话，了解昆虫的表象特征	1. 了解昆虫信息 2. 能够用英语就昆虫信息进行问答对话，并学会甄别昆虫 3. 能够从各个方面，以口头和书面的形式，完整地介绍自己喜欢的昆虫
Making a mind map of insects	通过对话、观察图片，了解昆虫的身体部位，掌握昆虫特征，学会甄别昆虫	
Knowing more about insects	通过阅读文本、提取信息，了解昆虫的习性、能力等，并进行口头介绍	
Finishing the insect book	通过制作昆虫书页，较为全面地以文字形式介绍昆虫	

（2）大概念外显，制订单元目标

确定大概念后，要制订相应的单元整体目标。建构单元整体目标必须充分研读教材资源，对教材进行整体思考，厘清单元的学科素养指向。依据上表，确定本项目目标：在制作"The Insect Book"的语境中，就昆虫信息进行对话问答，学会甄别昆虫；了解昆虫的特征、身体部位、习性及能力等，绘制思维导图；借助语言框架，对自己喜欢的昆虫进行书面和口头表达，结合美育，形成初步审美意识。

2. 研读课标，明确学习素养目标

（1）创造性实践

在沪教版小学牛津英语教材中，围绕昆虫的文本内容基本都是通过简单对话的形式展开,形式较为机械枯燥。为了区别于传统教学,使学生能够发散思维,培养其创新能力,本项目运用两线并行的形式,让学生借助思维导图,完成昆虫介绍,对象不局限于课本,可选取自己感兴趣的内容,同时培养审美能力,制作手绘书页。在此过程中,学生可以对自己设计的书页进行分析,不断优化书页的内容以及形式。

(2)探究性实践

教材中为学生所呈现的昆虫相关信息较为有限,不能满足所有学生对于昆虫的好奇。为了让学生深入了解昆虫的习性、特征等,项目中鼓励学生运用多种方式搜索信息并收集相关内容,如昆虫的介绍片段以及报刊文章等。学生对收集到的信息进行归纳整合,以思维导图的形式呈现,提高探究能力。

(3)社会性实践

通过课程学习,学生初步了解昆虫的定义。为了检测学生是否能够正确甄别昆虫,强化学生对昆虫定义的认识,提升批判性思维能力,教师设计相应的活动,如让学生通过观察图片,以小组为单位进行互相问答、讨论等。在这个过程中,学生懂得倾听他人发言,同时进行自我表达。完成个人手绘书页后,为了选出最佳内页,学生要向全班同学介绍自己的书页内容。学生在表达的同时,作为点评者,能够在教师的引导下逐步欣赏、悦纳他人的优点。

(王力平 黄妙淼)

音乐学科项目化案例"小小音画师"

一、项目呈现

(一)项目简介

本项目是面向小学四年级学生的音乐学科拓展类型项目,项目规模5课时,选择上海音乐出版社音乐教材四年级第二学期第三单元"甜美的梦幻"中德国作曲家舒曼的著名钢琴曲《梦幻曲》为欣赏内容,结合上海教育出版社四年级第一学期美术教材"走近名作"的内容开展本次项目化学习。学生将参与听赏乐曲,了解曲作者生平,认知音乐家乐派、画家画风等一系列活动。通过对作品的理解,创作绘画作品,提升感知联想,最后举办主题画展并参与评选。

（二）学习目标

1. 基于对音乐的欣赏与理解,用绘画表现乐曲意境。通过对音乐情景与形象的联想,探索音乐与姊妹艺术的关联性。引导学生根据乐曲创作绘画时,除了要引导学生理解作品的整体意境,还要提升学生对乐曲主题旋律和乐曲中具有特征性的节奏、速度、力度变化的理解,使之与绘画中的色彩、线条、明暗对比产生更丰富的联系。

2. 由教材中的欣赏作品引导学生对曲作者和相关作品作进一步探索。通过其他作品的对比欣赏,以及了解曲作者的生平,使学生更为深入地理解作品的背景与内涵,还可以让学生尝试探索同一作曲家不同时期的作品,为后期创作和理解作品做更好的铺垫。

3. 借助画笔来表现乐曲,提升学生对音乐与美术两类艺术形式的兴趣,激发学生主动表达对音乐情感、形象的个人见解。尝试更多的分组形式,让学生更自由地选择作品。在后期相互评价时,可以采用讨论的形式来说一说自己的创作思路,与乐曲的三要素(音有高低、音有长短、音有强弱)相结合。

（三）挑战性问题

1. 驱动性问题

当你欣赏音乐时,你的脑海里会浮现出怎样的画面?

在音乐课上欣赏音乐的时候,你的脑海里会呈现什么样的画面? 你能将你听音乐时脑海中浮现出的画面用画笔描绘下来,并与大家分享你对这首音乐所表达意境的理解吗?

图 2-3 驱动性问题

2. 驱动性下的问题链

问题1:同为法国印象派,画家莫奈和音乐家德彪西有什么不同?

图 2-4 莫奈与德彪西介绍

问题2:什么是音画？是音乐,还是绘画？

问题3:听到音乐,你的脑海里会浮现出怎样的画面？

(四) 项目实施

1. 第一阶段:画家与音乐家(1课时)

回忆学到的关于莫奈的知识,欣赏莫奈的作品。

2. 第二阶段:为乐曲《梦幻曲》或《大海》绘制一幅"音画"(1课时)

(1) 反复仔细聆听乐曲,并了解作曲家舒曼和德彪西的生平以及乐曲创作背景。

(2) 挑选合适的绘画方式(水彩、水粉、蜡笔、彩铅、线描等),讲述自己的创作构思。

表 2-5 第二阶段内容

小小音画师	
任务目标	为舒曼的《梦幻曲》或德彪西的《大海》创作一幅音画
参与要求	个人独立完成
完成建议	反复仔细聆听乐曲
	了解作曲家舒曼的生平
	了解乐曲创作背景
	挑选合适的绘画方式(水彩、水粉、蜡笔、彩铅、线描等)
交流评价	讲述自己的创作构思

3. 第三阶段:合作完成同曲异画(1课时)

(1) 初步作品交流后,选择合适的伙伴,尝试为同一首作品画出不同风格的画。

(2) 完整欣赏舒曼钢琴套曲《童年情景》13首乐曲,和伙伴共同选择所要绘制的乐曲音画。

（3）作品创意交流,讲述自己"听"到的故事。

表 2－6　第三阶段内容

音画大师	
任务目标	从舒曼钢琴套曲《童年情景》中挑选另一首创作音画
参与要求	多人组队同曲异画(同一曲子,队友们各自选用不同的绘画方式)
完成建议	完整欣赏舒曼钢琴套曲《童年情景》13 首乐曲
	寻找作曲家舒曼生平中的特别故事
	反复聆听挑选创作音画的独立乐曲
	与队友讨论如何挑选不同的绘画方式
交流评价	展示画作,交流感受

4. 第四阶段:线上 Music 音画展(1 课时)

将学生的作品拍摄编辑成视频,在钉钉群里开展线上画展。

图 2－5　线上画展

5. 第五阶段:校园画廊精品展(0.5课时)

(1) 选择校园合适的场所作为布展画廊,精选15~20作品布展。

(2) 全校师生观展,参与"优秀音画师"评选。

6. 第六阶段:优秀音画师评选(0.5课时)

(1) 运用投票小程序评选"优秀音画师"。

(2) 颁发"优秀音画师荣誉证书"。

(五) 项目评价

表2-7 "小小音画师"评价表

姓名		音画作品名		
	评价指标	自我评价	同学评价	教师评价
音乐元素	绘画场景与乐曲表现意境的契合度	☆☆☆☆☆	☆☆☆☆☆	☆☆☆☆☆
	色彩的变化与乐曲情绪起伏的契合度	☆☆☆☆☆	☆☆☆☆☆	☆☆☆☆☆
	特征性节奏在画面中的表现度	☆☆☆☆☆	☆☆☆☆☆	☆☆☆☆☆
表达呈现	聆听感受与创作构思的交流表述	☆☆☆☆☆	☆☆☆☆☆	☆☆☆☆☆
合作能力	能够与伙伴合作完成绘画任务	☆☆☆☆☆	☆☆☆☆☆	☆☆☆☆☆
表现优点				
有所改进				

二、"指向确定"环节的思考

本次项目化活动基于对作曲家舒曼的钢琴套曲《童年情景》中《梦幻曲》的理解,拓展欣赏德彪西交响音画《大海》,结合学生对世界名画的了解以及绘画能力,让学生用画笔和语言来表达对音乐作品的理解。通过聆听、感受、描述、绘画等多种方式,感受作曲家所创设的情境,从而理解乐曲所描绘的意境,表达理想世界的温暖、深远与甜蜜。

（一）梳理音乐欣赏教学要点,明确学生基本能力

音乐是一种听觉艺术,音乐感受与欣赏是学生形成音乐感知、体验和理解的有效途径。通过音乐欣赏的学习,学生可以形成体验音乐艺术美好情感内涵的能力和积极求知与探索的态度,形成正确的审美观念和积极的实践态度。

四年级的学生在音乐欣赏与绘画方面已有一定的积淀。音乐方面,他们已听赏了众多中外音乐作品,认知了各类中外乐器,了解了各种音乐体裁与一些中外音乐家的生平,掌握了基础乐理知识,能够对具有特征性的旋律、节奏、情绪有一定感知与理解,同时,储备了一定的音乐基础知和音乐演艺能力。这些音乐知识与相关的音乐能力使他们对音乐有自己的理解,从而能够形成多样化的表现形式。

结合学生的能力和学科教学要点,本次综合艺术活动选择了四年级第二学期第三单元"甜美的梦幻"中的一首欣赏曲。该曲是德国作曲家舒曼钢琴套曲《童年情景》中最著名的一首《梦幻曲》。基于对"交响音画"这一体裁的了解,引导学生用画笔画出对乐曲的理解与想象,帮助提升学生辨别音乐不同情绪的能力和对不同音乐情景与形象的联想能力。通过把握音乐节奏强弱、速度、力度变化和音乐旋律特征等,更进一步理解音乐的内在美。

（二）研读美术教材,寻找结合点辅助本活动开展

在小学阶段的各类学科中,艺术类的音乐课和美术课非常受学生欢迎。学生乐于用歌声和画笔来表达自己的情感体验。音乐和美术都有一定的主观性,相同的乐曲和画作在不同人心中会有不一样的联想。色彩是最能打动学生心灵的,也是最能够引起他们兴趣的美术语言之一。四年级的学生对色彩知识掌握比较多,三原色、三间色、对比色、类似色,还有色彩的明度渐变都在本学期美术课上学习过了。但是他们对于如何把这么多的色彩知识运用到画面上并不清楚。学习欣赏莫奈的作品能够帮助学生了解色彩的运用,捕捉画面中的光与影,激发学生的创作欲望。大部分学生能较好地表现平面形象、立体造型,并能大胆地发挥想象,作品内容丰富,富有生活情趣。

本次项目化活动设计初期,教师研读了多个年级的美术教材,了解不同年级的学生在美术方面的认知水平、绘画能力以及欣赏层次,并和音乐教材内容做了比较,最后在四年级第一学期美术教材第四单元"走近名作"《类似色的风景》中

找到了与音乐的关联点。从同为法国人、同为印象派的音乐家德彪西和画家莫奈入手，通过欣赏莫奈的画作与德彪西的交响音画《大海》，启发学生用画笔来表达自己对作品的不同理解。学生可选择自己认为更匹配音乐意境的绘画方式，如水彩、线描、彩铅、蜡笔、水粉等，表达对作品的理解。

（三）调整内容与评价方式，提升多样性和开放性

1. 根据学生的年龄特点选择更为多样的乐曲题材与绘画方式

根据学生的年龄特征和绘画能力，教师对作品进行了筛选和整理，为学生提供了既具多样性又具有一定共性的作品作为欣赏题材。比如，教材中的作品舒曼钢琴曲《梦幻曲》，拓展作品舒曼钢琴套曲《童年情景》13 首，印象派作家德彪西的交响音画《大海》。学生可以自由选择自己喜欢的乐曲进行欣赏与绘画。

2. 设计不同层次的任务，用多种方式完成

本次综合艺术活动中设计了两种不同层次的任务。学生可以选择一首自己喜欢的乐曲独立完成一幅"音画"，也可以和同学组队挑战更高一层次的任务"同曲异画"：和好朋友一起欣赏乐曲后，选择同一首乐曲，各自用不同的绘画方式与构图表现自己心目中的乐曲意境，并和队友们交流各自不同的感受。

3. 选择更为合适的展示方式

为了能够让更多的学生参与作品欣赏活动，本次项目化活动中创作的作品首次选用了线上展示的形式。我们整理汇编学生的画作后，运用 PPT、"秒剪"和 VUE 等软件制作了"线上 Music 音画展"视频，在钉钉线上举行了一次有趣的画展。每幅画都有相对应的音乐作品作为背景音乐，辅助学生对作品产生更深一层次的理解与想象，并对作品进行赏析与评鉴。

4. 与校艺术节相结合的开放性评价

线上画展后，由艺术组教师推荐部分画作参与最后一轮"优秀音画师"评选。推选出 15~20 幅精品之作，在学校特定展区布展，所有班级学生与老师观展并参与投票，选择自己最喜欢的"小小音画师"。这种全员开放式评价能更好地提升学生的学习兴趣，激发自主探究的热情。

（滕白燕）

2."问题驱动"环节

这一环节设计以培养学生提出问题的能力为主,尝试将学科教学内容"转化设计"成驱动性任务。学生的问题五花八门、散点分布、不成系统,需要在教师的"无痕"引导下聚焦于某一个话题,才能较为深入地探讨。教师专业性就体现在能否扣住学生关注的点,引导学生提出开放性问题,通过梳理汇总和转化,设计成有结构的问题串,并以一个学生感兴趣的、与真实生活相近的"驱动性任务"来引导、组织学生提出假设、制订方案、验证假设、修正方案、形成成果、发布交流、展开评价,最终综合解决这串复杂问题,即完成任务。完成这个"转化设计"的过程,需要教师了解并掌握一些CPS(解决复杂问题)的技术,这样教师预设的项目化学习过程才是有素养培育价值的学习旅程。同时,还要同步将教材中的核心知识按照课程标准落实到位。

在中国传统课堂教学中,学生最缺的就是"找问题"的能力。在这样高结构的指导和讲授方式下,学生面对的问题大都来源于教师,是从教师视角出发的问题,是教师觉得需要解决的问题。长期处在高控教学方式下,缺少培养学生创造性提问能力的机会。因此,在教学设计的第一环节设计驱动性任务时就要从学生的角度出发。设计驱动性任务可以从以下几个方面着手(见图2-6):

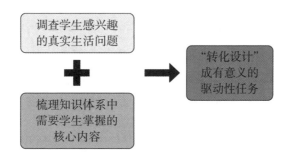

图2-6 驱动性任务"转化设计"操作路径示意

(1)调查学生感兴趣的真实生活问题

① 关注从不同角度出发调查问题。

从学生认知出发:儿童视角与成人视角不同,看待问题的角度也不同。在成人看来十分简单的问题,在儿童的眼中却可能是一个十分严重、需要认真解决的问题。所以,在选择生活中的问题时,要衡量学生的认知能力,这样才能最大限度激发学生学习的主动性。

从兴趣角度出发：创新的过程需要兴趣来维持。现代心理学研究表明，人的创新能力的形成在一定程度上取决于他对事物的感兴趣程度。若人对某一事物有兴趣，则会很大程度地提高他的探究欲，进而调动他的学习探究积极性，发展他的创新思维能力。

从真实生活出发：学科学习与真实生活之间有着紧密的联系，学习的最终目标是获得知识与技能，让学生更好地在社会中生存。因此，学生所学习的内容也应来自真实生活，脱离真实生活的学习并不能让学生真正体会到学以致用。《素养何以在课堂中生长》一书中就很好地阐述了真实世界与学科世界之间的联系："学生的学习从真实世界出发，经过学科学习的滋养，又回到真实世界中。"

② 关注将各种问题引导成驱动性问题。

在以上调查中，教师要不断鼓励和引导学生质疑。学生提出的问题是将已知条件与未知条件融合在一起后的表达，教师如何将学生输出的各种问题归结为一个课堂上可以去解决的问题？

a. 契合情境中已有的要求。

b. 注重问题与学科知识的相关性。

c. 评估问题解决的可行性。

d. 符合学生已有的水平和最近发展区理念。

③ 关注问题解决中的创造性可能。

在设计驱动性问题时，不但要关注在真实情境中解决问题，更要关注这个问题是否有多种创造性解决的可能。教师创设的问题情境必须是学生感到疑难的情境，需要学生运用新颖的方式解决，并能产生独特的、有社会和个人价值的产品。

（2）梳理知识体系中需要学生掌握的核心内容

真实的生活问题是由多种因素组成的复杂问题。小学生储备的知识技能较少，能解决问题的方法也有限，所以教师在设计驱动性任务时必须将图 2-6 中的两个因素综合起来考虑，兼顾问题的复杂真实性以及学生的可操作性，由此将学生的兴趣点和需掌握的核心"转化设计"为有意义的驱动性任务。让学生在情境创设中得到学习的真实体验,收获丰富多元而又有纵向深度的课程学习经历。

以下分享数学和体育学科的相关案例。

数学学科项目化案例"专属口罩随身带,个人防护意识佳"

一、项目呈现

（一）项目简介

本项目面向小学五年级学生,是以数学学科与劳动技术学科为主的学科融合项目。本项目规模为下半学年时间线(9月至10月)的9个课时,针对驱动性问题——"如何制作一个我的专属口罩"开展研究。学生经历自主思考、收集信息、调查统计、测量计算、合作探究、动手制作、交流展示等过程,形成最终的项目成果——一个学生自己设计并制作的专属口罩。

（二）驱动性问题

作为一名小学生,我们需要加强自己的个人防护意识,但是防护好伙伴——口罩,有时候却不大给力。市面上的儿童口罩都是统一大小,但我们小孩子的脸型却各不相同。不贴合脸型的口罩很难起到防护作用。既然市面上买不到,不如我们自己动手做一个专属口罩!

驱动性问题应运而生——如何制作一个我的专属口罩?

（三）学习目标

1. 能在生活中发现问题并提出问题,能根据查阅相关资料,建立数学模型来设计制作口罩的方案。

2. 能正确使用各类手工工具测量数据,能根据比例知识计算出所需口罩的数据,能自己动手制作出一个简易的专属口罩。

3. 通过小组讨论和自主思考,确定设计口罩所需的制作标准,并能根据该标准判断所需口罩的类型与制作口罩的质量。

4. 能积极参与小组讨论,认真倾听他人发言,并能清晰地表达自己的观点。

（四）项目实施

项目的开展一共分为四个环节。

1. 环节一:情境导入,生成问题(2课时)

（1）课前准备（1 课时）

教师引导学生针对案例所需运用的知识做一个简单的自测练习，并通过练习完成的正确率作出评价。

表 2-8　数学学科知识自评表

班级		姓名	
学科知识评价标准		项目前自评	
我能用直尺等工具测量物体长度		☆☆☆	
我能用画"正"字的方法进行统计		☆☆☆	
我能运用长度单位之间的进率进行单位换算		☆☆☆	
我能运用"单价×数量＝总价"的数量关系解决问题		☆☆☆	
我能使用计算器进行计算		☆☆☆	
我能计算小数的加减法		☆☆☆	
我能计算小数的乘除法		☆☆☆	
我能运用"平均数＝总数÷个数"的数量关系解决问题		☆☆☆	

（2）生成驱动性问题（2 课时）

教师通过多媒体课件演示引导学生接受劳动教育，形成个人防护意识。

之后，教师引导学生分组讨论戴口罩中存在的问题，小组代表用便利贴把问题贴到黑板上，全班交流。

市面上的儿童口罩都是统一大小，但我们小孩子的脸型却各不相同，不贴合脸型的口罩很难起到防护作用。由此，生成驱动性问题，即"如何制作一个我的专属口罩?"

2. 环节二:层层推进,拆解问题（6 课时）

（1）问题 1:制作一个专属口罩需要哪些步骤（1 课时）

学生通过分组讨论，完成口罩制作步骤图。

全班交流总结。

（2）问题 2:制作什么类型的口罩（1 课时）

学生通过小组讨论、搜集信息、对比分析等过程完成口罩类型对比表。

表 2-9　口罩类型对比表

特性 类型							总计
医用口罩							
N95 口罩							
防尘口罩							
杯状口罩							

评分标准:1分(不符合)、2分(一般符合)、3分(完全符合)。

结论:通过填写《口罩类型对比表》,我觉得_____口罩最符合我们的需求,我的理

由是_____。

全班通过统计调查,确定要制作的口罩类型是医用口罩。

(3) 问题3:测量并计算成人与儿童的脸型(2课时)

第一课时,学生利用已有知识和测量工具,测量成人与儿童的脸型,把数据记录在脸型数据采集表中。

表 2-10　脸型数据采集表(个人)

被采集者	脸长(厘米)	脸宽(厘米)	口罩使用感受		
			长短不适□	宽度不适□	正好合适□

(续表)

被采集者	脸长(厘米)	脸宽(厘米)	口罩使用感受
			长短不适□　　宽度不适□　　正好合适□
			长短不适□　　宽度不适□　　正好合适□
			长短不适□　　宽度不适□　　正好合适□

第二课时,各组成员交流讨论数据采集成果,组长完成脸型数据汇总表的填写。

表 2-11　脸型数据汇总表(小组)

	脸长(厘米)	脸宽(厘米)		脸长(厘米)	脸宽(厘米)
成人			儿童		
平均			平均		

(4) 问题 4:测量并计算成人与儿童口罩大小;问题 5:计算口罩与脸型的平均比例以及专属口罩大小(1课时)

学生利用已有知识和测量工具,测量并计算成人与儿童口罩的大小,把数据记录在成人口罩尺寸测量表和儿童口罩尺寸测量表中。

学生利用已有知识和测量工具,计算口罩与脸型的平均比例以及专属口罩大小,把数据记录在专属口罩尺寸计算表上。

表 2－12　成人、儿童口罩尺寸测量表

(单位:厘米)

成人	平均脸长		平均脸宽		儿童	平均脸长		平均脸宽	
	口罩长		口罩宽			口罩长		口罩宽	
	长比例		宽比例			长比例		宽比例	

表 2－13　专属口罩尺寸计算表

专属口罩	平均长比例		平均宽比例	
	我的脸长		我的脸宽	
	口罩长		口罩宽	

(5) 问题6:确定需要购买的口罩材料的清单(1课时)

通过独立思考和交流讨论,各组确定需要购买的口罩材料清单,填写专属口罩材料统计表。

表 2－14　专属口罩材料统计表

材料	单价	数量	总价	计算过程
三层布	16元/5米			
鼻梁条	1元/10条			
耳绳	1元/3米			
医用胶带	3元/9米			
合计				

3. 环节三:动手制作,产出成果(1课时)

学生先绘制专属口罩草图,再利用已有材料动手制作专属口罩。

4. 环节四:交流评价,反思问题(1课时)

学生交流展示自己设计制作的口罩,从两方面进行评价:第一,口罩的大小是否合适;第二,口罩是否美观。

全班进行自主评价、同学互价和教师评价,并完成项目过程参与评价表和项目成果评价表。

（五）项目评价

1. 知识自评表:根据本项目涉及的知识,学生需要先完成知识自测,然后根据自测内容对自己的知识掌握程度作出评价。之后在项目实施过程中,学生也需针对自己的知识运用情况作出评价。自测自评可以帮助学生更好地运用数学学科知识来解决项目中的问题。

表 2-15　数学学科知识自评表

班级		姓名	
学科知识评价标准		项目前自评	项目中自评
我能用直尺等工具测量物体长度		☆ ☆ ☆	☆ ☆ ☆
我能用画"正"字的方法进行统计		☆ ☆ ☆	☆ ☆ ☆
我能运用长度单位之间的进率进行单位换算		☆ ☆ ☆	☆ ☆ ☆
我能运用"单价×数量=总价"的数量关系解决问题		☆ ☆ ☆	☆ ☆ ☆
我能使用计算器进行计算		☆ ☆ ☆	☆ ☆ ☆
我能计算小数的加减法		☆ ☆ ☆	☆ ☆ ☆
我能计算小数的乘除法		☆ ☆ ☆	☆ ☆ ☆
我能运用"平均数=总数÷个数"的数量关系解决问题		☆ ☆ ☆	☆ ☆ ☆

2. 过程参与评价表:学生需要就自己在实施合作过程中的表现作出评价,还需要写出同伴的优点,通过观察别人的优点来督促自己。

表 2-16　过程参与评价表

班级			姓名	
维度	初级	良好	优秀
参与讨论	小组讨论,我并不积极,需要组员督促我才参与讨论	小组讨论,我积极参与了几次,有时也需要组员督促我参与	小组讨论,我每次都积极参与,还能提醒其他组员参与
倾听发言	在别人发表意见时,我在做自己的事情,有时会心不在焉	在别人发表意见时,我安静倾听,耐心地听他说完	在别人发表意见时,我认真倾听,并对他的想法表示认同或是提出建议

（续表）

维度	初级	良好	优秀
表达想法	在小组讨论的过程中,我并没有发表自己的想法	在小组讨论的过程中,我有时会对某一问题发表自己的想法	在小组讨论的过程中,我表达了很多自己的想法和建议,还得到了组员的认可
同伴评价	你觉得小组中表现最好的同伴是谁?他(她)哪一方面表现最好?		
	我觉得( )表现最好,他(她)＿＿＿＿＿＿＿＿＿＿＿＿＿＿＿＿＿＿。		

3. 成果评价表:学生需要对自己最终制作的成果——口罩进行自评、互评和师评。除此之外,学生还需简单描述自己在本次案例学习中的心得体会。

表 2-17 成果自评表

班级		姓名	
评价标准	自评	组内互评	师评
我独立制作了专属口罩	☺☺☺	☺☺☺	
我的口罩符合制作标准	☺☺☺	☺☺☺	
我的口罩大小合适,佩戴舒适	☺☺☺	☺☺☺	
我的口罩制作精美,不粗糙	☺☺☺	☺☺☺	
我总共获得了( )颗☺			
项目心得			
在这次项目化学习中,＿＿＿			

二、"问题驱动"环节的思考

（一）驱动性问题源于学生生活

一个好的驱动性问题一定是贴近学生生活实际的。这样的问题可以引发学生的研究兴趣,同时让研究和学习变得有意义、有价值。

本项目的驱动性问题正是学生在生活中挖掘出来的数学问题,问题链也是由学生自己一步步推进出来的,力求问题、思路、数据等都来源于学生,真正做到把探究过程还给学生。为此,教师在设计项目时,需要先确定整体框架流程,再巧妙地结合问题,引导学生通过思考和讨论,达成项目目标。

如本项目在确定驱动性问题时,教师借助"戴口罩的过程中你遇到过什么问题"这一问题引导学生思考,并从学生提出的众多问题中直击本次项目的核心问题——"口罩大小不合适",进而引出本项目的驱动性问题——"如何制作一个我的专属口罩?"

本项目通过引导学生发现问题、提出问题、分析问题以及解决问题,让学生在做中学,发掘生活中值得研究的问题,显示驱动性问题的生命力。

（二）驱动性问题激发创造渴望

高质量的驱动性问题不应让学生拘泥于二元思维,也就是说,它无法简单地用"是"或者"不是"来回答,学生要反复思考、查找信息,再将信息进行整合、分析与交流,多角度地去消化,从而寻求多样化的解决方法。这就激发了学生的创造渴望。

本项目的驱动性问题"如何制作一个我的专属口罩?"就具有开放性。很显然,这个问题有多种解决方法、途径和评价标准,需要学生通过思考、讨论以及查询信息才能讨论出相对较优的决策和较为恰当的行动方案。同时,这个问题的背景具有时代性特征,没有原型案例可以参考,需要学生根据自己的实际情况、他人的生活经验一步步进行判断、推进,才能得到一连串的子问题链,这个过程使学生不断迸发创新的火花。

同时,项目化学习不是"单打独斗"的过程,需要小组协作。本项目包括小组讨论、集体讨论,需要学生表达个人观点或信念。解决问题的过程是一种独特的、开放的人际互动过程。

（三）驱动性问题引发高阶思维

我国的教学组织形式以班级授课制为主,传统课堂教学通常是教师教教材、教知识,学生听知识、模仿教师。本项目则从整个学习过程中抽象出本质问题,即"让学生能在真实生活中构建数学类推模型,通过发现事物本质联系,得到结论并进行再创"。学生经历以上过程可提

图2-7　学生合作学习

升高阶思维,是非常难能可贵的。

学生的学习过程往往是从具象过渡到抽象,但本项目需要学生不仅能从具象事物中提炼出抽象的联系,而且能借助抽象的联系二次生成所需制作的物体。本项目的目标就是培养学生在真实生活中构建数学类推模型,通过发现事物的本质联系,得出结论并进行再创的能力。

学生通过观察市面已有的口罩大小和人的脸型探究其中比例关系,再借助比例关系,根据自己的脸型大小计算出适合自己的口罩尺寸。大部分学生在思考制作口罩的流程时,都很难想到口罩与脸型的关系。教师需要引导学生通过思考、讨论得出:要得到科学可靠的数据,需要先观察已有的口罩和脸型之间存在的关系,然后由教师引出比例的概念。

此外,本项目还渗透了其他高阶思维的培育。比如,在探究脸型和口罩之间的数量关系过程中,学生经历独立思考、合作探究的过程,归纳推理得到结论,并通过演绎推理再验证,逻辑推理能力得到提升。再如,学生多次进行比较分析、分类讨论,这让学生的解决问题能力得到发展。

图 2-8 学生做计算

（于　洁）

体育学科项目化案例"我们的篮球嘉年华"

一、项目呈现

（一）项目简介

本项目是面向小学五年级学生的体育学科活动类项目,项目规模 5 课时。选择五年级《体育与健身》身体娱乐板块"小小篮球对抗赛"作为活动载体。从活动方案的形成到实施,最后形成的项目成果是举办一次"我们的篮球嘉年华"。

（二）学习目标

1. 能通过查阅资料和伙伴分享等途径来了解篮球的历史和文化,愿意主动参与篮球比赛,懂得文明观赛,形成正确的胜负观。

2. 在"我们的篮球嘉年华"活动中掌握篮球的基本动作和基本技战术，能够根据篮球规则合理运用基本技术与战术，并有能力在比赛中担任裁判角色。

3. 能够根据既定的活动方案，合理分配场地、人力、器材等要素；根据自己的能力承担相应的角色和任务。

（三）驱动性问题

为了达成以上目标，同时结合我校"区篮球联盟校"的实际情况，明确驱动性问题："我校作为'区篮球联盟校'，需要举办一场'我们的篮球嘉年华'活动，现在向全体五年级学生发出征求活动方案的倡议。各小队可以根据要求，设计一份合理的活动实施方案，并按照方案展开活动。各位小队成员们积极行动起来，让我们的操场充满活力吧！"

该问题中所蕴含的本质问题是："如何在'我们的篮球嘉年华'实践中培养学生的运动能力、健康行为和体育品德？"

驱动性问题所蕴含的高阶认知为：

问题解决——学生根据举办"我们的篮球嘉年华"的要求，讨论出活动方案的基本环节，围绕环节进行设计和策划。

决策——通过讨论和实践找出合适的方案和路径。

在驱动性问题的设计中，涉及以下大概念：

运动能力——指学生在参与篮球运动的过程中所表现出来的综合能力。

健康行为——指学生在参与篮球运动的过程中养成坚持运动的习惯和抗挫折的能力。

体育品德——指学生在参与篮球运动的过程中能够遵守规则、团队协作，展现出积极进取的精神风貌。

（四）项目实施

1. 出示驱动性问题(0.5课时)

在项目的第一节课，教师向学生介绍"我们的篮球嘉年华"活动具体内容并播放篮球集锦。随后，教师出示驱动性问题并引导学生根据驱动性问题的要求思考活动方案所需要的元素。最后布置作业：自由组队，初步完成一份活动方案设计进度表。

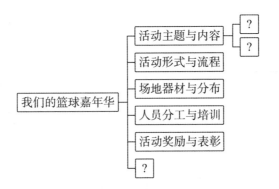

图 2-9 "我们的篮球嘉年华"活动方案导图

课后学生可以通过书籍、网络等自主学习,了解篮球的起源、发展历程及其文化。

2. 起队名,角色分工,团建活动(1 课时)

小队的主要任务包括:起队名、角色分工、团建活动等。各小组自主讨论拟定小队名称并设计口号和队徽,同时完成角色分工,填写基本信息表。随后各小组在课上展示设计成果,并分享设计理念及含义。

团建活动的主要作用是通过游戏增进组员默契、培养团队意识,明白"什么是真正的团队"。主要是通过学生自编的各种游戏进行,"安全岛"(指向团结一致)、"穿越电网"(指向责任意识)、"车轮滚滚"(指向相互配合)等。

在这一环节,起队名、角色分工等任务需要学生尽可能在课后完成,课上的任务主要是展示设计成果和团建活动。

3. 设计一份"我们的篮球嘉年华"活动方案(1.5 课时)

完成团队组建工作之后,就需要开始着手设计"我们的篮球嘉年华"活动方案。要求完成一份纸质方案,并进行操作验证。教师事先提供嘉年华活动内容支架。支架中包含以下设计要求:至少包含篮球活动元素、篮球文化元素,活动持续时长 40 分钟,场地是一片篮球场,人数 40~80 人。

学生在思维导图的基础上,集体思考与讨论篮球嘉年华的设计思路,完成篮球嘉年华的初步方案。

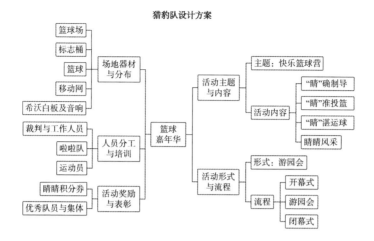

猎豹队设计方案

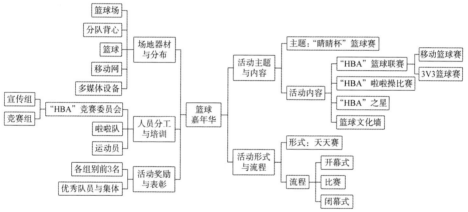

太阳队设计方案

图 2 - 10　"我们的篮球嘉年华"初步方案导图示例

完成初步方案之后,各小队可以借助学校篮球场,进行篮球嘉年华"试运营"。根据运营实际情况,调整和完善方案。

4. 各小队展示交流设计方案并投票,对方案进行评价(0.5 课时)

课上,各小组展示交流设计方案。采用集体无记名投票的方式,对各小队方案进行评价,投票主题为"你最喜欢的嘉年华"。抽签决定交流顺序。完成之后当堂公布投票结果,选出"你最喜欢的嘉年华"。

5. 举办"我们的篮球嘉年华"(1.5 课时)

决定嘉年华方案之后,设计方案的小队就可以根据方案开展"我们的篮球嘉年华"活动。活动过程中其余小队可以根据设计小队的要求进行协助。

(五) 项目评价

本项目评价主要使用过程性评价,评价主体为学生本人、伙伴和教师。设计参考《义务教育体育与健康课程标准(2022 年版)》,结合项目内容确定了参与讨论、倾听发言、表达想法、参与活动四个方面的评价目标,设计了以下评价量表。

表 2-18 "我们的篮球嘉年华"项目化学习过程性评价表

姓名						
维度	合格	良好	优秀	自我评价	同学评价	教师评价
参与讨论	参与讨论不积极,需要他人提示	参与讨论偶尔积极,有时需要他人提示	参与讨论积极,还能帮助他人	☆ ☆ ☆	☆ ☆ ☆	☆ ☆ ☆
倾听发言	他人发言时,思想不集中,需要他人提示	他人发言时,能够安静倾听	他人发言时,能够安静倾听,还能够给出合理建议	☆ ☆ ☆	☆ ☆ ☆	☆ ☆ ☆
表达想法	讨论过程中,无法独立给出自己的想法,需要他人引导	讨论过程中,有时能表达自己的想法	讨论过程中,积极主动地表达自己的想法,并获得好评	☆ ☆ ☆	☆ ☆ ☆	☆ ☆ ☆
参与活动	活动中表现不积极,但能基本完成任务	活动中能够认真完成自己的任务	活动中能主动积极地完成任务,并在伙伴遇到困难时,积极给予帮助	☆ ☆ ☆	☆ ☆ ☆	☆ ☆ ☆
项目化学习中,我表现出的优点						

（续表）

项目化学习中，我需要改进的地方	

随后根据"我们的篮球嘉年华"学习目标,筛选出两个学习表现性环节:小队方案设计、展示交流设计方案。在这两个活动环节中进行过程性评价。

二、"问题驱动"环节的思考

项目化学习主要围绕一个待解决的核心问题——驱动性问题展开。这个问题作为整个学习项目的驱动力推动学习的进行。驱动性问题设计得好,既有利于学生完成相关大概念统领下的核心知识的学习,又可以为圆满完成真实任务指明方向,还可以让学生在实践中充分感受到学习的意义,打磨和升华自身的价值判断,有效发展核心素养。

（一）驱动性问题应具有指向性

项目化学习的问题设计应指向目标达成。设计驱动性问题时,要紧扣课标要求,提炼项目大概念;要考虑小学体育学科特点和学生认知特点。否则教学过程可能偏离教学主线,或与学生的认知水平不符,不利于教学目标的达成。此外,驱动性问题应指向成果呈现。驱动性问题应明确指出项目要达到的最终目的,即对成果的要求。成果要能很好地回应驱动性问题。

（二）驱动性问题应具有真实性

与此同时,驱动性问题应具有真实性。要赋予项目一个真实的、能激起学生探究欲望的情境。这里的真实,可以是真实世界中的情境,也可以是真实的学术情境。教师要创设基于真实情境的问题,鼓励学生在自主探索与社会互动相结合、综合性地解决问题的过程中,经历应用的学习与探索的学习,形成自己的意义建构,并在展示学习成果的过程中经历深度学习。

本项目的驱动性问题设计就充分考虑了真实性。结合我校篮球运动传统和我校学生热爱篮球、热爱比赛的特点,设计了举办篮球嘉年华的真实情境,引导学生尝试自主收集关于篮球嘉年华的有关资料,通过团队协作完成一场真正的篮球嘉年华活动。学生沉浸其中，积极性高涨。由此可见，一个真实的驱动性问题能对整个项目的推进起到事半功倍的效果。

（三）驱动性问题应具有开放性

需要说明的是，在我们实施的项目化学习中，驱动性问题大都是教师设计的。实际上，教师应该尊重和倾听学生的声音，容纳他们的奇思妙想，而不只是要求他们按教师设定的主题展开探索。教师可以鼓励学生提出自己感兴趣的真实问题，并将这些问题进行归类整理，再引导学生列出现阶段值得探索的、可以解决的问题作为驱动性问题的来源。

为了让学生学会合作、学会沟通，也为了引发学生的高阶思维，驱动性问题一般还应具有挑战性。挑战性问题凭一己之力很难完成，需借助团队的力量。学生在团队合作中自然会提升合作素养、沟通素养，在面对挑战性问题的思辨中，学生的审辨思维也得以提升，高阶思维得以发展，分析和解决真实、复杂问题的能力得到有效提升，核心素养得到有效发展。

（沈天皓）

3."项目实施"环节

（1）项目实施各阶段中培养学生创造性思维能力

学科领域指向创造性问题解决的项目实施大致分为三个阶段：

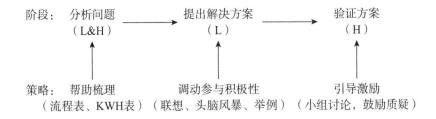

阶段：　分析问题　→　提出解决方案　→　验证方案
　　　　（L&H）　　　　（L）　　　　　　（H）

策略：　帮助梳理　　　调动参与积极性　　　引导激励
　　（流程表、KWH表）（联想、头脑风暴、举例）（小组讨论，鼓励质疑）

图 2-11　项目实施的三个阶段

分析问题。在分析问题环节，学生首先需要将一个复杂的大问题分解成几个可以逐步解决的子问题，利用流程表的形式，厘清第一步解决什么问题，第二步解决什么问题，为自己的问题解决规划方向。其次，学生针对自己分解出来的子问题采用 KWH（Know-What-How）表进行分析，梳理出解决这个子问题已有的基础和欠缺的条件、想要获得的帮助等。

提出解决方案。在提出解决方案环节,学生通过联想、头脑风暴等方式找出可以解决问题的各种方案。为促进学生的创造性思维,教师可以采用小组比赛等方式提高学生参与的积极性,也可以给出某种方案供学生参考,以激发学生进一步的思考。

验证方案。在验证方案环节,学生首先通过建立评价标准来评估各种方案是否可行。建立评价标准的过程中,学生可以通过小组讨论、相互质疑来发展创造性思维。其次,采用特定的行动计划并付诸行动,验证预设的方案是否可以成功解决问题。教师需引导学生从尝试中总结出规律,学会归纳推理。

(2)在合作探究中培养学生创造性解决问题的能力

我们从环境、合作、探究三个维度对项目内容进行设计和调整。

创设开放的环境。在项目实施过程中,注重创设开放性的环境,鼓励学生进行创造;根据学习主题和内容适当转移学习空间,让情境任务更真实。

以往学生的学习都局限在教室中,教室也限制了学生思维的拓展,学习的过程更多发生在文字和语言中。在以创造性问题解决为目标的项目化学习中,我们重视学生的学习与真实生活之间的联系。这个联系不仅源于驱动型任务的真实性,而且应该源于学习环境的真实性,让学生能从教室转移到学校,甚至转移到社区,在真实的环境中学习。

进行合理的分工。合作分工要兼顾认知角色分工和管理分工,让每位成员在智力上有平等的成长机会,以智力性的方式作出贡献。

在项目化学习活动的合作中,教师作小组成员安排时,有意识地根据学生的学习能力做出安排,保证每个小组之间不会差异过大。选择学习能力较强的学生担任组长,督促及协助组内学习能力较弱的学生。在学生准备小组成果展示前,教师要确保小组的每位成员根据自己的喜好和特长确定自己的分工,从而保证小组合作任务完成的质量。利用小组评价表调动每个学生的学习主动性,让学生通过组长和组员互评,明确自己在组内的角色分工和管理分工,从而能在小组活动中认真完成自己的工作。

开展多样的探究。在探究方式上,可通过不同阶段的项目会议、建立同伴间的倾听关系、进行探究型对话等方式提升项目讨论质量。通过组员间的深入交流、思维碰撞，迸发多样思维，激发创造性的创见，达到超越个体学习的成效。

在项目化学习活动的探究中，教师主要通过不同阶段的小组讨论、全班交流等让每个学生之间能有深入交流和思维碰撞，并提供给学生学习支架，如每个环节的学习单等工具。在规则方面，教师通过各种方式将小组合作任务、个人任务展示给学生，让他们了解活动环节的规则。在工具方面，教师提供给学生不同的支架，让他们借助工具经历从猜想到验证的过程。学生经历讨论和用学习支架进行探究的过程。与以往课堂中简单的小组讨论相比，这样更能展现学生多样的思维，激发他们创造性的创见，提高学习成效。

以下分享数学学科的相关案例。

数学学科项目化案例"给图书馆提出优化建议和方案"
——环境、合作、探究三维度合力辅助项目实施

一、项目呈现

（一）项目简介

"给图书馆提出优化建议和方案"项目是面向四年级的数学学科类项目，本项目共5课时。项目的核心知识涉及四年级"数学广场"《通过网格来估测》一课，需要学生在学习完本节课内容后，借助"用网格估测法来估测难以数清的对象的数目"这一知识来解决问题。项目的内容与真实生活有着广泛联系，并且考虑到学生在二、三年级时学习过统计知识，有一定的统计基础，能合理运用统计知识解决问题。

（二）驱动性问题

来自图书馆李老师的一封信："同学们大家好！我是图书馆的李老师。今年暑假，学校图书馆重新改建，现在准备购买一批新书籍。以往我们学校都是通过'露天书市'活动选出同学们最喜爱的图书类型，但今年由于种种原因，没法举办'露天书市'活动，所以我现在遇到一些问题：该如何了解全校学生真实的阅读需求？该如何选购新书？聪明的你们能给图书馆书籍更新提出优化建议和方案吗？"

（三）学习目标

1. 数学学科知识

（1）会用画"正"字的方法进行统计。

（2）会用网格估测法来估测难以数清的对象的数目。

（3）能选取合适的书架格子来估测总数。

2. 数学学科能力

（1）能清楚地阐述自己的观点。

（2）能借助工具测量物体。

（3）会进行数据统计。

（4）培养数据分析能力。

（四）项目评价

1. 过程性评价

表 2－19　过程性评价表

维度	初级	良好	优秀
参与讨论	小组讨论，我并不积极，需要组员督促，我才参与讨论	小组讨论，我积极参与了几次，有时也需要组员督促我参与	小组讨论，我每次都积极参与，还能提醒其他组员参与
倾听发言	在他人发表意见时，我在做自己的事情，有时会心不在焉	在他人发表意见时，我安静倾听，耐心地听他说完	在他人发表意见时，我认真倾听，并对他的想法表示认同或是提出建议
表达想法	在小组讨论的过程中，我并没有表达自己的想法	在小组讨论的过程中，我有时会对某一问题表达自己的想法	在小组讨论的过程中，我表达了很多自己的想法和建议，还得到了组员的认可
我有需要改进的地方吗			
【组长签名】			

备注：请按真实情况打"√"，最后由组长确认签名。

2. 成果性评价

表 2 - 20　成果性评价表

评价阶段	评价指标	①	②	③	④	⑤	⑥
项目实施	该小组能根据问题设计出详细的解决流程	☆☆☆	☆☆☆	☆☆☆	☆☆☆	☆☆☆	☆☆☆
	该小组能合理地安排调查任务,并借助画"正"字等方法准确统计出全校学生喜爱的书籍类型	☆☆☆	☆☆☆	☆☆☆	☆☆☆	☆☆☆	☆☆☆
	该小组能正确运用网格估测法统计图书馆现有藏书数量	☆☆☆	☆☆☆	☆☆☆	☆☆☆	☆☆☆	☆☆☆
成果展示	该小组提出的建议和方案合理	☆☆☆	☆☆☆	☆☆☆	☆☆☆	☆☆☆	☆☆☆
	该小组提出的建议和方案可行度高	☆☆☆	☆☆☆	☆☆☆	☆☆☆	☆☆☆	☆☆☆
	该小组提出的建议和方案有创造性	☆☆☆	☆☆☆	☆☆☆	☆☆☆	☆☆☆	☆☆☆
总☆数							

备注:① 根据评价指标,合理地对每个小组打分。

　　　② 不给自己小组打分。

　　　③ 计算每组的总☆数。

（五）项目实施

1. 入项(1课时)

（1）出示问题

教师出示"成为小小调查员,为学校图书馆提出优化建议和方案"这一任务,并请班级图书管理员向大家说明图书馆改造和"露天书市"的情况,让学生更好地代入情境,思考解决问题的策略。

（2）小组合作设计解决问题流程

全班学生围绕驱动性问题,讨论解决问题的要素,确定了调查学生喜爱的书籍类型、调查图书馆现有藏书数量、计算比较不同类型书籍数量、提出与图书馆有关的建议四个环节。之后,学生分小组以流程图的形式合作设计解决问题的流程。

2. 知识构建与合作探究(3 课时)

(1) 调查学生喜爱的书籍类型

师生共同讨论,确定四类需要统计的书籍,分别为科普类、漫画类、故事类和益智类。每个小组在不同类型的书籍后写出相关书名,并在组长的安排下利用课余时间抽样调查全校学生,待其填写完问卷后,再借助画"正"字等方法统计调查结果。

(2) 总结全校学生喜爱书籍排行

调查前,教师不对调查对象做限制,完全由小组自行安排,因此每个小组的调查结果都不同。有些小组只调查了一个年级,有些小组只调查了每个年级中的一个班级。最后经过讨论,学生从所有的小组方案中选出了他们认为最优的方案——调查一至五共五个年级,每个班调查五个人,做到调查较全面,结果较可靠。

调查结果显示,四类书籍喜爱的人数从多到少依次是:故事类、漫画类、科普类、益智类。

(3) 估测图书馆四类图书的数量

学生前往图书馆,学习用网格估测法来估测难以数清的对象的数目,在组长的带领下,按小组活动要求,在不同的图书分布区域中调查统计书籍数量。学生汇报估测结果,并详细介绍估测方法,说明如何确定一格的数量以及格子数,说出计算过程,确保估测结果的准确性。

(4) 比较并得出调查和估测结果

根据各个小组计算得出的估测结果,将图书馆现有的四类藏书数量按从多到少排列,依次是:故事类、科普类、漫画类、益智类。

3. 出项(1 课时)

学生根据调查结果和估测结果,依据需采购的不同类型的书籍数量设计采购方案,并回顾在调查过程中发现的问题,为学校图书馆提出额外的优化建议。

二、"实施环节"的思考

以往学校图书馆采购新书都是通过"露天书市"活动,让全校学生参与投票，选择喜爱的书籍，再进行统计、采购，但由于种种原因，"露天书市"活动被搁置，只能将调查任务交由学生完成，由此产生了给图书馆提出优化建议和方案的项目。不过项目内容并不只是调查学生喜爱的书籍类型，还需要考虑学校图书馆现有书籍的种类，根据多减少补的原则，为图书馆采购书籍设计合理的方案。

根据我校项目组确立的项目实施的三个阶段，教师先让全班进行头脑风暴，讨论分析驱动性问题，借助流程图梳理解决该问题需要考虑的要素，得出调查学生喜爱的书籍类型、统计图书馆已有图书类型、计算需购买的图书类型数量、提出合理建议和方案四步流程，并以小组为单位确定每个步骤所涉及的相关知识，以及每位组员的分工要求，由此完成项目实施的第一步——设计解决问题流程。

图 2-12　学习单①

在后续实施步骤中，本项目从项目组创设的环境、合作、探究三个维度设计项目内容，引导学生实施项目。

（一）充分利用现有空间资源，实现环境辅助项目，巩固真实性

项目化研究中一直强调驱动性问题的真实性。不论是问题本身还是问题背景，只要能符合真实这个条件，就能初步满足让学生具有代入感这个要求。本项目的驱动性问题就具有以下几点真实性：一是问题本身的真实。每年图书馆都需要采购一批新的图书，由图书馆老师负责，根据学生的喜好采购不同类型的图书，所以问题的目标是让学生为学校图书馆提供帮助。二是问题背景的真实。原本采购书籍类型的统计应是通过"露天书市"活动进行，但由于特殊原因不得不取消该活动，交由学生帮助完成。

除了以上两点，本项目还有第三个真实性——环境真实性。在项目实施的第三个环节中，学生需要统计图书馆现有藏书。为了让学生更有代入感，教师在实施过程中将学生带到图书馆，请学生观察并统计图书馆现有藏书。因为此环节涉及新知识的使用，所以教师事先进行了实地考察，发现图书馆书籍的摆放较有规律，能为学生的学习创造探究价值，因此在与图书馆

老师沟通后,对图书的摆放做了简单的调整,让相同类型的书籍摆放更集中,方便学生调查与统计。学生对去图书馆调查表现出很高的积极性。学习空间的转移不仅增加了任务的真实性,而且增强了学生解决问题的代入感。面对难以数清的书籍,学生找准数量适中的一格,数出其中的书籍数,再数出同类型书籍的格子数,相乘后得到该类书籍的大致数量。该过程让学生直观地感受到估测的简便性。过程中,负责台阶书籍区域的学生发现格子本身的大小存在差异,不能直接相乘。学生在提出问题后,利用直尺进行验证,确定格子大小确实不同,最终计算出不同格子的书籍数量,再相加得到总数。经此过程,学生进一步感受到在真实环境中解决问题并不如书中所说那么简单,还需考虑更多可能存在差异的因素,需要更加仔细地观察事物,才能得到准确的结论。

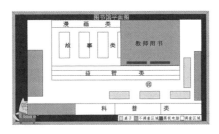

图 2-13 课件

图 2-14 图书馆调查

(二) 充分利用学生合作意识,实现合作带动项目,增强社会性

项目化学习多数是以小组合作为基础展开的,本项目也在分组中做了许多考量。本项目实施环节的小组活动较多,如第一环节的讨论流程,学生需要确定每个组员的不同分工;第二环节调查学生喜爱的书籍类型,需要以小组为单位抽样调查全校 25 个班级的学生;第三环节需要学生分小组在图书馆的不同区域进行调查和统计。不难发现,本项目中大部分小组活动是以小组独立行动为主,所以对于如何分配组员有更高的要求。

教师在分配小组时,需要从两个方面来思考。一是学生的学习能力。学习能力决定了一个小组是否能有较高的讨论参与度。如果组员的学习能力都较弱,面对有挑战性的问题就会出现停滞不前的情况,影响该小组整个项目的完成进度,这也是大部分项目在分组时需要考虑的要素。二是学生的管理能力。由于本项目小组自由活动较多,教师无法实时了解学生的活动情况。为避免出现纪律问题,教师在安排时既要考虑到部分自我管理能力较弱的学生,也要为每个小组配备一名管理能力较强的学生,避免在活动中出现意外情况。

项目实施前,学生分组首要考虑的就是组长一职。组长的要求并不是学习能力强,而是组织能力和协调管理能力强。为此,教师确定了六名管理能力强,且在班级中有较高人气的学生担任组长,由他们负责协调组员关系,安排组内事务。之后要考虑的是班级中自我管理能力较弱的学生,需将他们分散在不同的组,避免出现组内矛盾。接下来需要为每个组分配学习能力较强的学生,便于学生在组内讨论中能产生思维的碰撞,为小组学习带来具有创造性的成果。为了让学习能力较弱的学生也能有活动参与感,通过与班主任沟通,了解他们与其他学生的关系后,将他们分散安排在不同的组,并确保该组组员与他们关系较好,愿意主动带领他们参与集体活动和讨论,不会出现互相排挤的情况,由此完成项目分组。

(三) 充分利用多样探究形式推动项目,提升创造性

项目中常见的探究形式有对话型探究、讨论型探究、操作型探究、实验型探究等。一个好的项目离不开丰富多样的探究形式,每一次探究都是在为学生拓展思维,让学生能在探究中寻找并发现不同的解题思路,进而创造性地解决问题。

本项目中较有特色的探究形式是让学生以问卷调查的形式抽样调查不同年级、不同班级的学生。在此过程中,学生要通过语言沟通,从被调查者那收集自己需要了解的信息,还可以在与被调查者的交流中了解到额外的信息。如最初设定调查四类书籍,分别是故事类、科普类、漫画类和益智类。但有学生在调查一年级和五年级的学生时,通过沟通发现,低年级和高

图 2-15　学生做调查

年级的学生由于识字水平不同,对于漫画类书籍的需求也不同。低年级学生更偏向于图片多、故事内容简单易懂的漫画类书籍,而高年级学生更偏向于剧情丰富、画风有趣的漫画类书籍。因此,该组学生特地在最后的建议中提出在采购漫

画类书籍时,还需注意漫画书的内容。

普通的调查沟通就能获得所需的信息,但利用简单的沟通技巧,向被调查者多询问几句,往往就能得到意外收获。在这样的探究活动中,沟通可以帮助学生打开思维的大门,让他们在简单认知的基础上能更进一步,深入思考,提出更有价值的建议。

(谢丽娜)

4."成果反思"环节

在项目设计时,这一环节的实施要遵循"人人参与、全面展示"的原则,并且必须有帮助学生对学习内容的迁移复盘这一操作。另外,要注重对项目化学习过程和成果的评价。

(1) 成果展示

项目化学习必须有成果,而且该成果能回应驱动性问题。在成果中既要包含本项目预设目标的达成,即完成既定核心知识与能力的转化和迁移,也要体现个人或团队的创造性。在出项的公开成果阶段,每位学生都要参与,在教师或专家的指导下对成果进行修订,以团队形式汇报、展示研究成果。比如,三年级第二学期"谁围出的面积最大"项目化学习活动的阶段成果展示环节,教师是这样实施的:

1. 交流数据

师:你们都设计好了吗?请每个小组派代表用具体的数据来描述一下你们设计的展台是什么样子的。哪些小组选了不靠墙设计?首先请你们小组汇报一下你们设计的展台的长宽和周长……哪些小组选了靠墙设计?请你们小组来汇报一下。

2. 数据复原

师:我们班的小朋友们都非常会动脑筋,设计出了这么多不同的图形。每一种设计都是你们的创意,真棒!刚才呀,我们是用了同比例缩小的方式,所以这里的长为 1 cm 其实指的就是现实中的 10 米,这里的宽为 5 cm 其实指的就是 50 米,那这个时候的周长是 120 米。为了更符合实际,用同样的方法,老师帮大家把其他几组的数据复原一下。

3. 选择

不靠墙:正方形,面积最大。

再次验证:当周长相等时,长和宽越接近,面积越大。所以正方形的面积最大。

靠墙:长是宽的两倍的长方形。

讨论:到底谁的面积最大,为什么不是长和宽相等的时候面积最大呢? 为什么长是宽的两倍时,面积最大呢?

验证:利用数形结合培养高阶思维。

通过交流,锻炼学生有序思考,使学生学会运用数据描述图形。过程中的数据复原环节是为了在后续分析的过程中更贴近实际生活,整个环节在验证之前结论的基础上继续探究,通过观察数据之间的关系得出结论,培养学生的数感。拓展的内容通过数形结合的方式帮助学生更清楚地理解其中的原理,为未来的数学知识学习做储备。

（2）复盘改进

在项目化活动进行到出项步骤后,教师更需要关注学生对学习内容的迁移,帮助学生有序复盘整个学习过程,让学生进行自我反思。这种元认知能力的培养,有助于学生逐步成为学习的主人。比如,在三年级下"谁围出的面积最大"项目化学习活动的阶段成果交流以后,教师尝试这样进行回顾和提升:

巩固规律,得出结论:今天我们初步设计出了这么多长方形和正方形的展台,请每个小组回顾一下,我们是如何一步一步帮助筹备组老师解决问题的?

设置疑问,调动思维:在同样的条件下设计出了面积最大的两种,那么在条件不变的情况下,有没有其他的形状面积更大呢? 下节课我们继续来规划。

再次回顾得出的结论,并对本节课的探究进行复盘,也为下节课的继续深入探究留一个切入口。

（3）多元评价

在整个项目实施中,过程性评价伴随整个过程。我们将进一步研究学生在项目化学习过程中的评价策略,更关注对其思维的灵感性、灵活性、创新性及成长性的评价,进一步激发学生的创新精神,帮助学生形成创新人格,重点内容包括两个方面。

对学生学习过程的评价。在项目化学习过程中,鼓励学生自由地表达自己对学习独特的思考、质疑和理解,让课堂有互动、有质疑、有争鸣。比如,在沪教版《数学》一年级第一学期"数学游乐场"项目化学习过程中教师预设的学生自我评价单,激发了学生的元认知,也无形中给学生提出了较为明确的要求(见表2-21)。

表2-21　"数学游乐场"过程性评价图示例

评价内容	评价等级
1. 认真聆听,积极思考	☆ ☆ ☆ ☆ ☆
2. 勇于表达,条理清晰	☆ ☆ ☆ ☆ ☆
3. 参与讨论,合作分享	☆ ☆ ☆ ☆ ☆
4. 学以致用,体验成功	☆ ☆ ☆ ☆ ☆

又如,在二年级第一学期"我的餐垫我做主"项目化学习活动过程中,利用评价表罗列的三级指标明确了学生对于自己在本堂课中能力的评价(见表2-22)。

表2-22　"我的餐垫我做主"过程性评价图示例

	评价维度	评价指标	评价内容
学习能力	表达 (个性化表达)	基于证据的表达	在课堂中能积极、准确表达自己的想法
			善于用资料、信息表达自己的想法
		多元化表达	善于用图形、符号、动作等来表达自己的想法
			一种说法他人不能理解时能换一种表达方法
	观察 (提出问题、建立联系)	问题意识	能主动发现并提出学习中不懂的问题
		真实情境联系	能将所学知识与生活中的经验或问题联系起来
		新旧知识联系	学新知识时能够联系已经学过的类似知识或方法
	操作 (提出问题)	问题解决	与团队或员交流想法并动手操作
	创造性	创新意识	能用不同方法或最优方法解决问题

对学生成果的评价。为培养学生创新精神,关注对学生成果在"创新性"方面的评价,尤其对于创新思维和能力的评价。

以下分享道德与法治、数学学科的相关案例。

道德与法治学科项目化案例"我们'与班级共成长'"

一、项目呈现

(一) 项目简介

本项目基于统编教材《道德与法治》(五·四学制)四年级第一学期第三单元"与班级共成长"。针对本班学生的现实生活和行为表现,从"我们班级四岁了"这个主题入手,以"如何让我们的班级更出色"为驱动性问题,开展"为班级过生日,许下一个愿望""为班级体检,发现班级问题""为班级出点子,解决班级问题"等一系列实践活动。在活动过程中知道自己是集体中的一员,愿意为维护集体荣誉作出自己的贡献。

(二) 项目目标

1. 学科素养

(1) 理解科学精神能够帮助个人、社会、国家做出正确的价值判断和行为选择。

(2) 理解规则是有序开展活动的重要保障。

(3) 理解要做班级小主人就必须具备集体主义精神。

2. 学习素养

(1) 通过观察发现具体问题,运用相关学科知识分析问题。

(2) 合作讨论后找到解决问题的方法。

3. 核心知识

(1) 强化集体意识,热爱班级,积极参与班级管理。

(2) 了解班级现状,寻找根源,认真反思,修订班规。

(3) 学会尊重他班,取长补短,公正对待班级竞争。

4. 高阶认知策略

学生通过仔细观察,科学分析,了解班级现存问题;根据调查采访的结果,制订合理解决方案,并以多种形式展示解决方案。

(三) 挑战性问题

1. 驱动性问题

如何让我们的班级更出色?

　　自 2016 年 9 月入学,从一(1)班、二(1)班、三(1)班到四(1)班,我们的班级已经四岁了。同学们都深爱着自己的班级,为它许下了一个个美好的生日愿望。如何实现这些愿望? 如何让我们的班级更出色呢? 大家来为班级发展支支招。

　　2. 驱动性任务下的问题链

　　问题一:班级生日,我们的共同愿望是什么?

　　问题二:我们班级现存的主要问题有哪些?

　　问题三:怎么做才能解决这些问题?

　　(四) 项目实施

　　1. 入项:班级生日,我们的共同愿望是什么(2 课时)

　　以视频引入,回忆前三年的生活场景,说一说入学以来记忆最深刻的班级活动。点燃蜡烛,为班级许下生日愿望。接着小组合作制作愿望展板,汇总整理形成共同的班级愿望——希望班级更为出色,思考要达到这样的目标我们可以做些什么。最后达成共识,开展一次为班级体检的活动(见表 2-23)。

表 2-23　小组愿望表

第_____ 小组成员为班级许下的愿望	
姓名	我为班级许下的愿望
小组讨论结果: 　我们组形成的共同愿望:_____ 　我们打算这样做来达成共同愿望:_____ _____	

115

(续表)

小组活动自评表					
发言组员					
发言内容	① 主张明确 ② 有依据 ③ 能解决	① 主张明确 ② 有依据 ③ 能解决	① 主张明确 ② 有依据 ③ 能解决	① 主张明确 ② 有依据 ③ 能解决	① 主张明确 ② 有依据 ③ 能解决

活动秩序	活动声响	活动效果	活动汇报
☆ ☆ ☆ ☆ ☆	☆ ☆ ☆ ☆ ☆	☆ ☆ ☆ ☆ ☆	☆ ☆ ☆ ☆ ☆

2.探究过程:我们班级目前现存的主要问题有哪些,怎么做才能解决这些问题(4课时)

(1) 交流班级一周日常情况表的记录,发现班级问题(2课时)(见表2-24)。

表2-24 "我为班级做体检"课前调查表

班级		姓名		学号	
组织方式	个人作业			授课年级	四年级
班级一周日常调查表					
我观察到的班级问题					
	早读	课堂	课间	两操	午餐	自修	作业	我的思考
周一								
周二								
周三								
周四								
周五								
小计								

(2) 通过数据统计,找到班级现阶段存在的问题,并讨论出目前班级亟待解决的问题(1课时)(见表2-25)。

表 2 - 25　问题整理表

第_____小组	人数：	组员姓名：

小组数据汇总：我们以_____形式来汇总数据。

数据整理后，我们的发现：

我们认为目前班内亟待解决的问题：

小组活动自评表					
发言组员					
发言内容	① 主张明确 ② 有依据 ③ 能解决	① 主张明确 ② 有依据 ③ 能解决	① 主张明确 ② 有依据 ③ 能解决	① 主张明确 ② 有依据 ③ 能解决	① 主张明确 ② 有依据 ③ 能解决	① 主张明确 ② 有依据 ③ 能解决
活动秩序 ☆☆☆☆☆		活动声响 ☆☆☆☆☆		活动效果 ☆☆☆☆☆	活动汇报 ☆☆☆☆☆

（3）各组分头制订改进计划，并选择恰当的展示方案（1课时）（见表 2 - 26）。

表 2 - 26　改进计划表

第_____小组的研究		
姓名	研究收获	参考资料 方法途径

（续表）

我们共同的成果:			
针对根源 解决问题 ☆ ☆ ☆ ☆ ☆	语言规范 要求明确 ☆ ☆ ☆ ☆ ☆	形式活泼 易读好记 ☆ ☆ ☆ ☆ ☆	全员参与 集体智慧 ☆ ☆ ☆ ☆ ☆

3. 出项:如何让我们的班级更出色(2课时)

通过回忆本次项目化学习的过程,复盘前期学习内容,明确本次项目化学习的驱动性问题——如何让我们的班级更出色?

各组展示研究成果。介绍本组完成研究的过程,形成研究报告。展示本组策划的解决方案。答复同学提出的疑问。

最后,学生各自填写本次学习评价单。

（五）项目评价

1. 个人成果评价方式

（1）"我为班级做体检"一周情况调查评价表。

表 2 - 27　调查评价表(个人任务自评表)

姓名:			
留心观察班级日常生活,发现班中存在的问题	1~2 项	3~5 项	6~7 项	8 个及以上
能在观察的同时思考问题	1~2 项	3~5 项	6~7 项	全部
能持续观察的天数	1~2 天	3 天	4 天	5 天

（续表）

个人任务师评表				
	合格	提高	熟练	优秀
留心观察找出问题	能找出 1～2 个班级问题，但是没有思考问题的根源	能找出 3～5 个班级问题，并进行思考，但没找对问题的根源	能找出 5 个以上班级问题，并进行思考，想出 1～2 个问题的根源	能找出班中 5 个及以上的问题，并经过思考找到问题的根源
备注				

（2）本次项目化学习评价单。

表 2-28　项目化学习评价单

班级：		姓名：			日期：
	评价内容	学生自评			教师评价
1	仔细观察	开始学习仔细观察	有观察的习惯	通过观察引发思考	1. 能现察，会思考，找到现象背后的问题根源　好□　一般□　较好□　有待提高□
2	坚持记录	开始学习记录	有目的地进行记录	通过记录引发思考	
3	数据汇总	开始学习数据汇总	有目的地汇总数据	通过数据统计解决问题	2. 能记录，会统计，用证据支撑自己的主张　好□　一般□　较好□　有待提高□
4	读懂图表	开始学习读懂图表	有目的地读懂图表	通过读懂图表思考问题	
5	思考根源	开始思考问题根源	基于现象思考根源	运用各种手段帮助思考	3. 能沟通，会合作，在团队中找到合适的位置　好□　一般□　较好□　有待提高□
6	大胆表达	能参与小组讨论	愿意代表小组交流	能对其他小组提出质疑	
7	合作交流	开始学习小组合作	在合作中发挥作用	成为合作中的重要人物	
8	解决问题	开始学习解决问题	提出一个解决方法	提出多个解决方法并实施	
9	美化设计	开始学习美化设计	有美化设计的能力	能独立完成美化设计	
10	收集整理	开始学习收集整理	会收集能整理	会收集整理并归纳总结	

（续表）

谈谈你对本次项目化活动的感受：
我(喜欢 不喜欢)这样的项目化活动。因为 _____ _____ _____ _____ _____。

2. 集体成果评价方式

以小组形式展示本组成果,其余同学从展示效果和方案可行性两个方面展开评议。

二、"成果反思"环节的思考

本次项目化学习的成果贯穿于过程之中。每次生成的成果,不仅是学生开展新的学习与探索的基础,而且是教师调整教学策略的依据。这也是项目化学习与传统教学之间的差异。传统教学中,教师比较重视如何落实教材知识,将自己在文本中捕捉到的知识点教给学生,而很少关注教材背后的核心知识怎么落地。项目化学习中,教师在钻研教材的同时,跳出教材的局限性,根据学生成果,调整教学内容及方式,从而达成项目化活动目标。

（一）前测成果中构成新的问题链

如果说驱动性问题是学生的目标,那么问题链就是学生前行的阶梯。小学中高年级学生解决问题的能力不高,所以问题链对他们来说十分重要。好的问题链既能启发学生思维,又不局限学生思维。

为了设计出好的问题链,在项目开始以前进行了一次前测,目的是了解学生的实际情况,便于设计最贴近学生真实思想的问题链。前测的结果出乎意料,学生的思维能力大大高于教师预测。刚开始设计本次项目中的问题链时,教师只把重点放在了班规的制订和修订上:

问题一:班级生日,我们的共同愿望是什么?

问题二:如何制订我们的班规?

问题三:如何执行我们的班规?

在前测中,学生想出许多让班级出色的点子。除了制订班规以外,他们认为开展各类活动、提高课堂效率、提升学习成绩等都能使班级更出色。于是教师制订了新的问题链,使情景设计更贴近学生实际生活和能力:

问题一:班级生日,我们的共同愿望是什么?

问题二:我们班级现存的主要问题有哪些?

问题三:怎么做才能解决这些问题?

(二) 互动成果中产生新的教学机制

项目化学习打破了传统课堂中一问一答的授课模式,使教室里的师生关系发生了改变。教师不再是引领者,而是协助者。好比拐杖和栏杆。以前教师是拐杖,一路搀扶学生学到知识;现在教师要成为栏杆,当学生需要你的时候他们自然会来找你。

例如,在绘制统计图表的时候,学生明显遇到了很大的困难。明明是三年级时就学过的数学知识点,为什么在四年级时却不会用呢? 原因就在于学生没有学以致用,只会解题,不能用它来解决真实问题。这时,数学老师创造性地开展教学:他没有告诉学生该怎么做,而是复习统计图表的核心知识。虽然没有教学例题,但是学生一听就会,原因就在于学生在真实的情境任务中找到了自己想要的知识。

从一开始不知道如何观察图表,到最后通过图表找到班级存在的问题,这个教学过程也是教师教学理念的转变表现。不求一步到位的解答,只要步步深入的理解,这就是项目化学习要求教师做出的创新设计。

(三) 评价成果中生成新的评价机制

本次项目化学习需要 8 个课时来完成。连续 4 天,每天下午 2 课时,学生都精神饱满地等待教师抛出新的问题。先讨论,再完成学习工具,最后汇报交流。事先教师很担心学生能否持续学习。可是学生的表现告诉我们,他们可以。同样的流程做 4 天,为什么学生没有厌烦呢? 原因就在于项目化学习中由一个驱动性问题引领的一连串的问题链。从整体看,这 8 个课时是围绕同一个问题展开学习;从部分讲,教师每天抛出问题链中的一个小问题,带领学生开展学习。

同时,教师设计了与问题链相配套的表现性评价表。这些评价表不仅引导学生一步步展开学习,有的还将教师评价标准一一列出(可参见表

2-28)。这是与以往评价的不同之处,也是意外的收获。因为了解了教师的评价标准,一部分积极上进学生就会努力实现教师评价标准,达到更好的学习效果。

学生小A平时是个中等生,按他的学习能力只能达到提高的程度,偶尔可能出现熟练的程度。但是当他看到教师的评价标准时,他有意识地开始努力,认真观察,积极思考,向优秀的标准靠拢。他的改变让教师感受到表现性评价的特殊作用。过去教师紧紧地攥住评价的权力,埋怨学生不够认真努力。殊不知不是学生不努力,而是不知道该朝哪方面努力。当学生清楚地知道评价标准时,就有了清晰的目标,也有了努力的方向。

本次项目化学习的最后评价中出现了评价标准不够清晰的问题。"没有帮助、有帮助、明显提高",没有将评价标准说清楚。这样的评价也是流于形式,毫无意义的。经过修改的评价表对学生要达到哪些标准有了明确的要求,既便于学生自评,也让学生知道应该怎么去做。

表 2-29 修改前的项目评价表

班级:		姓名:			日期:
	评价内容	学生自评			教师评价
1	仔细观察	没有帮助	有帮助	明显提高	1. 能观察,会思考,找到现象背后的问题根源 好□　一般□ 较好□ 有待提高□ 2. 能记录,会统计,用证据支撑自己的主张 好□　一般□ 较好□ 有待提高□ 3. 能沟通,会合作,在团队中找到合适的位置 好□　一般□ 较好□ 有待提高□
2	坚持记录	没有帮助	有帮助	明显提高	
3	数据汇总	没有帮助	有帮助	明显提高	
4	读懂图表	没有帮助	有帮助	明显提高	
5	思考根源	没有帮助	有帮助	明显提高	
6	大胆表达	没有帮助	有帮助	明显提高	
7	合作交流	没有帮助	有帮助	明显提高	
8	解决问题	没有帮助	有帮助	明显提高	
9	美化设计	没有帮助	有帮助	明显提高	
10	收集整理	没有帮助	有帮助	明显提高	

表 2-30 修改后的项目评价表

班级:		姓名:			日期:
	评价内容		学生自评		教师评价
1	仔细观察	开始学习仔细观察	有观察的习惯	通过观察引发思考	1. 能观察,会思考,找到现象背后的问题根源 好□ 一般□ 较好□ 有待提高□ 2. 能记录,会统计,用证据支撑自己的主张 好□ 一般□ 较好□ 有待提高□ 3. 能沟通,会合作,在团队中找到合适的位置 好□ 一般□ 较好□ 有待提高□
2	坚持记录	开始学习记录	有目的地进行记录	通过记录引发思考	
3	数据汇总	开始学习数据汇总	有目的地汇总数据	通过数据统计解决问题	
4	读懂图表	开始学习读懂图表	有目的地读懂图表	通过读懂图表思考问题	
5	思考根源	开始思考问题根源	基于现象思考根源	运用各种手段帮助思考	
6	大胆表达	能参与小组讨论	愿意代表小组交流	能对其他小组提出质疑	
7	合作交流	开始学习小组合作	在合作中发挥作用	成为合作中的重要人物	
8	解决问题	开始学习解决问题	提出一个解决方法	提出多个方法并实施	
9	美化设计	开始学习美化设计	有美化设计的能力	能独立完成美化设计	
10	收集整理	开始学习收集整理	会收集能整理	会收集整理并归纳总结	

此次项目化学习是我们迈出的勇敢一步。学生在"如何让班级更出色"的问题引领下,在寻找解决方案的过程中,逐步巩固班集体意识,建立主人翁意识,学习观察生活、记录问题、绘制图表、寻找根源,并选择自己喜欢的方式来解决问题,达到了知识和能力的双丰收。而教师也在初次尝试中揭开了项目化学习的面纱,直面课堂新挑战。相信本次项目化学习的经验和教训会成为我们今后开展项目化学习的宝贵财富。

(赵 珺)

道德与法治学科项目化案例"'云上超市'里的秘密"

一、项目呈现

（一）项目简介

本项目是面向小学四年级学生的学科类型项目。项目共5课时,通过创设真实情境,让学生从消费者(学科要求)变身为经营者(项目要求),以班级为单位进行实践探究学习。在这个项目中需要经历的学习历程:以供货商的身份进行市场调查,确定消费者需求;以品牌设计师的身份设计广告及"产品"。预期的项目成果:学生以"主播"的身份完成"直播带货",再以消费者的身份享受"云上超市"的购物体验。最后,教师根据主播的"销售业绩"评选最佳"带货王"。

（二）学习目标

1. 学科目标

（1）利用驱动性问题组织学生开展市场调查,使学生学会提取商品信息,鼓励学生设计广告词、商品海报和外包装,以任务驱动培养学生设计思维能力。

（2）通过做小主播开展云售卖的实践体验活动,让学生尝试因地制宜布置商品直播间。锻炼学生的表达能力,培养学生尝试创造性解决问题,增强实践创新能力。

2. 学习素养

（1）创造性实践:商品与广告密不可分。在此次项目化学习的进程中设计广告词推广商品,利用"直播带货"的方式进行云售卖,让学生对已知信息建立联系,运用推理和批判性思维再设计与创造,体会自我价值并悦纳自己。

（2）探究性实践:本项目利用驱动性问题,从认识广告出发,通过商品设计、品牌海报设计到营销一系列的探究学习,帮助学生培养设计思维。

（3）社会性实践:四年级学生已经具备一定的购物经验,部分学生不乏网购经验。通过市场调查,在交流沟通中建立彼此理解、共通的社会联系,尊重他人,包容差异,也可以传递生活观念、价值取向以及审美规范,为今后融入社会生活打下基础。

（4）调控性实践:因本项目学习周期较长,对认知要求高,对学生的自我管理和时间管理能力有综合要求。学生需要坚持师生或自我激励性对话,遇到问题不怕出错,倾听他人意见,学会沟通,及时修正或调整方案。

（5）审美性实践：本项目涉及商品包装和广告等内容，需要学生亲自动手设计、制作并销售，让"产品"赏心悦目的同时展现个人的创造力和想象力。为了打动消费者，也需要对直播环境、语言表达等进行艺术处理和加工。

（6）技术性实践：培养学生利用资源和工具辅助学习的能力。本项目对信息技术能力有一定要求。不但要设计电子海报，还要利用直播机会学习和探索信息技术，运用视频编辑处理等信息处理能力使成果多样化。这有利于学生发展创造性和批判性思维。

（三）挑战性问题

1. 本质问题

如何从吸引消费者的角度提升自己的设计思维？

2. 驱动性问题

为了解决商品不足的困扰，我校将组织四年级同学以班级为单位创建"云上超市"，里面商品的品类由班级成员自己决定。请大家开动脑筋思考：怎样才能明确消费者的购买需求？怎样设计才能抓住消费者的眼球，完成线上销售？

（四）项目实施

1. 入项（1 课时）

教师通过录制视频启动项目推广，提出驱动性问题后，学生展开头脑风暴，产生以下核心问题：哪些商品可以出现在"云上超市"里？如果市场上现存的商品不能满足需求，我们应该怎样设计商品？商品包装一般应该呈现哪些信息？"云上超市"里的商品应该采用什么方式进行售卖？如何做一名合格的主播？为了便于学生理解并使项目更有计划性，教师公布各阶段任务和时间进度表。考虑项目的复杂性，同时为项目配置了思维导图，帮助学生理解。

图 2－16　各阶段时间进度表

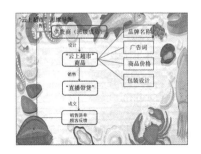

图 2－17　商品流通环节思维导图

2. 学生体验探究活动(2 课时)

(1) 学做供应商

通过市场调查了解消费者需求。问卷可以参考教师提供的范本,也可以根据学生自己的需求设计。学生在设计时需思考:如何列访问提纲,访问内容是否有针对性,访问中发现什么问题,遇到的困难是否解决等。学生在调查中可以发现市场需求问题,为确定“云上超市”里目标商品的品类做准备。借助调查中的问题链鼓励学生观察生活、参与生活、体验生活。

(2) 体验品牌设计师

道德与法治学科四年级第二学期第 11 课《买东西的学问》第一课时是“学会看包装”。学生在学习学科内容的基础上,借助项目学习单了解和掌握消费者关注的商品信息。学生可以借助教材内容、互联网信息,或者通过调查访问完成学习单,并尝试确定商品价格,利用学习支架设计广告词及海报,有条件的学生可以设计外包装并完成制作。

3. 出项(2 课时)

(1) 学生完成两个角色:第一,参与线上销售,做主播;第二,体验购物,做消费者。作为主播,学生不仅要营造直播间的氛围,而且要充分利用家里的各种资源,大胆表达商品信息(如成分、外包装、价格、优惠活动、注意事项、设计灵感等)。直播间的布置也是对学生前期作品(如商品海报)的再利用,激发创新思维,提升销售业绩。

(2) 借助钉钉平台的打卡功能,小主播们陆续上传视频。师生和生生之间在打卡区内进行简单的交流,为自评和他评提供再学习的平台。

(3) 学生作为消费者需要完成采购清单,作为主播需要完成评价量表。以下是部分学生的学习单(采购清单)。

表格二　　采购清单　　采购人：尹

我选购的商品名称	数量(盒/袋/箱)	单价(元)	总价(元)	供货商(名字或学号)	共计费用(元)
超轻黏土套装	24袋	0.83	20.00	尹	44.00
法式软面包	1袋	6.50	6.50		
燕麦片	1盒	17.50	17.50		
对童　的建议	赠送的一瓶是500克而不是500千克				
最欣赏的“带货王”及理由	最欣赏的“带货王”:陈 理由: 表达清晰并且有激情,商品介绍详细,特点突出,非常吸引人				
购物感受和收获	宣传商品时需要充满热情,表达要清晰,这样才能更加吸引人				

表格二　　采 购 清 单　　采购人：傅

我选购的商品名称	数量(盒/袋/箱)	单价(元)	总价	供货商(名字或学号)	共计费用(元)
酒精五瓶装	3组	55元	165元	傅　12	619元
大米	2袋	60元	120元	尹　20	
牛肉2斤	2袋	167元	334元	朱　29	
对张　的建议	牛奶的功效可以再介绍得清楚一些,声音可以再响亮一些。				
最欣赏的“带货王”及理由	朱　,她的带货品种很多,有吃的,有用的,既可以让我们随意挑选,又可以解决我们没东西吃的问题。				
购物感受和收获	非常喜欢直播。想要做名主播一定要口才好,台词背景与道具要准备充分,还要调查市场价格。我自己也要做好准备,勇敢面对,坚持不懈。				

图 2-18　部分学生的学习单(采购清单)

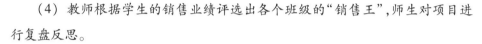

（4）教师根据学生的销售业绩评选出各个班级的"销售王"，师生对项目进行复盘反思。

（五）项目评价

本项目活动需要学生体验做品牌设计师和小主播，因此在结果性评价中教师从设计能力、表达能力和创新能力3个方面入手，借助评价引导学生明确学习目标，完成挑战任务。

表2-31 项目评价量表

评价内容及标准		自评	家长评	同学评
设计能力	商品包装	☆ ☆ ☆	☆ ☆ ☆	☆ ☆ ☆
	广告词	☆ ☆ ☆	☆ ☆ ☆	☆ ☆ ☆
	直播环境	☆ ☆ ☆	☆ ☆ ☆	☆ ☆ ☆
表达能力	表达清晰流畅	☆ ☆ ☆	☆ ☆ ☆	☆ ☆ ☆
	围绕主题突出优点	☆ ☆ ☆	☆ ☆ ☆	☆ ☆ ☆
创新能力	商品制作	☆ ☆ ☆	☆ ☆ ☆	☆ ☆ ☆
	海报	☆ ☆ ☆	☆ ☆ ☆	☆ ☆ ☆
改进建议				
活动感受和收获				

在体验供货商、品牌设计师的过程中，教师需要对每一位学生的学习单做即时评价。有针对性的评价是鼓励，更是提升的机会，可以提高学生设计思维，激励学生创新能力。

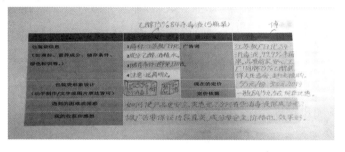

图2-19 学生作业

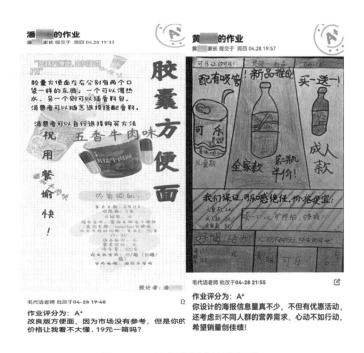

图 2-20　海报设计及教师评价

二、"成果反思"环节的思考

（一）设计思维贯穿项目成果，发挥成果独创性

出项时每位小主播为了更好地表达自己的商品特性，不但要设计广告词、制作海报，而且要布置自己的直播间，让设计成为项目学习的一部分，扎根生长。生活中真实的问题敲开了设计思维的大门，学生的设计灵感由此打开，"江南牌胶囊方便面""自冷锅"等独创性商品让学生在探索和实践中尝试运用设计思维解决问题，哪怕并不完美也异常耀眼。

为了让直播间更符合真实的职业规范，教师在开通钉钉互动打卡前首先强调规则，从直播时间、场地布置要求到仪容仪表，鼓励设计思维，让学生学会用设计思维解决困难或问题，最大极限发挥直播的价值。每个直播间都是一个设计舞台，每种商品都凝聚了小设计师的智慧和成长，独创的商品让项目成果更具魅力。

（二）多元化表达让成果展示更具象，培养高阶思维能力

如何让学生在直播间大胆自信，表达具有概括性、准确性和科学性，成为合格的主播呢？除了直播间的环境布置，在直播间表达哪些商品属性，用什么方法

促成可视化表达,都需要主播换位思考,从消费者的角度去分析。选择更有说服力的表达方式是学生自我再学习的一次经历。教师鼓励学生在3分钟内完成录制。考虑到学生的认知能力和语言表达水平,限制时间是希望他们学会寻找最佳表达方法,能抓住问题关键点去表达,不仅要语言简练,还可以尝试用多元化的表达展示成果,通过环境布置、镜头特写、广告词等突出产品特点和属性。此外,钉钉平台的打卡功能也让学生有更多的思考空间,借助交流平台帮助学生完善作品,提升能力。

学生主动思考和学习的迁移能力逐步提升,不但能够把所思所想落实到文字或图片等作品上,还敢于亲身实践,再加工身边可利用的资源,比如借助家里电视机的投屏功能增强海报宣传效果。运用语言加工、环境布置、信息运用等综合能力完成不可预见的挑战性任务,对个人综合素养提出了很高的要求。如何利用镜头特写捕捉重要信息,如何直观表达重要数据,如何利用对比数据说服消费者等,都需要学生再设计、再思考、再加工。

图2−21 部分学生的直播间

(三)借助数字化学习工具体验云直播,孕育核心素养

出项时学生要完成两个角色:主播和消费者。作为主播带货,前文已经提及,不再赘述。作为消费者,学生观看完主播视频后要挑选心仪的商品。由于没有购物支付平台,教师就地取材,用购物清单来模拟线上购物。统计商品名称、数量、单价、总价、供货商名字或学号等信息,最后评选出最佳"带货王"。

教师借助钉钉平台的打卡功能进行师生和生生间的简单交流。为了扩大交流范围,避免选购的随意性,教师在设计采购清单时增加了"对某同学的建议"和"最佳'带货王'及理由"两项内容,希望通过他评引发学生对直播视频的深度思考,学习他人优秀经验的同时也是自我学习的好机会。

主播不仅要打造直播视频,还需要完成最终的评价量表,它可以从侧面做引导,让学生在探究学习过程中更加明确学习目标。教师在量表中增加了改进建议、活动感受和收获。此次项目化活动是学习,更是成长与经验,希望学生通过彼此陪伴的互助式学习过程为今后的学习和生活提供帮助,懂得欣赏他人的同时也能悦纳自己。

在项目化活动中能非常明显地发现学生的融入性、真实性和挑战性。即使面对资源不足、信息技术欠缺、拍摄水平待提高等各种不利因素,学生还是经过学习和实践,从购物"小白"变成了"品牌设计师",直播带货将他们推向更大的舞台。项目化学习不仅仅是学生的成长经历,更是教师的成长机会。摸索、学习、探究、反思,成长为更好的彼此。

(毛代洁)

数学学科项目化案例"我家的新车计划"

一、项目呈现

(一) 项目简介

这个项目面向四年级学生,需6课时。四年级学生已经从依靠直观形象的具体运算阶段向可以脱离直观形象的具体运算阶段过渡,正处于学习方式可塑性较强的阶段。基于数学源于生活、服务于生活的特性,本项目以"我家的新车计划"为主题,从生活中买车的问题入手,以"购买哪种车型"为驱动性问题,培养学生提出问题、收集信息、解决问题等能力。

在项目的实施过程中,除了让学生得出一个方案外,更希望学生在解决生活中的数学问题时,能够更加理性地思考,感悟到生活中的数学问题答案并不一定是唯一的,一开始设立的标准也会随着自己想法而改变,同时锻炼如何在团队中有效沟通。

(二) 项目目标

1. 学科知识

(1) 会计算两、三位数的整数乘法以及小数的加减法。

(2) 通过解决实际生活中的问题,加深对"千米"的量感。

（3）会在较为复杂的情境中合理灵活地选择算法进行计算。

（4）会使用计算机中的搜索引擎收集所需要的信息。

2. 学科能力

（1）学会通过数据的计算来验证、支持决策。

（2）利用搜索引擎收集和整理信息,提高对信息的分辨和处理的能力。

（3）锻炼与同伴合作学习的能力。

（4）通过方案选择和决策,增强环保意识和生存能力。

（三）挑战性问题

1. 本质问题

如何根据目标制订评判标准?如何收集数据,并基于数据进行分析,表达自己的观点?利用单价、数量、总价计算出车的油耗/电耗,计算出车的排放量,利用大数的比较进行车的价格对比。

2. 驱动性问题

以一封家书的形式呈现"家里需要购买新车"这样一个生活中常见的情境,从购买新车这件事情引出"购买哪种车型"这一驱动性问题。

（四）项目流程

1. 入项活动（1课时）

通过对社会现象的观察,以买车为切入点进行头脑风暴,设想自己买车的标准有哪些,如外观好、价格合适、舒适度高等。向全班展示自己的观点,然后寻求志同道合、意见相近的同学组成小组,每组以4~6人为宜。根据小组确定的统一目标进行组内协商,定下选车的评判标准。在组内,成员表达各自的想法,意见一致达成共识,意见相左进行讨论。经历说服或者妥协等情况,最终制订出本组公认的选车评判标准。

2. 项目实施（3课时）

（1）依据本小组拟定的购车目标,通过网络、书籍、实体店、向长辈求助等多种方式寻找合适的车辆,并记录其相关信息。将成员各自寻找到的车辆以及相关信息进行组内整合,初步筛选和讨论后,通过表格的形式呈现所有备选车辆及其信息。（1课时）

（2）各小组初步分享信息,通过小组间不同思想的摩擦和碰撞,引发更多的思考，其中也包括对自己小组之前制订的车辆选择评判标准进行修改。在听完各小组的汇报之后，教师根据实际情况，引导学生对车辆花费作进一步的探究。车辆的花费不仅包括购买时它本身的价格，也包括后期消费，如油费、电费等。以此引出如何计算油费、电费。（1课时）

（3）展示不同类型汽车尾气排放量的情况表。根据该情况表，各小组对照自己小组所选择的车型，了解相应的排放量。再根据实际情况，把所选择汽车的尾气排放量除以家庭人数，计算出尾气的人均排放量。通过人均排放量更直接地感受汽车尾气排放的程度，唤起环保的意识。（1课时）

3. 出项活动（2课时）

（1）根据小组的选车目标、评判标准等，介绍自己组内选车的过程并展示相应的依据，以及在此过程中的相关收获与感想。参与项目化学习的学生以小组的形式准备项目成果交流展示（分享主题演讲稿或新车购买建议书）。（1课时）

（2）各小组进行项目成果交流展示。展示结束后，根据自评表和互评表对自己和小组成员在项目化学习过程中的表现进行打分。（1课时）

（五）项目评价

回顾整个项目化学习的过程，根据自评表和互评表上的内容对自己和小伙伴的表现进行评价。评价分值从一星到五星。教师也需要根据师评表上的内容对每个小组进行评价。自评表的内容包括学科知识维度的计算能力、千米的量感和数量关系式的应用，实践操作维度的表格整理以及综合素养维度的学习兴趣。互评表的内容包括综合素养维度的表达、分析和合作三方面。师评表的内容包括实践操作维度的数据收集以及综合素养维度的表达和分析两方面。

二、"成果反思"环节的思考

项目化学习的成果并不仅仅指学生能够做出怎样的作品，更重要的是在完成这个作品的过程中经历了哪些环节，经过了哪些思考，是否在完成作品的过程中有调整，自己小组是怎么做的，为什么这么做，等等。成果反思环节是为了让学生增强自身的社交能力和反思能力，能够总结项目化学习中的收获，并运用于之后的学习和生活。

（一）反思环节的成果要具有真实性

真实性是项目化学习最大的特点。情境具有真实性，驱动性问题具有真实性,成果也要具有真实性。成果的真实性是指项目化学习最终要形成公开的、有质量的、有意义的产品。产品的形式是丰富多样的,无论是口头表演汇报,还是书面的研究报告,或者是制作的各类模型等,都必须在小组、班级、学校等多样的群体中进行交流展示,并根据反馈结果进行调整完善。

在项目化的学习过程中,学生从学校的受教育者转变为真实的社会人。学生主动扮演社会角色,身临其境地思考问题并最终解决问题。成果的真实性能够调动学生的责任意识,增强学生的公民意识。

（二）反思环节的复盘要具有过程性

成果反思环节是锻炼学生的语言表达能力和社交能力的良好平台。学生在复盘时不只是展示最终的成果和结论,更重要的是清晰地表达在得出成果的过程中各环节的思考和做法,包括小组成员如何说服对方,如何在有意见分歧的时候得到统一的观点,在完成项目的过程中从最初的制订计划到最终的实施经历了哪些改变,为何做出这些改变等。

对于项目化学习而言,解决问题、得到答案固然重要,但更加重要的是在解决问题的过程中学生的所见、所闻、所思、所做,是否能用辩证的眼光看待、理解和思考问题。项目化学习过程中的收获才是最重要的成长。

（三）反思环节的评价要具有多元性

评价是教育教学的重要组成部分。在项目化学习活动中,评价是活动顺利实施的基础。高质量的项目学习评价可以更好地发挥评价导向、激励、诊断、改进教学等相关功能,从而促进学生的发展、教师教学水平和学校办学水平的提高。

在项目化学习中,评价主体、评价内容和评价方法都应走向多元化。评价主体的多元化能够多方面、更客观地对学生进行评价。根据项目特点、学生特质和评价需要,有选择性地让学生、教师、专家和家长等多元主体对学生多方面的成长作出评价。评价内容的多元化能够使学生对自己的学习更加负责和主动。评价内容要关注素养的形成,关注社会能力的习得,关注学习结果和学习过程,关注学生的真实表现。评价方法的多元化有助于更加全面地评价学生。每一种评价方法都有其优势,也有不足。因此,教师要根据学习内容、学生特点、评价目标等,灵活选择适当的评价方法,或综合运用多种方法对学生进行评价。

（周洁婴）

数学学科项目化案例"我有一个航天梦:制订空间站直播时间计划"

一、项目呈现

(一) 项目简介

"我有一个航天梦:制订空间站直播时间计划"是面向五年级学生的数学学科类项目,该项目共4课时。结合时事热点神舟十三号发射成功,项目组教师对各年级学生进行调查,在众多学生感兴趣的问题中梳理出与数学有关的问题,再结合各个问题涉及的数学知识点,确定了与五年级的时间计算有关的问题,让学生设计一份空间站的直播时间计划表。

(二) 驱动性问题

神舟十三号的任务还在火热进行中,"天宫课堂"的播出也让大家看到了太空直播的便捷。假如给你一个机会来一段太空之旅,让你为地面上的小伙伴们介绍一下太空风景,你会怎么做呢?

"如果我是航天小主播,如何制订一份空间站直播时间计划?"快来出谋划策,设计属于你们的具有特色的直播计划吧。

(三) 学习目标

1. 数学学科知识

(1) 会用24时计时法表示时刻。

(2) 掌握时刻与时间段的区别。

(3) 掌握时、分、秒的进率。

(4) 会用线段图和竖式等不同方法解决同一天中时间的计算问题。

(5) 能结合具体内容对时间进行合理划分。

2. 数学学科能力

(1) 会透过问题看本质,寻找问题的关键要素。

(2) 能借助信息设备搜寻信息。

(3) 会根据要求进行判断和筛选。

(4) 能清晰地阐明自己的观点。

(5) 会从多角度思考问题。

（四）项目评价

本项目评价内容为学生现场生成，由学生根据项目内容结合实际情况确定评价标准，不过教师仍需对评价内容进行规范。因此在设计项目时，初步确定了以下四个评价维度及其对应的八个评价内容。

表 2－32 评价表

	评价维度	评价内容	评价形式	评价频次	评价人
项目评价	主题	明确、创意	组际互评；贴"赞"贴纸	第一课时	各小组
	内容	匹配、合理		第二课时	
	时间	准确、合理		第三课时	
	成果	艺术、创意			

（五）项目实施

1. 入项（1课时）

（1）了解中国航天事业的迅猛发展。学生观看国家航天事业发展轨迹视频，交流今年的中国航天大事，了解中国航天事业已经迈入空间站时代，能建造空间站，并能解决长期有人照料的空间应用问题。

（2）发布"制订直播计划"的任务，梳理构成计划的基本要素。全班交流，作为参加太空旅行的小学生，你想分享太空的哪些内容，用什么方式分享，讨论直播计划中应包含哪些基本要素。

（3）初拟直播计划中的要素一"主题"和要素二"内容"。小组讨论，确定怎样的主题和内容是比较理想的，并说明理由。借助工具单拟定直播内容，并将小组的想法记录到白板上。

（4）讨论形成评价，组际针对直播计划中的要素一和要素二进行交流分享。小组轮流学习各组设计的主题和内容，讨论形成评价指标，并对其他小组进行评价。

2. 知识建构与合作探究（2课时）

（1）入项回顾，引出直播计划中的要素三"时间"。回顾入项环节中学生设计的直播主题与直播内容，引出进一步需要探讨的直播时间的确定。

（2）借助"天地互动"环节学习计算开始时刻、结束时刻和经过时间。介绍神舟十三号太空授课活动中的"天地互动"环节,明确"天地互动"环节为固定时间,并通过线段图、竖式等方法,正确计算"天地互动"环节的开始时刻、结束时刻和经过时间。

(3) 小组合作,计算直播计划中匹配"内容"的具体时间。学生以小组为单位,结合直播内容,参照航天员在空间站的作息以及"天地互动"环节的可实施时间,安排并计算直播内容的具体时间,进一步完善直播计划。

(4) 讨论形成评价,组际针对要素三进行交流评价。小组之间围绕"时间"要素讨论形成评价指标,并相互交流评价。

3. 出项(1课时)

学生根据评价结果修改、完善并美化整个直播计划,向全班分享介绍,争取成为人气最高的直播间。最终以投票的形式选出最受欢迎的直播计划。

二、"成果反思"环节的思考

本项目的成果渗透在整个项目过程中,学生并不是在学习和探究后再完成成果,而是边学习、边讨论、边完善成果。为了确保遵循"人人参与、全面展示"的项目成果反思原则,教师要求学生的小组成果中必须包含组员分工,明确每位组员在活动过程中扮演的角色和需要完成的任务。除此之外,我们也按照学校项目组设计的成果反思要求,让学生在项目的最后呈现一份完善的项目成果。

(一) 成果贯穿始终

本项目的最终成果为一份小组直播海报,每个小组需上台介绍自己的直播主题以及每个内容对应的时间段,并作宣传,吸引观众光临直播,为该小组投票。但成果并不是在最后一个环节让学生完成,而是从项目实施的第一阶段起,学生就开始设计海报的框架,一一填入确定的直播主题和内容,再在第二阶段学习时间的计算后,确定每个直播内容的时间段,最终美化海报,成为小组的项目成果。

成果的内容既能反映学生设计的太空活动是否具有科学性,也能反映学生是否熟练掌握时间的计算这一知识点。整个成果展示过程十分注重内容和形式,让学生充分代入比拼直播人气的氛围,增加学习的乐趣。

图 2－22 成果展示

图 2－23 成果海报

(二) 复盘检验错误

在项目中,每一阶段的成果展示都是对学生该阶段学习的复盘。随项目进度跟进的成果复盘,不仅能帮助学生及时修改成果中存在的问题,而且能帮助学生及时巩固所学新知,在复盘中检验对新知的掌握程度。

在本项目的第一回展示阶段中,每个小组都需要阐述清楚直播主题和内容的设计思路,如果存在不合理的情况,参与评价的学生和教师会及时给予提示,让该小组修改自己的方案。尤其是在设计本项目的直播内容时,学生第一次的设计往往都只顾内容有趣,而忽视实际操作的可能性。如有小组设计直播展示在太空里做饭,在展示中就有学生提出质疑,太空中因为

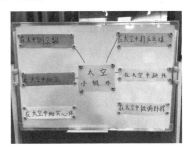
图 2－24 主题内容

缺氧没法生火做饭,该方案不具可操作性。在简单的讨论后,该小组将直播内容改为展示在太空里吃饭。我们鼓励学生大胆创新,但创新的前提是要具有科学性,不能脱离实际情况。

在第二回展示阶段中,每个小组需要列出详细的时间计算过程,如存在计算问题,在指出问题后须及时修改;还需要为小组直播设计宣传口号,为最终小组间的方案比拼做准备。作为数学学科项目,学生在项目中能否熟练运用数学知识解决问题也是本项目的学科核心重

图 2－25 学生交流

点。本项目涉及的数学知识是五年级的《时间的计算》。在最初设计时，教师考虑到仅仅将时间的计算运用在计划表中过于简单，于是增加了"天地互动"环节的固定时间和航天员已有的作息时间，让时间的计算更复杂、更具有挑战性。检验学生是否掌握该知识的方法就是检验每个小组直播内容的时间计算是否准确，是否能与"天地互动"时间和航天员的作息时间相结合，制订合理的时间计划。为此，每个小组在展示时需要出示完整的时间计算过程，并说明如此设计的原因。有个别小组出现计算的时长与起始时间和结束时间不符、内容的安排与航天员作息时间冲突等情况。出现问题后，学生也会及时更改错误，后续继续完善计划表。

（三）评价源于学生

项目的评价往往由过程性评价和成果性评价两个部分组成。评价是衡量学生学习情况的标尺，更是帮助学生认识问题、改善方法的手段。以往项目中的评价是由教师制订的，但在本项目中，为了能让评价起到更实质的作用，教师引导学生在讨论过程中自主生成评价标准。如在第一阶段中，学生讨论得出直播主题需要具有创意，并且主题明确，能让人一目了然，直播内容则需要与主题匹配，且具有合理性。教师将主题的评价概括为"明确、创意"，内容的评价概括为"匹配、合理"，让学生在完成该阶段的成果后，围绕这四个维度对不同小组的成果进行评价。上文中提到的在太空中做饭就不符合直播内容的合理性，须及时修改。

在第二阶段中，学生通过讨论得出直播时间的计算要具有准确性，且不与固定时间冲突，时间的安排要具有合理性。因此教师将时间的评价概括为"准确、合理"，在展示环节让学生围绕这两个维度进行评价。学生自主制订的评价能让他们对评价标准有更清晰的认

图2-26　确认评价内容

识，更清楚自己的设计方向，使他们在整个项目的实施过程中不论是对自己的学习情况还是对他人的学习成果都能有一个明确的衡量标准，能在评价的过程中反思存在的问题，升华项目评价的意义。

（谢丽娜）

第三章

学习评价创新

一、学生综合评价平台的开发与应用

目前,小学阶段对于学生的评价存在一些问题。比如,过度重视学生对于知识的掌握,忽视学生综合素养的发展;主要以外部观察与主观测定为依据,忽视对学生评价结果加以分析,未能运用评价结果改善学生发展状况;学校现有的教育教学平台多用于教学资源积累、教学情况记录、学生成绩汇总等,对于所获得的大量学生数据缺乏科学分析,不能有效指导学生发展和教师教学,等等。在教育信息化、数字化的大背景下,作为黄浦区创新教育标杆校,我校在学生评价上不断开拓新思路,尝试新做法,始终着眼于探索更科学、更全面的评价方式。为此,我校开发并应用了"睛彩一中心"学生综合评价平台。

我校以课题研究和项目开发相结合的方式,从自身特色出发,聚焦学生综合素养,打造铸就学生"睛彩"未来的数字化专业评价系统——"睛彩一中心"学生综合评价平台。以行为与品德、学习与能力、运动与健康、艺术与表现、科技与实践、创新与发展六大评价维度,建立"五育融合"的学生综合素质评价体系。在网络环境的支持下,使考核场景更丰富,考核过程更多样,最终评价更有针对性。以大数据、云计算技术为基础,通过数据分析,对学生的学习兴趣、习惯和能力等方面的表现给出较全面、丰富的评价。注重过程性评价,在大数据运算下,及时形成发展建议,明确发展任务,促进学生综合发展。在实际操作中,基于对相关上位文件、文献、理论的分析,确定我校小学生综合素质评价指标框架。从需求分析、系统架构、模块搭建、功能实现等角度,以大数据及云计算技术为基础开发平台,并在实际运用中不断优化系统,提炼教育教学跟进策略,助力推进学生综合素质评价实施。

中共中央、国务院印发的《深化新时代教育评价改革总体方案》指出:"各级各类学校立德树人落实机制更加完善,引导教师潜心育人的评价制度更加健全,促进学生全面发展的评价办法更加多元。"大数据时代伴随着互联网的发展而来。在学校的管理中,传统的人工管理模式已经被各类基于网络的信息化管理系统所取代,随之而来的是海量的、与教育教学相关的数据的产生。随着校园数字化、信息化进程的不断推进,学校应当转变传统的思维与决策模式,以此为契机,在做好海量数据管理的同时,利用相关技术对数据进行深入、科学的分析,在助力学生健康成长及促进学校教育教学方面实现创新。

（一）科学分析，培养学生良好个性

2016 年 9 月，以促进中国学生全面发展为核心的纲领性文件《中国学生发展核心素养》发布。其中指出，学生在自主发展方面要学会学习、学会健康生活，在文化基础方面要注重科学精神的培养及人文底蕴的积淀，还要能主动参与社会，善于实践创新、勇于担当。我校聚焦学生综合素养评价，从一年级起即开始记录学生在校的学习、运动、日常行为、身体状况、奖惩情况等。在数字化校园里，学生成长的一点一滴都会成为"大数据"的一部分。大量不同类型的数据汇聚生成属于学生个人的独一无二的"成长数据库"。结合学生发展核心素养相关指标，经过精准分析之后，给予学生综合性的客观评价，形成每个领域、每个阶段的总结，最终形成学生整个小学阶段的综合性成长报告，将小学生综合素养评价落到实处。

（二）精准定位，助力学校科学管理

在"互联网+"理念的指引下，我校不断探索数字化背景下的教师教学模式和学生学习方式的转变。我校构建以项目聚合为核心的校本教育信息化应用与推进的运行机制，将技术开发和实践应用紧密整合，合理协调资源建设、部门发展、技术指导等诸多因素，促使我校的教育信息化建设得到持续发展。

学生发展是学校发展中最重要的一部分。在大数据时代，学校及教师对于学生的管理工作将发生深刻的变化。通过对学生数据的分析，学校及教师将掌握解决问题的新方法：透过数据找到相关问题的根源，从而制订有针对性的解决策略。通过大数据的精准分析，学生的性格特点、特长爱好、学业成绩、自身需求等情况都能得到及时、客观的反映，从而帮助教师制订精细化的管理策略，帮助学生更好地成长。

随着"五项管理""双减"等相关政策的实施，学校需要对学生进行实时的、个性化的管理。本系统对学生的日常作业、体质监测、相关课程、睡眠情况等各方面的数据进行收集整理，经过自动分析，给予合理建议，帮助学校切实落实这些政策。

（三）拓展延续，对接初中综合素养评价

"睛彩一中心"学生综合评价平台涵盖了学生思想品德、学业水平、身心健康、艺术素养、社会实践等方面的主要内容,与初中阶段的综合素养评价深度对接。学校、教师、家长、学生一起观察,从数据分析中得到各类成长评价报告,从中得出不断改进的方案,帮助学生不断提升自我,使每一个学生都个性鲜明、兴趣广泛、价值观正确,为以后的成长打下坚实的基础。

二、学生综合评价平台建设的基础

我校的信息化建设五年规划中提出,学校将以计算机及网络技术为基础,建立起对学校管理、教学、教研等信息进行收集、处理、整合、存储、传输和应用的数字化系统,并使数字资源得到充分的优化利用。通过实现从环境、资源到应用的数字化,在传统校园基础上构建一个数字空间,以拓展现实校园的时间和空间维度,扩展校园的业务功能,提升校园的运行效率,提高校园的管理水平。通过信息化、网络化、可视化和智能化的信息集成与应用系统,将学校各部门、各学科的工作进行信息化处理,同时最大限度集成和利用各类信息资源,通过整体规划、分步实施、突出应用、逐步完善,实现学校管理和教学的信息化。借助网络技术对学生进行学科的综合评价也是学校信息化建设的重要一环。

依托黄浦区教育局及信息中心的统一部署,经过几年的建设,我校整个网络架构得到极大优化,无线网络已经在校园无缝覆盖。千兆带宽到桌面,能够满足高接入、高并发、高带宽的学校日常运作需求。在空间改造和其他校园配套设施的安装过程中,借助物联网及云计算技术,使所有设施设备都能实现智能化、网络化管理,为学校从日常教育教学中获取学生第一手数据提供了坚实基础。

同时,我校正在使用的学生学业评价系统、学生体质监测管理平台、学生学籍管理平台等,以人工导入、仪器测试、上一级平台下载等方式获取相关数据,已经一定程度上开始利用大数据技术,通过数据分析生成图表或文字,给予学生评价。这些将为学生综合评价系统的使用提供原始基础数据及相关使用经验。

三、评价指标体系的构建

在构建评价指标时,坚持"以德为先、能力为重、全面发展、知行合一"的原则,健全学生综合素质评价,创新"五育"过程性评价实施办法,促进学生全面而有个性地发展。

在构建评价体系时要遵循一定的构建原则。根据对相关文献的研究，结合我校自身发展特点，确立了以下五大原则用以指导本校学生综合评价系统的指标搭建。

（一）科学性原则

科学性原则是指明确内容、含义、概念，在科学的教育评价理论的指导下，正确处理主观与客观、理论与实际的关系，利用科学的手段与方法进行研究与分析，从而构建科学的学习评价体系。在一定实践基础和理论基础上，反映客观事实，采用一些科学的数理统计的方法进行筛选和评估，得出指标结果。其中每一级指标的构建还需要考虑各级间的关联性、层次性、合理性，每一个指标都有明确的含义和科学的内容。积极了解指标筛选、权重计算的科学性，从原则到最后的指标确定流程完整，尽可能保证评价指标体系的科学性以及结果的实用性。

（二）系统性原则

系统性原则是指各项指标有规则，以整体的目标为准则，协调各部分之间的联系，使体系更加科学完善。学生素养评价指标体系是完善的、科学的、基础的、细致的、内容充实的评价指标体系。因此，各部分之间相互推进，也相互制约，有联系但又不完全重合。无论生理、心理，还是实践、理论等方面，都应尽可能系统性地概括，不断完善。

（三）全面性原则

随着统计学的发展，建立指标体系的要求越来越高，当下对素养的认识也更加全面，因此对于素养的实践更应该丰富充实。结合前人的研究和现有的研究基础，整体性地思考每一个指标存在的必要性。在选取指标的过程中，思考角度要多面，要全方位进行分析、总结。

（四）可操作性原则

可操作性原则是指体系的建立是为了提供解决问题的方法，需要从理论走向实践应用，实践是检验真理的唯一标准。因此，可操作性很重要，要清晰、简明扼要，数据易于明朗化，整体方便易操作。指标体系的应用必须具备理论意义和实际应用价值，使其不仅具备理论意义，而且具备实践意义。

（五）可指导性原则

构建学生综合素质评价指标体系的目的是了解学生素养的基本情况。在此前提下,指标体系的构建应当依据国家政策以及相关书籍。评价指标体系的建立为学校课程提供了新的教学思路,同时也可以提供理论基础,为相关部门的规则制订与实施打下牢固的基础,还可以帮助学生自身的发展,起到一定的引领作用。

将以上原则作为指导,借助综合法（对现有的指标按照一定的标准进行分类）、交叉法（通过二维、三维或更多维的交叉,派生出一系列的统计指标,从而形成指标体系）、分析法（将指标体系的量化对象和目标分成多个不同评价子集,并逐步细分,形成各级子集及其功能）等方法,构建起学生综合评价指标体系。

四、建构综合素质评价指标框架

在构建我校学生综合素质评价指标框架之前,应充分考虑我校的办学目标,即"以人为本,促进人的发展,用真情和智慧打造师生共有的文化空间和精神家园"。我校将通过各类课程把学生培养成全面成长与个性发展并重,实践能力与创新素养并举的适应未来社会的人。同时,也要考虑我校前期在评价上的一些做法和经验。我校自 2013 年来,积极落实市教委基于课程标准的教学与评价,十分关注小学阶段学生学习兴趣、学习习惯的综合评价。结合"睛彩课程"的开发建构和学习基础素养的概念框架,我校配套建立了"呵护童心"的综合评价模式,重点关注学生提出问题、建立知识和经验之间的联系、合作、倾听、交流、个性化表达和学习主动性等方面的评价,建立了各评价指标的具体行为量规,力求能通过评价保护学生的好奇心、求知欲和学习兴趣。在学校的课堂教学中倡导倾听交流、安全表达、认同创意、鼓励创新的学习文化。通过教学与评价的同步实施,学生更加敢于说出自己的困惑,乐于倾听他人的观点和表达不同的想法,善于在各种观点的碰撞中发挥创意和创造,为培养学生未来的创新意识、创新倾向和新颖性、乐群性、宜人性、坚持性等创新人格奠定了基础,也为构建学生综合素质评价指标框架提供了基本经验。

我校在对小学生综合素质评价进行文献研究的基础上,依据教育部、上海市等相关文件精神,对全国各地现有比较典型的小学生综合素质评价指标体系进行梳理与分析,立足我校实情,构建校本化的小学生综合素质评价指标框架,力求做到分类科学,二级目标对应一级目标。我校将"五育"指标进行了逐级划分,具象化到我校所开设的各类教育教学活动中,明确了不同指标的评价要点,便于采集学生全面发展情况的数据。一级、二级指标设定如下表:

表 3-1　本校学生综合素质评价指标

一级指标	二级指标
行为与品德	行为习惯
	合作交往
	理想信念
学习与能力	学习态度
	学习能力
	学习成绩
运动与健康	运动态度
	体能体质
	身心健康
艺术与表现	参与程度
	表现能力
	审美情趣
科技与实践	发现问题
	解决问题
	科学思维

五、对标指标框架的数据采集与处理

正如相关文献中提到的,学生在学习和生活中,所有的行为皆有数据,所有的数据都可以被采集。因此,我们将学生客观信息的采集范围扩大至课堂内和课堂外、正式学习环境和非正式学习环境、线下学习和线上学习。获取与学生综合素质相关的数据,形成系统、完备的学生大数据。整合并标准化能够反映学生综合素质的多方数据与信息,建立数学模型,开展大数据分析,对学生综合素质进行多维度、全方位的考察,形成基于大数据的学生个体和群体的综合素质数字画像。充分发挥客观数据的价值,有效提升对学生各维度素质与能力的认知与评价水平,充分发挥评价的导向功能,促进学生全面发展与健康成长。

数据采集是首要环节,通常要花大量的时间用于采集和预处理。数据采集后要根据业务需要,确立目标数据,再进行数据预处理,形成大数据仓库,根据行业内在规则确立挖掘方法,挖掘数据,建立数据模型,从而呈现挖掘结果。这个流程并非每个步骤都要做到,有时候某些步骤没有完成,需要返回重新执行。

数据指标框架体系的搭建从流程、用户体验、教育教学、数据四个维度出发,做到整体规划,上下目标对齐,同时关注过程性数据和结果性数据,避免单点、散点数据造成效率低及混乱。

数据采集主要以节点型数据采集和内部调研数据采集两种方式进行。节点型数据采集,即通过应用 App、网站、终端(PC、手机、摄像头等)获取数据;内部调研型数据采集,即以人工采集,如填表等方式收集特征明显、目标单一的数据。

数据处理构建时将采用模块化结构,结合教育教学需求,重点构建数据智能化过滤机制。采用自适应、自学习技术提高数据的符合相关性,动态设置条件去除重阈值,减少人工干预,达到智能判别筛选,形成符合统计规律的有效基础数据,提供给核心高级分析系统深加工。同时与历史数据关联映射,形成多维度数据,扩大数据使用价值。根据使用效果调整数据加工条件参数,提高数据质量。

对标设定的二级指标,从学生学校生活的方方面面采集数据,确定数据采集方式,设定评价频次和评价主体,并确立评价方式。相关二级指标及处理方式如下表所示。

表3-2　本校学生综合素质评价判据与数据处理一览表

二级指标	评价依据	采集方式	评价频次	评价主体	评价方式
行为习惯	班会课 德育活动 日常表现	人工输入 电脑生成	一月一次	教师 学生 家长	日常观察 主题讨论 成果展示
合作交往					
理想信念					
学习态度	上课表现 学科测评 项目化学习活动表现	人工输入 电脑生成	一月一次	教师 学生	日常观察 单元测试 主题讨论 成果展示
学习能力					
学习成绩					
运动态度	体育学科日常评定 医教结合数据 国家体质健康项目 校园运动会 心理讲座参与情况 330课后活动 体育类比赛	人工输入 仪器测量	一学期 一次	教师	日常观察 简单调查 主题讨论 运动会成绩
体能体质					
身心健康					
参与程度	美术音乐日常评定 校园各类艺术节活动 330课后活动 艺术类展示比赛	人工输入 电脑生成 仪器测量	一学期 一次	教师 学生	日常观察 简单调查 主题讨论 艺术节成果 比赛成绩
表现能力					
审美情趣					
发现问题	自然、探究、劳技学科 日常评定 校园科技节活动 330课后活动 科技类展示比赛 劳动意识和技能	人工输入 电脑生成 仪器测量	一学期 一次	教师 学生	日常观察 简单调查 主题讨论 科技节成果 比赛成绩 值日生
解决问题					
科学思维					

六、系统相关评价内容的设定与评价报告

根据以上内容,我校着手开发的平台模块包括:学科测评、课程活动、体质健康、"睛睛徽章"。四个模块涵盖了所有一、二级指标评价所需数据。

在不同学习场景下,教师、学生、家长登录各自界面,以不同的评价方式将数据提交至平台。1.教师主动评价——教师针对学生提交的成果或者参与教

学及其他活动过程中的表现,对学生进行主观评价;2.学生同伴间互评——以小组为单位对同组伙伴在活动中的表现或最终成果进行评价;3.学生自我评价——学生对自己在学习及参与活动过程中的表现或学习成果及相关作品进行评价;4.家长评价——家长通过相关渠道(如现场参与、在线直播、平台展示),对了解到的学生在学习和参与活动中的表现进行评价;5.简单评测或调查——学生完成简单的线上线下评测或调查,系统根据结果扫描或后台统计,形成对学生的评价;6.主题讨论及成果展示——通过学生主动提交展示课程学习或参与活动过程中的相关成果,保存学习痕迹及过程表现,为系统的过程性评价提供依据。

预设的各模块下设的具体评价内容如下表。

表3-3 学生综合素质评价平台模块与内容设定

模块	内容	评价点
学科测评	语文、数学、英语学科单元测试	学习成绩 学习能力
	语文、数学、英语学科期末考查	
课程活动	节庆仪式	行为习惯 合作交往 理想信念 学习态度 学习能力 表现能力 审美情趣
	"晴彩之旅"(社会实践活动)	
	项目化学习	
	专题教育	
	"晴彩之窗"(330课后活动)	
体质健康	国家体质健康项目	体能体质
	上海医教结合数据	
"晴晴徽章"	德育、智育、体育、美育及劳育等学科的学习态度、学习能力及学习成果	行为习惯 合作交往 学习态度 运动态度 参与程度 身心健康

以课程活动评价为例,我们预设了以下几种相关场景:

表 3 - 4　课程活动评价场景

	评价场景	学生提交(小程序提交)	教师提交	教师评价	评价工具
场景一	学生有参与过程资料、形象成果的课程活动	上传参与课程活动中的成果(文字、图片、语音、视频、文件等)		教师依据学生的提交结果进行评价	网页、小程序批量评价,文件模板评价
场景二	校内活动、仪式教育等		上传活动中的图片、视频、文件等	教师直接进行评价	网页、小程序批量评价,文件模板评价
场景三	需要检测课程成果的课程活动	完成小调查、小检测			自动评价
场景四	需要学生自评、互评、家长评价的课程活动	完成小调查			自动评价
场景五	教师直接主观评价			教师直接进行评价	网页、小程序批量评价,文件模板评价
场景六	课程任务单(不适用于学生互评)		提交学生完成的纸质任务单	教师在课程任务单上批改评价	扫描自动采集

不同场景下,系统在获取相应数据后,在后台进行合理的算法处理。同时数据库中呈现的字段都进行加密处理,用以确保数据的安全性。

基于合适的算法开展数据分析,呈现每位学生以学期为单位的电子版综合评价报告。教师可以根据需要下载、打印,并根据系统给出的评价报告,精准施策,提炼改进教育教学的建议和对策。

教师或者家长可以根据个人需要,下载、打印、留档学生端的综合评价报告(见图 3 - 1)。

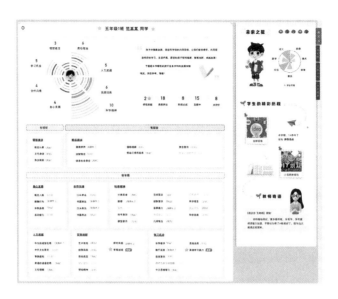

图 3-1 "五育融合"的学生综合素质评价报告示例

七、建立系统优化与完善反馈机制

评价平台中数据的采集遵循多元化、可视化的原则。多元化是指数据的来源是多方位的,涉及学生"五育"的发展情况,包括学生的单元学业成绩、各学科的作业批阅情况、学生参与各级各类活动的情况、学生的体制测试数据等,当然,也包含学生各学科核心素养的评价。可视化是指每类数据由谁负责采集,处理过的数据都是以可视化的方式呈现。如大部分类别的数据是由教师负责采集后上传,有一部分需要学生和家长采集后上传,也有一部分数据是由相关设备采集所得。数据的呈现尽量做到图文并茂,采用饼图、柱状图等,减少理解上的偏差。数据被解读后,将用以指导和改进教师的教育教学,到达帮助学生全面发展的最终目的。

学生综合评价平台的使用是一个不断完善并改进的过程。因此,我校将建立"循环改进机制",助力教师形成统一认识,根据教师使用反馈,微调评价内容和评价标准,及时修订、完善和优化平台系统。此外,通过每学期一次学生代表会议及线上家长调研,可了解学生和家长的使用体验,便于进一步优化系统。

学生综合素质评价的本质和根本目的是"育人",是关注与促进学生的成长与发展,是提供过程性、发展性的评价和引导。"睛彩一中心"学生综合评价平台为我校开展综合素质评价提供了有效的实践路径。通过学生综合评价平台为学生的成长成才提供客观、全面的增值性与过程性评价,秉承"以评价促发展"的理念,以"立德树人"为指导思想,深化与落实学生的全面综合发展。

八、项目化学习评价新探

"睛彩一中心"学生综合评价平台是指向学生个体综合素养的评价的载体。为了在项目化学习中较好地凸显学生创新素养发展,我校将项目化学习的评价研究单列出来,融入日常课堂和数字化平台进行深度研究。

无论是学生在项目实施过程中的态度、思维、行为等,还是项目化学习成果,教师都会在项目过程中利用各种指向的评价量规开展评价活动。通过评价,教师既可以及时了解学生研究的进程、研究中的问题及成果质量等,也可以根据学生的反馈对预设的项目计划进行调整。对于学生来说,参与评价的过程就是一个不断反思、自我构建和自我发展的过程。因此,深化项目化学习中的全域评价成了创设高质量项目化学习中不可或缺的一环。项目组为解决目前评价中存在的问题,如学生对项目成果评价理解不深入、项目研究时间有限影响学习质量以及学生能力发展无法显性评估等,对项目化学习评价体系的构建进行了探索和改进。

(一) 项目成果评价标准的渐进生成

如何建立评价标准?校项目组从学校项目化学习经验相对丰富的数学学科入手,先行尝试由师生在整个项目实施过程中渐进生成项目化学习成果的评价,即通过教师对评价标准的预设,引导学生以在学习过程中所习得的共识为标准来评价自我和他人。该评价标准在一个个课时中不断进行架构上的完善和内容上的丰富和细化,既可以被当做学习过程中的学习支架,也可以作为评判某一项事物或者检验某一项任务达成程度的标准。希望通过此项实践,将项目化学习的成效升级。

我们尝试将项目化学习中最终成果的评价前置于整个学习过程,并由学生在教师的指导下渐进生成评价标准。经实践梳理出评价设计的常规路径(见图3-2)。

首先,从数学教材中梳理出各年级难点和各单元学习目标;接着,设计各课时活动,把相关学科难点和学习目标转化为评价标准;然后,让学生尝试在项目化学习实施中用生成性的评价标准进行评判;最后,将评价标准生成至评价实施的整个过程进行复盘,进一步完善评价标准,便于学生更好地进行迁移。

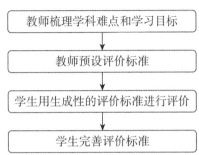

图3-2 设计路径示意图

"我是航天小主播:制订空间站直播时间计划"是面向五年级学生的数学学科类项目。当时,我校结合时事热点神舟十三号升空开展了校园科技节活动"我有一个航天梦",学生表现出对航天知识的憧憬。我校项目组教师通过对各个年级学生的调查,确定了这个项目。该项目的驱动性问题是:"如果我是航天小主播,如何制订一份空间站直播时间计划?"学生在这个项目中需要经历的学习历程是:思考一个直播事件中需要包含哪些基本要素,小组讨论确定直播内容,学习时间的计算并确定直播时间。最后形成的项目成果是以小组为单位制作的一份直播计划海报。每节课上,各小组需要围绕直播要素互相评价,最终选出最受欢迎的直播计划。

该项目中学生经历的评价过程即围绕"直播计划"展开。从学生的回答中确定了驱动性问题之后,教师就引导学生结合"天宫课堂"课程表讨论出直播计划的基本要素,分别为主题、内容、时间和分工,然后针对这四个基本要素设计不同的评价标准,这些评价标准也来自学生。在每一次确定评价标准之前,学生先简单阐述观点,然后由教师汇总并转化为评价标准。比如,在确定有关内容的评价标准时,有一个小组提出自己小组的主题是"太空实验",但是所设计的内容却是打篮球、跑步等运动,学生在讨论后得出"内容要符合主题"这一评价标准,教师将其概括为"内容贴切"。又如,学生学习时间的计算后,围绕直播计划的时间展开评价,教师利用与时间有关的例子,引导学生将评价重点放在计算和安排上,最终学生通过讨论确定有关时间的评价标准应该是"计算准确"和"安排合理",再根据评价标准进行组际互评。

"给图书馆提出优化建议和方案"是面向四年级学生的学科类项目。在制订评价标准这一环节,教师先根据项目内容确定每一环节的评价标准。如社会性评价包括每一个学生的小组合作能力,在调查数据时与同学沟通的能力等;学科知识性评价需要从相关的数学本体知识"通过网格来估测"中提炼,包括能否用网格估测法来估测难以数清的对象的数目,能否选取合适的书架格子来估测总体等;学科能力性评价需要考虑学生能否借助工具对物体进行测量,能否正确进行数据统计等。教师从不同维度先设计评价标准的大框架,然后根据具体情况进行修改。如在这个项目化学习活动中,有小组组员向教师反映组长不听取组员意见等情况,教师根据这些及时生成的问题完善评价标准。当学生在解决问题时发现了超出预设的方法,教师也会根据情况对评价做及时调整,让整个项目化的评价更加符合学生学习的实际情况。

从以上案例可以看出,在设计项目化学习的评价标准时,教师需要先确定一个评价标准作为预设,然后在学习过程中根据学生出现的问题或是呈现的新的想法进行修改,进而完善整个评价标准。这样的评价不仅能保证评价标准不脱离教学目标,还能更加贴近学生真实的学习情况。

(二) 线上线下融合的学习评价提质增效

建立了评价标准后如何高效地利用? 近年来,一线教师开始尝试全新的在线教学模式。当学习从课堂转移到线上之后,教学评价方式也相应地发生改变。经过线上教学评价的探索,发现其中的优势,再回到线下开展项目化学习,校项目组开始思考如何在项目化学习中利用线上线下融合的学习评价方式促进学生探究的主动性,提升项目完成的实效性。数学组率先作了尝试。教师先了解线上需要设计怎样的评价内容来提高学生的互动率与参与度,再结合线下项目化学习常规评价模式,通过教师评价、学生自评、互评等形式进行评价设计,实践后对评价设计进行反思和改进。

小学阶段的学生学习需要较多来自外界的驱动力,教师需要根据学生学习的真实需求及线上线下融合的教学任务设计出相应的评价标准,驱动学生学习。

因此,教师既要了解学生的学习情况,也要根据不同需求优化项目化学习进程。项目组从三种不同的评价形式中梳理、汇总了线上线下融合的学习评价设计的经验。

1. 教师评价

在项目化学习中,教师在线下教学中一般使用过程性评价表对学生在课堂上的通用学习素养、参与讨论情况和合作表现等进行评价(见表3-5)。学生项目成果的评价通常更侧重检测学生对学科知识与能力目标的达成度,这类表格如前所述,是在项目推进过程中由师生共同生成的(见表3-6)。

表3-5　项目化学习过程评价表示例

姓名：

维度	初级	良好	优秀	自我评价	同学评价	教师评价
参与讨论	我并不积极,需要组员督促我才参与讨论	我积极参与了几次,有时也需要组员督促我参与	我每次都积极参与,还能提醒其他组员参与	☆☆☆	☆☆☆	☆☆☆
倾听发言	在别人发表意见时,我在做自己的事情,有时会心不在焉	在别人发表意见时,我安静倾听,耐心地听他说完	在别人发表意见时,我认真倾听,并对他的想法表示认同或是提出建议	☆☆☆	☆☆☆	☆☆☆
表达想法	在小组讨论的过程中,我并没有发表自己的想法	在小组讨论的过程中,我有时会对某一问题发表自己的想法	在小组讨论的过程中,我表达了很多自己的想法和建议,还得到了组员的认可	☆☆☆	☆☆☆	☆☆☆

（续表）

维度	初级	良好	优秀	自我评价	同学评价	教师评价
参与活动	我参与了活动,但表现并不积极,只按要求被动地完成任务	我积极参与了活动,大部分时间能认真完成自己的任务	我积极参与活动,并主动认真完成自己的任务,在小组遇到困难时,还会积极想办法解决	☆☆☆	☆☆☆	☆☆☆
总计				( )☆	( )☆	( )☆
在这次项目化学习中,我表现出的优点有						
在这次项目化学习中,我还需要改进的地方是						

表 3-6　项目化学习成果评价表示例

小组名称:		我的名字:						
评价内容	评价指标	分值	①	②	③	④	⑤	⑥
知识内容	运用画"正"字等方法统计,并能正确统计出结果	5						
	方位图、路线图绘制准确,能正确表示"东南西北"	5						
	能准确调查各类交通工具的速度,并准确计算出各个基地之间的路程、时间	10						
	能根据活动要求设计出合理的路线规划	15						
	能根据活动要求及路线规划,进行合理的时间安排	20						

（续表）

评价内容	评价指标	分值	①	②	③	④	⑤	⑥
表达呈现	汇报成果时,能清晰、流畅地介绍小组的设计思路	20						
	呈现成果的形式丰富多样	10						
	对于同学提出的疑问,能做出合理的解答	10						
反思总结	每个组员都对自己的活动成果做了合理的反思	5						
总计得分								

备注:1. 根据"评价指标"以及"分值",合理对每个小组进行打分。

2. 不给自己小组打分。

3. 最后计算每组的总得分。

建议教师在线下课堂中多使用激励性语言评价来调动学生个人或小组探究的主动性。同时,教师也需要注意与家长的沟通。对于主动性较弱的学生,教师需及时联系家长,通过家校协同帮助学生提高主动性。

课堂时间有限,课后教师可以利用在线平台提供的功能,如"参与人数""回复人数""即时作答""发布限时学习任务""实时弹幕互动"等,在线上与学生进行各种形式的互动,从学生反馈的情况中了解项目进度和进展情况,根据学生互动中回答问题的质量来给予相应的评价和指导,让学生感受到教师的关注,更加重视自己在互动中的表现,从而更积极地投入项目研究。

2. 自我评价

学生自评是线上线下融合学习评价中最关键的部分。不同于单纯的线上教学,包含了线下教学的融合教学已经不再将评价目的指向互动,而是通过学生自评在一定程度上促进学生元认知的发展,让他们逐步了解自己的认知过程并形成相应的控制策略。经常性的自我评价有助于学生有效地安排和调节学习过程,这才是学习的意义所在。

从评价改进教学这一点出发,设计学生自评表时可以从两个方面进行考虑。一是针对学生个体的参与度,主要是了解学生个体是否完成相应的任务;二是针对项目学习的进度,通过学生自评了解学生对学习任务的内容是否感兴趣,尤其是对于学习主动性较弱的学生,教师能更好地掌握学生真实的学习需求。这些评价可帮助教师及时调整项目任务内容,更大限度地帮助学生。学生个体任务一般在家里完成,所以自我评价建议在线上进行,以体现其即时性(见表3-7)。

表3-7　学生线上自评表示例

日期:		姓名:
学科:		学习内容:
1. 今天我认真观看(完成)了线上任务		
A. 是		B. 否(原因　　　　　　)
2. 今天我积极参与了线上讨论		
A. 是		B. 否(原因　　　　　　)
3. 我对今天的线上任务		
A. 很有兴趣	B. 有点兴趣	C. 没有兴趣
4. 对于今天的线上任务,我不明白的地方有:_____		

3. 学生互评

与学生自评相同,线上线下融合学习评价中,学生互评可以不再受限于交流工具,线上线下皆可实现。如教师布置线上任务,学生独立完成后可以在线下课堂中进行小组研讨,然后进行互评;或者以小组合作的形式共同探讨完成任务,以同伴评论的形式提高学生学习的主动性(见表3-8)。

表3-8　学生互评表示例

评价点	我做得很好	我做到了	我还需要努力
在讨论时没有说与项目学习无关的事			
有不懂的问题能及时请教老师			
小组成员有困难时能互相帮助			
能通过多种信息来源采集数据			
能寻找到关键、有用的信息			
能对信息进行筛选和总结			

（三）数字化评价助力项目改进

在对学生创新素养发展的日常评价中,项目组分别对应德、智、体、美、劳五方面的指标对学生在学校生活的方方面面进行了梳理、归类,利用数字化手段创建了"睛彩一中心"学生综合评价平台。平台中共有五大板块:课程活动、作业管理、体质健康、"睛睛老师""睛睛徽章"。项目组把适合培育创新素养的学生活动挑选出来,归在课程活动板块中,并细分为项目化学习、"睛彩之窗""睛彩之旅"、节庆仪式、专题教育几大类。每一次活动前,相关教师制订符合活动要求的评价维度和指标,其中包含对于学生创新素养发展的各类评价。把这些指标导入平台,每次活动后根据之前设定的评价形式,如自评、互评或教师评价开展评价活动。

利用数字化平台功能可使学生的评价点多元化,其中既有对学生参与活动过程的评价,也有对于学生成果的评价,还有记录式的档案袋评价等。"睛彩一中心"学生综合评价平台的开发和普及是一个比较庞大的工程,我校用两年时间初步完成了系统的架构和评价内容的建设,但还需要不断改进和调试。去年,我校试运行了一部分"睛彩之窗"的校本课程评价。本学期,我校三年级任课教师将根据要求,利用平台对三年级全体学生进行综合素养的评价,期望能在学期结束前形成人手一幅完整的数字画像。

评价平台中对于项目化学习的评价比较复杂,项目组经过了一次次的实践和研讨,初步形成了结合表现性评价的操作尝试。项目组选取一个数学学科项目,利用平台智能采集项目化学习中的任务单、学习单等,形成学生在各个环节的学习进展评价数据,开展对学生在知识、能力与素养等方面的评估,从而更科学地促进项目化学习设计与实施的改进。平台上的数据设计与操作初步操作流程如下:

首先,利用教师在项目中配套设计的活动任务单,针对活动任务单中需要教师评价的部分,设定"评价指标区",如这个任务的完成指向的是学科知识目标、能

图3-3　活动任务单评价指标区设定示例

力目标还是学习素养目标。可以配合增加"学生自评"和"同伴互评"的区域。

然后,在项目化实施过程中,学生可以在课堂学习中完成自评、互评。教师在课后对学生的学习成果进行点评。

接着,在课程结束时统一扫描学生的任务单,由平台智能识别采集任务单上的评价数据信息(见图3-4)。

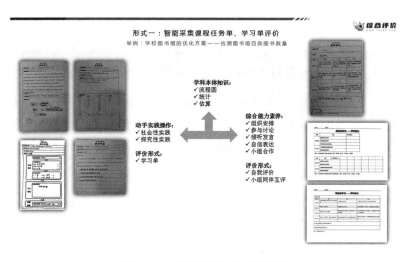

图3-4 评价数据生成过程示例

最后,每学期根据不同学科和项目的要求设定生成评价报告推送给学生(见图3-5)。其中,"创新与发展"这一板块对应项目化学习中的各类评价指标。

这种方式在项目进行过程中不受限制约束,符合日常学生、教师的课堂教学的行为,对任务单的采集则自然留存了学生在学习、探究过程中的实证材料。

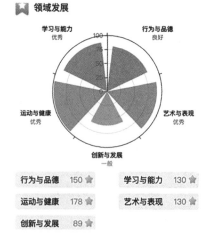

图3-5 "五育融合"的学生综合素质评价报告示例

第四章

教育空间创新

我校对内部空间进行精细化重构,与特色课程内涵的可视呈现、教学实施场景的灵动转换、信息技术手段的无痕渗透等有机结合,进行统整思考、顶层设计,坚持让校园内的学习空间年年有新的系列性"生长",并逐步延展到学校全域,同步支持国家课程的落实和校本特色课程的学习。我校将"全域"空间重构的重点放在促进学校"全育"变革上,把培养学生学习素养的办学内涵追求与学校空间建设的外显方式融于一体,打造"无边界"的学习空间,让校园的每一处都可以发生学习,全方位发掘并重组具有育人价值的"培养基"。

一、空间重构:价值、意义和定位

随着教育改革的全面推进和不断深入,育人理念的提升、课程教学的优化、学习方式的转型、教育资源的利用等一系列变革所处的主要空间场域近年来也悄悄发生着变化。为了有效应对时代的发展,教育目标的更新和学校课程、学习组织形态及学习方式等的改变,学校的各个空间都亟待改进。

科学技术的发展正在引发学校教育教学的深层变革。信息和智能时代的到来使学生获取知识的渠道和方式变得更加多元立体。许多学生自主获得的知识储备可能已经超越了教师,而在思想、道德、情感、心理等诸多方面还需要在师生互动、与同伴及社会的群体交往中获得更有意义的成长。因此,现有校园场域的功能和价值就需要被重新审视了。

我校将培育创造性解决问题能力的项目化学习和支持学生形成综合学习经验的小学主题式综合活动的开展作为学校各类学习空间打造的赋能目标,主动把培育学生素养的办学内涵追求与学校空间建设的外显方式融于一体,让学校的每一处空间都能通过有教育设计感的"重组",成为培育学生学习素养的"基土",从而使得我校面向未来,逐步走出了一条建设校园学习生态系统的创新之路。

让"全域"服务"全育"、体现"全予",成为学校空间重构的定位。我校认为,学习空间重构的规划不能局限于教师进行课堂教学的场域,而应该涉及所有可以发生学习活动的场所,包括正式学习空间和非正式学习空间。基于这样的理解,我校首先梳理出了校内正式学习空间与非正式学习空间的"全域"性框架(见图 4-1)。

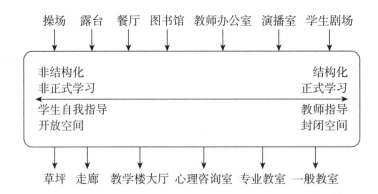

图4-1 校内正式学习空间与非正式学习空间的"全域"性框架

面对新时代的挑战,知识的更新速度不断加快,学习的"长度""广度"和"深度"也在不断变化。我校深刻认识到学会学习的重要性,因而把培养和发展学生学习素养的需求放在首位。学习素养包括学习意识、学习技能、学习方法和学习品质四个基本要素。学校不可能提供学习者在未来生活中所需要的全部知识,故而将学习内容与日常学习空间紧密结合,以支持学习者的终身可持续、协调发展就更为重要。学习空间的重构要为学校育人方式的变革助力,积极回应学生核心素养培育和教师专业发展的多元需求。只有丰富多样的学习空间形态才能为学生的探究学习、项目化学习、协作学习等多种学习活动提供平台与载体,支持学生个性化学习方式的落实和个人志趣特长的发展。因此,重构的目标应指向"全育"性,即促进学校育人方式变革,回应课程教学和校园生活中师生共同的学习素养培育和专业发展的多元需求。

我校把"让学校的一切空间都成为支持学生学习素养培育的专业场域,让空间赋能学习,使学习无处不在地发生"作为学校重构行动的定位,在行动策略上体现"全予"性,即全面赋予学校价值系统中文化内涵的显性表达,全面支撑学生学习系统的资源利用,并建立各学习空间之间的序列性和关联度,确立各学习空间内部大区域和小装置的相互作用。

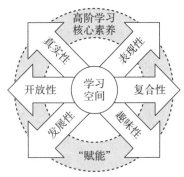

图4-2 学校学习空间重构的六项属性原则

基于这个想法,我校以真实性、趣味性、开放性、复合性、发展性和表现性作为学习空间重构的六项属性原则(见图4-2),开展了为期十年的实践与创生。

二、空间重构:行动策略

(一) 融入真情与智慧,产生行动策略

上海市黄浦区第一中心小学多年来秉持"以人为本,追求人的发展"的办学理念,用真情和智慧打造师生喜爱的精神家园,形成了"创新、自主、和谐"的校风,"开拓、自立、和洽"的教风和"进取、自勤、和悦"的学风。

1. 物态化学校文化,渗透办学理念

在所有学习空间的改造项目中,我校坚持把办学理念和价值追求融入空间构成和功能划分的顶层设计,把"空间怎么支持育人"作为重要考量,力求让环境设计的每一个点都能提供来自环境的"文化暗示",体现让师生"在文化中浸润""在教学中成长"和"在实践中求知"的设

图4-3 学生在户外露天平台进行艺术创作

计理念。例如,学生可以在户外露天平台摊开巨大的画布,无拘无束地进行艺术创作(见图4-3)。多年实践也充分证明,通过校园环境重构引导的师生文化理解和文化认同,也能反过来塑造和生成学校新的文化环境。

2. 重构学习空间,助力教学方式转变

我校认为,学习空间的重构要与课程教学改革"同向而行"。根据不同的教学需求,各层的空间都是可以通用的。例如,有一位教师在"童蒙雅轩"图书馆执教了一节四年级的数学课"通过网格来估测"(见图4-4)。教师引导学生对图书馆相关的真实问题进行了梳理,逐步将图书馆学习空间与核心知识"通过网格来估测"建立起联系,使分散的碎片问题转化为共同

图4-4 数学教师和学生在"童蒙雅轩"图书馆开展项目化学习

的驱动性任务——向图书馆提出优化建议和方案。由此，学生被引入到真实的学习环境中，建立了知识、技能与真实生活的联系，兼顾统计、计算、几何等核心知识，并培养学生分工合作、流程设计、工具运用、文案撰写等解决复杂问题所必备的综合学习素养。学习空间环境的变化为教师在课程教学中设计体验式、互动式、合作式、探究式的教学提供了极大的支持。学校学习环境的变革引发了教师教学设计的改变，发挥了环境与教学"双向交互、改变和促进"的作用。

3. 增强空间互动感，培养主动学习习惯

我校认为，让学习空间变得有趣，是激发小学生好奇心和学习兴趣的外部前提之一。营造丰富多彩的学习环境，创设不同的学习情境，使其符合6~12岁儿童的认知特点，有助于培养学生良好的学习习惯，促进其创造能力的提升。例如，学校的"求知廊"里充满浓浓的科普味，学生在这里仿佛置身自然博物馆，能够感受甚至触摸到大自然中的动物和植物、地球上的岩石和泥土、外太空和宇宙中的星系等景观。通过各种高新技术的运用，这些景观给学生带来了强烈的视觉冲击，使其产生代入感。"童慧科苑"少儿自然探秘空间外还有最受学生喜爱的"科普翻翻乐"。这是几排镶嵌在墙上的四面转格，上面有各种各样贴近真实生活的问题，定期更新（见图4-5）。学生在"翻格子"游戏中，自然而然、循序渐进地开阔了眼界，越翻越感兴趣，越翻越长知识。这样的互动学习小装置，在校园各楼层不同的学习空间中随处可见，很好地体现了去说教的非正式学习的优越性。

4. 灵活配置资源，满足多样成长需求

我校认为，资源在空间里起到的是"学习支架"的作用。例如，在"匠心坊"，有一条十几米长的全透明玻璃钢水槽，供船模试航。喜欢船模的学生可以在举行社团活动和科技节时来这里，专注而兴奋地装船模、试船速（见图4-6）。学科教学活动也可以在这里开展。又如，"童蒙雅轩"的"文博书海"阅览空间不放过任何"一平方米"的教育机会，在墙角、窗前设置"朗读亭"。当师生从红色地标寻访回来后，就可以在这里尽情释放信仰的力量，将心中涌动的澎湃激情倾注在声音的表达中；而没有去寻访的学生可以通过扫描墙上的二维码聆听介绍，感受生动的党史学习教育。

图 4-5　"童慧科苑"少儿自然探秘空间外的"科普翻翻乐"

图 4-6　在"匠心坊"开展的美术学科教学活动

（二）实现升级和迭代，形成管理经验

通过多年的辛勤耕耘和不懈追求，我校在探索学习空间重构的创新之路上取得了可供复制和推广的管理经验。

第一，清晰表达公办学校学习空间的标志属性。关注学段特点，把握学科教学和跨学科综合学习等多重交织的实际需求。将办学诉求等学校文化特性物态化表达在真实的空间情境中，体现教育教学全要素全程育人的功能。

第二，整体思考下的分步实施必须做到步步为营。要有一个全局性的顶层设计构想、一个前瞻性的布局谋篇思路，它们和学校发展是紧密联系在一起的。校长心中要有一盘"大棋"。

第三，利用好教育部门各类平台项目的政策。整合利用好各种申报机制和平台，同步规划使用好学校每年的自行修缮定额，使之汇总成"为同一个顶层设计服务的政策红利"，体现高阶的管理智慧。

第四，在与设计团队的沟通中必须坚持学校立场。通过与设计和施工团队的反复沟通，在深化外部团队对教育空间改造理解的基础上，进行更加精准的设计与施工。

第五，让使用者在学习环境重塑中收获同步成长。在不断改变的校园新空间中，助推师生通过积极主动的感知、体验和实践，在反思、磨合、认同中追求"物"和"境"共同作用的最大育人价值。

（三）校园课程空间显现教育功能

1. 小眼睛看大世界

（1）空间名称

"童心视界"少儿视觉艺术体验空间。

（2）功能定位

自 20 世纪 80 年代以来,我校先后开设摄影、摄像等课程,引领学生用小眼睛观察大千世界。为满足学生个性发展需求,2014 年学校的大厅和北五楼经改造形成了"童心视界"少儿视觉艺术体验空间,设有童心视界、3D 长廊、新星媒体中心和光影大厅。既满足了视觉艺术课程的实施,也为"小睛睛"们搭建了发现美、定格美、传递美的舞台。

（3）课程内容

在这个空间里,学生能学习摄影、摄像、后期制作等"童心视界"课程中的内容,参加摄影摄像兴趣小组活动,也能从这里出发,穿上小记者马甲,拍摄校内外的活动镜头。我校每周的电视台节目都在这里播出。学生在选材、拍摄、制作、播报的过程中培育素养,分享收获。我校每两年一届的"童心视界"视觉艺术节中还会开设各种有趣的摄影体验活动。

（4）应用场景

①"童心视界"空间及 3D 长廊——支持个性化学习和特长发展。

图 4-7 "童心视界"空间及 3D 长廊

"童心视界"空间里没有课桌,只有可移动的云朵造型板凳,便于学生学习拍摄、展开讨论,支持个性化学习。星空般的装饰顶配上剧场灯,为学生拍摄、演出微电影营造了氛围,身处其中的学生就像是舞台上的小演员。这里配备了希沃交互智能平板设备,各类教学软件和传统板书都可以同时呈现,便于教师讲解。

在"童心视界"校本课程的支持下,四年级起,学生就有固定的摄影摄像课程。每个小组配备单反相机或手持摄像机以及三角支架,小组成员能围坐在一起学习。与空间相匹配的还有我校开发的"童心视界"校本教材,学生能在其中学到构图、对焦、光线、色彩、移动等摄影摄像的基础知识。

后期制作是完成一个影视作品不可或缺的部分。"童心视界"的两侧是后期制作区域,设有几十台电脑。学生能及时导入电脑查看拍摄的影视作品,也能学习简单的后期制作,如照片调光调色、液化磨皮、裁剪拼接等。

许多学生从这里开始尝试拍摄微电影和短视频,从编写剧本到导演拍摄,再到后期简单的剪辑合成,生动的台词和本色出演让"小导演"们收获第一批校园观众。"童心视界"正是这样,发掘创作力也发展了特长。

"童心视界"空间还设有专业的背景布、补光灯等摄影设备。在摄影兴趣活动中,教师会带着摄影小达人们来体验。在第五届视觉艺术节中,五彩晶莹的"水滴摄影"吸引了无数观众,这便得益于特殊的水滴摄影器材。在第三届视觉艺术节中,既有高大上,也有小而趣,小小的 pad+微距镜头让更多的摄影爱好者感受到细微之美。

"童心视界"空间外的走廊是一条 3D 长廊。整条长廊的地面铺设了 3D 画,走在其中仿佛置身悬崖峭壁。走廊的两侧,一面是电影发展史,一面是学生参与摄影摄像活动的照片,电子屏滚动播放学生拍摄的微电影。原本平平无奇的走廊,此刻成了"网红打卡地"。

② 新星媒体中心——助力教学方式转变。

图 4-8 新星媒体中心

新星媒体中心前方配备了播音桌、大曲屏、提词器,后方设有阶梯,阶梯上错落摆放着坐垫,整体显得专业而不过分严肃。媒体中心的后台还有演播设备,摄像兴趣组的学生会在教师的带领下学习操作设备,完成简单的录制和转播。此外,我校的一些教研活动、录像课拍摄、330 课程也会在这里进行,充分利用空间。

"老师们,同学们,今天的新星电视台节目就要开始了……"在新星媒体中心,每周一都会响起主持人播报节目的声音。学生用小眼睛看大世界,在校电视台节目中分享他们的所见所闻、所思所想。相比教室,这里发生着许多非正式学习。结合各类节日、纪念日,电视台节目成了红色经典、传统文化、时事新闻的交流平台。在第五届视觉艺术节中,许多学生参加"藏在生活里"影像重绘活动,从光影、物件、声音、色彩四个方面创作了小视频。他们举办了一场场"型秀小论坛",分享创作背后的故事,和观众互动交流。在这里,以孩子的视角,用孩子的话语,讲孩子们听得懂的故事。教与学的方式正在其中转变。

③ 光影大厅——学校文化物态化。

图 4-9　光影大厅

走进学校,最先看到的便是这光影大厅了。从头顶洒下的数字光影,给光影大厅增添一抹亮色和童趣,可爱的"睛睛"雕塑在这里迎接着来来往往的师生朋友们。"睛睛"是学校的吉祥物,是黄一中心人的可爱形象,有"小眼睛看大世界"的寓意,也是我校视觉艺术课程文化的象征。

地面和头顶的几束灯带将我们的视线引向主题墙,大大小小的学生摄影作品跃然墙上。作品中的小伙伴们身影跃动、喜笑颜开,定格了一个个校园生活的生动瞬间。主题墙上还设有大屏幕,除了作为欢迎屏和宣传屏使用,学生的影视作品、校园的活动掠影都能在这里看到。

光影大厅不仅是"童心视界"课程文化的展示载体,也是学校最大的室内活动场地。体育课、330 运动课程、学生展览、义卖活动、小型比赛等都会在这里开展,光影流转、热闹非凡,展现出我校的朝气蓬勃。

(5) 使用效能

我校多年来注重"五育融合"、培育素养。"童心视界"少儿视觉艺术体验空间让学习走出传统的教室,"童心视界"课程与空间相辅相成,不仅助力学生学习,而且推动着教育方式的变革。

新的空间支持学生小组化、项目化的灵活学习。视觉艺术藏在课本里,更藏在生活里。在这样美好的空间里,学生用小眼睛看大世界,用手中的镜头发现美好、定格美好,学校则让这些美好画面再融入空间,让我校学子在视觉艺术的感染下能欣赏美、创造美、展现美。

(万懿仪)

2. 在"童真创艺"体验多变艺术

（1）空间名称

"童真创艺"少儿工艺美术体验空间。

（2）功能定位

位于北四楼的"童真创艺"，由童梦美工坊、真香茶艺社、创想陶艺吧、艺海书画苑四个区域和艺术走廊组成。在不同的课程教学定位基础上，部分空间还具有开合功能，可以根据不同的课程需求组合成不同的教学实施空间形态。除了满足美术基础型课程的日常教学需求，也可作为开展师生作品展览、艺术创作和多项学生社团活动的复合型学习空间。

图4-10　"童真创艺"少儿工艺美术体验空间

（3）课程内容

在"童真创艺"，不仅可以进行"造型·表现""设计·应用""欣赏·评述""综合·探索"四个领域的美术教学，而且可以以兴趣课和"睛彩课程"为载体开展绘画、书法、摄影、影视、茶艺等艺术类社团活动。此外，我校特色课程"少儿油画"、精品德育课程"我们的蓝色国土"、馆校合作课程"藏在生活里"也在这里进行。这里也是每届"童心视界"少儿视觉艺术节的主要活动场所。低年级学生在这里开展创意十足的 DIY 体验，中高年级学生则可在专业教室中开展艺术创作，并在走廊中展示自己的优秀作品。

（4）应用场景

① 童梦美工坊——多变的艺术学习空间。

童梦美工坊是学生学习美术国家课程、校本课程和美术作品展示的主要学习空间。童梦美工坊配套了 40 套可移动组合桌椅、两台多媒体教学设备、可移动黑板、水池、陈列柜和挂墙式学生作品展示墙，并为学生配备铝合金可折叠画架、写生画具等美术教学用具。

图4-11　童梦美工坊

可移动组合桌椅能够适应不同的课程需求。如美术课剪纸课中学生可进行两人合作式学习分组,赏析课上可进行四人合作式学习分组,项目化课程时则可进行六人组探究式学习分组。学生也能够快速将座椅靠边,支起画架,将空间快速转化为油画或写生学习空间。

多媒体教学设备和可移动黑板可以配合使用。在基础型课程中,可移动黑板能将童梦美工坊和创想陶艺吧两个空间隔开;作为正常教学黑板使用时,多媒体设备可投影在黑板前的幕布上。在需要更大学习空间的课程中,可移动黑板能够打开,将童梦美工坊和创想陶艺吧两个空间融合在一起,形成一个大空间,另一套多媒体设备则可以投影在陈列柜展示墙前的巨幅幕布上。宽大的可移动黑板,也是学生最爱用来展示自己作品的展板。多样的教学设备,具有不同种类的组合使用方式,体现着重构空间的复合性及多元作用。

② 真香茶艺社——体验中华文化之精粹。

真香茶艺社是特色社团——茶艺社的主要学习空间,是一个传播茶叶知识、弘扬传统茶文化的重要空间,也是中外教师交流、会友、师生交流的空间。真香茶艺社配套了专业的木制桌椅和茶艺工具,空间的古典氛围能令每一位进入的师生静下心来,感受茶艺的文化之美。

茶艺社团积极开展丰富多彩的茶事活动,举办传统文化和茶文化知识讲座,定期开展品茶、鉴茶、赏茶(茶叶和茶具)系列活动。茶艺社团倡导以茶育人,促进校园精神文明建设。茶道精神的"俭、清、和、静",茶礼仪的精致、重情,茶境界的"心静有为"等,对提升学生的文明素养、品行涵养有很大益处。

③ 创想陶艺吧——陶出生活的艺术。

创想陶艺吧是学生学习陶艺的空间,配备了拉坯机、可移动组合桌椅、陈列柜展示墙、水池和可移动黑板。

创想陶艺吧可作为社团的独立空间使用,也可与童梦美工坊组合使用。学生可在桌上进行手工捏制陶艺技法的学习,也可使用拉坯机进行瓶罐的 DIY 手工创作。同时,这也是一块私密性较强的空间,教师能够在此处根据学生差异性进行个性化的辅导。

陈列柜里、展示墙上,每一件作品都是学生亲手制作。它们流露出稚嫩与古朴,也记录着成长的快乐。

④ 艺海书画苑——传承中华优秀传统文化。

艺海书画苑是学生学习中国画、书法、剪纸等中华优秀传统文化艺术和校本课程的主要学习空间。艺海书画苑配套了 19 套大型木制桌椅、多媒体教学设备、水池,还配备了中国画、书法、版画工具等教学用具。在古色古香的环境中,学生学习中国画、书法的兴趣度有很大提升。

图 4-12　艺海书画苑

一套大型木制桌椅在基础型课程中可供两名学生共同使用。桌子配有抽屉,便于储藏工具,保证学习中国画、书法时桌面整洁。在校本课程的学习中,可采用单人单桌的形式,学生能利用更大的学习空间进行创作,作品往往比平时更大胆、更有个性。艺海书画苑配备了多套版画机,学生在富有中国古典风味的空间中学习中国传统雕版版画,更能激起他们学习的热情。

⑤ 艺术走廊——师生展示的舞台。

"童真创艺"艺术走廊是后期开发的一条师生作品共同展示的走廊。走廊的左侧是学生作品的展示空间,会随着实际需要定期更换展陈作品,如党的二十大绘画展、科技展、诗画展等,也可以进行学生个人微展。每当学生路过这里,都会驻足停留几分钟,欣赏同学们精美、富有创意的作品。

图 4-13　艺术走廊

走廊的另一侧则是教师的作品展览,目前是一幅教师彩绘的大型中国画作品,后期会有更多的作品与大家见面。教师和学生的作品隔着走廊对望,也是师生作品共同交流的一种形式。这一条拥有师生共同作品的走廊,让步入的每一个人都感受到强烈的艺术氛围。

（5）使用效能

"童真创艺"是我校为满足学生艺术、人文等方面的学习需求,进一步培养学生创新素养而实施的又一次空间再造。在这个充满艺术气息的空间教学,不仅常规的基础型课程得到了保证和落实,而且有效改变了教师的教学设计思维和操作方式,为开展项目化学习等创新实践研究提供了便利,有效培育了学生的学习素养。

近年来的"绿色指标"评价结果显示,我校学生在两个方面进步明显:其一是学生的学习动力得到了很好的呵护和激发,在学习中主动探究、互动交流和反思的高阶思维能力得到一定程度的提升;其二是学习过程中学生对学校的归属感、认同度、师生关系和同伴关系趋向积极,学习能力和创新能力持续增强。

对学生学习空间感知与满意度问卷的调查统计也显示,学生认为学校的学习空间重构后,拥有更舒适的学习环境和全新的学习体验,自己更能集中精力学习。相对于传统教室,他们更喜欢在改造后的学习空间上课,并表示在改造后的学习空间更能发生自主学习、协作学习、互动学习和深层学习的行为。

(富李明)

3. "四美"空间:感受美、鉴赏美、演绎美、创造美

(1) 空间名称

"童梦工坊"少儿歌舞艺术律动空间。

(2) 功能定位

"童梦工坊"少儿歌舞艺术律动空间是集"歌、舞、剧、乐"艺术教育功能于一体的艺术课程体验新空间。整个空间通过对平面的局部调整,将空间按功能性分为雅韵廊、丽音房、炫舞厅、演艺堂四大区域,每个区域都有自己独特的风格和相应的实用性。我校在这个艺术教育大空间加强对学生音乐素养的培育,全面提升全体学生的艺术素养。

图 4-14 "童梦工坊"少儿歌舞艺术律动空间

(3) 课程内容

在"童梦工坊",除了开展日常低年级唱游、高年级音乐课程以及雨天体育课程,还开展体育舞蹈、击剑、空手道、啦啦操等一系列体育拓展课程。学生还可以在这里参加校合唱队、舞蹈队、儿童歌舞剧团、民乐团、拉丁舞、昆曲鉴赏等各类校艺体社团活动。

（4）应用场景

① 雅韵廊——体验快乐舞动。

雅韵廊的所有挂饰、墙饰都包含音乐元素。墙面上的大型灯管构成高音谱号和音乐的形象。电梯间的装饰栏杆以五线谱为元素，顶上的吊坠是休止符号、表情记号等音乐基本符号。这些装饰让步入公共走廊的每一个人都感受到强烈的音乐艺术氛围。

图 4-15 雅韵廊

公共走廊的墙面设置有一排有趣的彩色"手掌"，轻轻触碰"手掌"可以开启隐藏在内的音响播放器。播放器里储存了整个年级音乐课程中相关的中外欣赏曲目、经典歌曲以及各类器乐演奏曲。学生在课间可以自由开启，欣赏作品，可作为基于音乐课程的拓展知识。

雅韵廊走廊设置了多个有趣的音乐艺术体验装置。铜制风铃琴有八根依次排列、长短不同的管柱，用小锤子敲击可形成一组完整的音阶，学生可自由创编短小的乐曲。声控的音频装置通过声音的高低与音量的大小激发彩色音条的跳动，让学生直观地感受旋律的起伏强弱。跳舞机可以让学生体验各个舞种，了解舞蹈知识，自由创编，随心舞动。

② 丽音房——音乐厅级专业配置。

图 4-16 丽音房

丽音房用于基础型课程中的音乐（唱游）课。室内布局兼顾音乐课授课和合唱队训练需求。教室的内部墙面及地板设计遵循标准音乐厅的设计要求。混响时间设计合理，吸音效果好，避免回声，吸收噪声，又能使声音达到各个区域。在丽音房演奏、演唱都能达到良好的音响效果，给学生营造出超乎寻常的舞台体验。

教室大型屏幕前设置了三层台阶。日常教学中，可提高教师站立角度与位置清晰度，便于学生清晰地感受到教师的语态与肢体姿态。课堂上的小组演绎、个人表演均可在台阶上进行，凸显表演时的层次感。课后330课程合唱社团排练时，台阶可作为专业合唱台阶，用于提升合唱团员的舞台感。

丽音房的灯光遵循了专业音乐厅的要求，做到光线明亮、照度合理，使学生感到亲切；配置了泛光灯、聚光灯、面灯、耳灯、顶排等一系列舞台表演所需的专业灯光设备，用于学生排练合唱，或录制独唱、小组唱、独奏等参赛视频。

③ 炫舞厅——炫彩光感艺体共用。

炫舞厅用于形体训练和体育舞蹈课，也是舞蹈队的排练场所。室内两面墙壁配有镜面，便于学生纠正动作。考虑到学生的身高差异，设有专业舞蹈训练使用的可升降把手。宽敞明亮、采光充足的教室适用于各种舞种的训练。日常课堂律动练习、舞蹈社团、体育舞蹈训练等均可在此进行。

图 4 - 17　炫舞厅

炫舞厅配置了非常全面的灯光设施，包括泛光灯、聚光灯、幻灯三类，适应多种布光要求。数字信号网络技术被引入系统设计的各个环节之中，灵活多变，可按需组合。先进的投影装置用于辅助课堂教学和社团舞蹈排练中的演示、示范、欣赏等环节。

方正的空间，敞亮的教室，专业的配置。炫舞厅既能用作艺术舞蹈类的练习场所，也可作为体育类的练习场所。日常体育课程、部分体育拓展课程以及体育舞蹈社团活动都在这里开展。教室还配备了专用的更衣间，用于学生换衣，存放演出服、演出道具等物品。

④ 演艺堂——多元区域舞台观感。

演艺堂是民乐队和歌舞剧授课场所。该教室体现浓郁的民族风，其中一面墙体设计成舞台背景。我校是全国儿童歌舞剧试点学校，校儿童歌舞剧社团多次参加市（区）级比赛和展演，获得了杰出的成绩。演艺堂的地板巧用了颜色区分和线条分割的方法，划分出舞台区域

图 4 - 18　演艺堂

和观众区域,帮助学生明确舞台上下场以及各个方位。教学面的墙面有两架投影仪合屏,整个墙面的投屏可用作背景设定,增添儿童歌舞剧社团排演时舞美设置的完整性。

图 4－19　器乐房

演艺堂的后半部分是器乐房。墙上以沙画的形式装饰了五幅民乐乐器图,这五件乐器分别是中国民族乐队中五个声部的主要乐器。器乐房除了存放部分乐器,更重要的功能是进行校民乐社团的排练。民乐合奏班的学生来自我校开设的民乐各个声部社团,他们除了学习各自的乐器演奏,还要参与合奏的练习。合奏练习能够更好地提升学生乐器演奏技能。

演艺堂的前后部分用移门隔开。关闭时,两个部分可以同时使用,互不干扰;打开后,教室更加宽敞,可容纳多声部大型乐队演奏。也可将前后部分进行合理分配,前半部分作为教学展示场所,器乐房作为观课听课的场所。

（5）使用效能

"童梦工坊"少儿歌舞艺术律动空间的建设配合多样的课程,全方位提升学生的艺术素养,提高学生感受美、鉴赏美、演绎美、创造美的能力,加强学生对艺术人文素养的探索。用丰富的学习内容满足学生的差异需求,以多样的学习经历保障学生的个性发展。

（滕白燕）

4.阳光小屋伴随快乐成长

（1）空间名称

阳光小屋。

（2）功能定位

阳光小屋是我校的心理活动室,位于三楼。独立、安静、私密的空间为师生提供了安全感和舒适感。在这个温暖、舒适的心灵港湾,师生可以倾吐心声、释放压力,有效缓解日常学习和工作中的紧张情绪,促进身心和谐。

图 4-20　阳光小屋　　　　图 4-21　潜能激发室

（3）课程内容

阳光小屋充分考虑小学生的年龄特点与个性特征,由外及里设计了五大功能区:沙盘体验区、潜能开发区、情绪宣泄区、个别辅导区与教师办公区。这些区域的布置以童真、温馨、舒适、安全为主。在这里,学生可以畅玩沙盘游戏,感受沙子流过指缝的舒爽,借助沙具展示心中的世界;可以将焦虑、苦闷、愤怒等消极情绪释放出来,让不良情绪得到疏导,放下各种"心理包袱";可以进行简单的放松,注入新的能量,让身心得到安抚;可以进行心理测量,定制专属的"心理咨询",向老师敞开心扉……

阳光小屋也是团体心理辅导的主阵地,我校的330课程——心理社团"星心社"就在此开展活动。小屋的每一处布置都巧花心思,每一处细节都彰显着教育的智慧,让学生一来到阳光小屋就能感受到一种愉悦的心理体验,在潜移默化中陶冶心灵。

（4）应用场景

① 能说悄悄话的信箱。

阳光小屋的门口设有"悄悄话信箱"。小小的信箱用处可不小,学生可以将心中的小秘密投入其中,心理老师会及时为他们答疑解惑。通过悄悄话的形式,老师逐步了解到学生心中的小烦恼:成绩不理想的着急,竞选班队干部失败的宣泄,与伙伴争吵后的手足无措……

就这样,"悄悄话信箱"成了师生沟通的又一桥梁,也成了学生倾诉的一条渠道。

图 4-22　悄悄话信箱

② 心理辅导的魔力小屋。

图4-23 心理咨询室、社团活动手册、涂鸦墙

不少学生提到阳光小屋，都会说这是一个充满魔力的地方。无论你走进来时是情绪低落、流着眼泪，还是生气郁闷、一言不发，走出阳光小屋时总能带着笑容，感到轻松。一次，在小屋门口站着一位不停哭泣的小女孩，看上去十分委屈。心理老师连忙将她带入小屋，小心安慰，耐心倾听女孩的忧愁。在沟通中，问题逐渐清晰呈现——原来是被误会了。老师引导着女孩思考，排遣情绪，帮助女孩一起想办法。最后，小小软软的手掌被包裹在温暖的大手掌中，一起笑着走出了小屋……

除了进行个别心理辅导以外，心理社团"星心社"的活动也在此开展。针对不同年龄层的学生，我校自制低年级、中高年级两册《一盏盏，亮堂堂》心理健康社团活动手册，以我校吉祥物"睛睛"为载体，立足学生的视角，合理设计符合学生年龄特点的内容，每周五由固定成员开展游戏、绘画、表演等形式多样的心理活动。希望通过这种辅导形式解决学生的实际问题，更大范围地普及心理健康知识，让学生在轻松的氛围中感受、探究，尝试挖掘自身勇气、乐观、希望、快乐等积极心理品质，激发学生的潜能。

③ 沙盘游戏里的表达、理解与包容。

沙盘游戏是学生最喜欢的活动之一。沙盘室以海底世界为背景，墙上印刷着美丽的海洋生物，四周摆放着五角星状的沙盘、小乌龟坐垫，沙盘架上摆放着上百种小物件。沙盘旁边还有可触屏电视，其拍照功能可以及时记录快乐时光的点点滴滴，定格笑容。在心理老师的讲解与指导下，学生带着轻松、愉悦和好奇的心情共同开启一场沙盘之旅。

图4-24 学生共玩沙盘游戏

不管是对于沙具的挑选,还是摆放的位置,每个人都有自己的想法,难免会产生一些小分歧,需要进行合理的表达与解释。于是,在整个摆放的过程中,大家试着相互理解彼此,也不断调整位置。在与沙子的接触中,碰撞出一个个沙世界的小故事。学生各自讲述自己心中所想,呈现各自丰富的内心世界,又共同打造属于他们的作品。在此过程中,学生逐渐学会表达自己、理解他人、包容他人,进一步培养人际交往的技能,提高创造力和想象力。

（5）使用效能

阳光小屋空间利用率很高,每周开放五小时以上,周一至周五中午 12：00～13：00 面向学生开放,有特殊需求的学生也可以随时到阳光小屋求助。在满足学生需求的同时,还接受以家长、教师或小组为对象的咨询辅导,做好心理健康的宣传、普及、教育等工作。放学时间可预约接待个别学生家长,进行心理咨询。心理老师负责进一步完善学生心理咨询个案档案,每次接受一项个案,都会撰写规范、完整的记录并后续跟踪,从而避免心理健康教育工作的盲目性,使心理健康教育工作方法更科学、针对性更强,不仅面向全体学生,而且关注个别差异,在尊重学生、理解学生的同时,给予专业指导。

心理健康教育活动的形式从不拘泥于课堂。生活百态,滋味非凡。童年的热情洋溢和五彩斑斓在阳光小屋都能实现,深受学生喜欢。"星心社"也逐渐形成了一支有组织、有才干、积极乐群的队伍。在引导成员学会学习、悦纳自我的同时,他们也会将社团中学到的方法用于班级交流,辐射至方方面面,传递快乐、分享快乐,形成积极向上的心态。

在黄一中心的校园里,学生健康快乐地成长着。校园成了他们发展个性、体验成功的舞台。在这一方天地中,阳光小屋传递着爱与希望。这里有哭泣、有欢笑,也有老师始终温暖的关怀与陪伴。让每一缕阳光照进每个学生的心中,努力使每一位学生成长为身心健康、人格健全、个性鲜明、学有所长的一代新人。

（杨乐尧）

5. 寻源校史文化的育人价值

（1）空间名称

"童韵寻源"校史发展学习空间。

（2）功能定位

校史室之所以取名"童韵寻源"，其一是基于学生的年龄特点，其二是对我校历史发展进行追寻溯源。校史室陈列按时间线分为上下两块，上半部分是我校历任的党政主要领导，下半部分是建校至今我校主要校舍建筑和重大历史事件。学生和到访的宾客可以通过时间线直观了解我校的悠久历史和发展变迁。

文化空间是一系列有形的、物化的学习空间，学生在这样的空间中进行正式和非正式的学习。精神家园则承载着无形的价值观及我校的校风、学风和教风。校史室作为我校历史的重要承载，同时也起到了集中体现我校代代相传的办学精神的重要作用，对于培养学生"校园主人翁"的意识有重大作用。

（3）课程内容

校史室可以联合图书馆等单位，结合我校特色建设校史校训陈列馆。通过校史陈列馆可以将我校的发展历史（包括在国家发展进程中的重要贡献）以实物、影像、图片等形式进行展览陈列。在重大的纪念仪式或者新生入学教育之时，设计校史教育专题展览课，组织学生进行集中讲解参观。平时亦可对学生开放，鼓励学生积极参观。除线下的实体展览课之外，还开设线上平台，设计

图4-25 校史馆展览区

了丰富多彩的线上校史学习课程。这样不仅可以为在校学生提供便利，也可以为已经毕业的学生了解母校的历史及发展现状提供良好的窗口。

（4）应用场景

① 岁月如歌。

图4-26 岁月如歌

进入校史展览区走廊,映入眼帘的便是第一篇章"岁月如歌"。整条走廊以时间线的方式呈现了我校110年的发展历程。1911年(辛亥年),是我校创办的年份。在这之上是我校校歌,由前任校长孙国菁和作曲家李军(同时也是我校学生家长)联合创作。整首歌由教师演唱并录制,歌名叫做《放飞梦想》。我校每天都会在12:30将校歌作为午间音乐铃声播放。

穿过走廊,进入校史馆之后,便能看到校徽。校徽由五个"1"和一个中心点组成。五个"1"分别代表我校五个素养培育的目标:红色的1指向德育发展目标:做一个明是非、讲诚信、正言行的"小睛睛";绿色的1指向智育发展目标:做一个爱学习、善思考、勇创新的"小睛睛";黄色的1指向体育发展目标:做一个勤锻炼、耐挫折、强体魄的"小睛睛";蓝色的1指向美育发展目标:做一

图4-27　素养培育展览区

个扬特长、懂欣赏、添才艺的"小睛睛";紫色的1指向社会性发展目标:做一个能合作、会探究、乐公益的"小睛睛"。这些都体现出我校的办学宗旨和价值观,我校整个教师队伍自始至终遵循"真情育人"的观念。但是随着教育现代化的发展,只有真情是不够的,还需要现代的育人智慧,打造师生共有的文化空间和精神家园。

经过校徽,可以发现校史室中有多个玻璃展台和展板。其中有教学楼的模型,中华人民共和国成立初学校转为公立学校的文书资料,20世纪五六十年代的先进人物证书,以及20世纪80年代万永富校长还是教师时关于学法指导的手写备课材料等。

前面的"烁烁桃李,代代芳华"是学校概况,中间区域"融合发展,'睛'彩绽放"主要展示了我校的课程发展和教师队伍发展。

图4-28　学校概况和师资队伍建设展板

② 感受历史的巨变。

我校积极挖掘红色教育资源。2020 年 6 月29 日,校党支部和上海市育辛进修学院党支部联合开展了一次主题党日活动。党员带领学生一起走进了校史室,小小"童心讲解员"向大家讲述学校的历史、学习空间的历史变迁、学校课程发展的脉络,以及中华人民共和国成立以来

图 4-29　教师观看教育理论宣传片

学校努力践行义务教育精神的教育改革发展之路。在认真的聆听中,学生感受老城厢教育的巨变,重温黄浦的红色记忆。作为生在黄浦、长在黄浦的新一代学子,大家产生了很多的共鸣,感受颇多。参观结束,全体参观校史室的学生在少先队队旗下再次重温了入队誓词,不忘初心勇向前,不负嘱托担使命。最后,我校又面向全体学生,召开了"四史"和校史学习教育的推进会,组织全校教师集中观看了五集"四史"教育理论宣传片《时代的先觉者》。

（5）使用效能

学校的历史是一代又一代的师生员工以高度的责任感和使命感,投身学校建设、艰苦奋斗、百折不挠的创业史。其间涌现出很多英模人物和光辉事迹:有数位老校长的英雄豪情,有老学者、老教授推动高等教育事业不断发展的前进历程,有青年教育工作者潜心学术、教书育人的无私奉献,也有励精图治的优秀校友走向社会在各自的岗位上绽放光彩……每一位英模人物都是一代代人薪火相传、艰苦奋斗的缩影。这些光辉事迹的背后,是一代又一代师生员工高度的历史责任感和民族使命感。

校史文化研究所带来的教育资源和教育影响,不仅培养了广大师生校友知校、爱校、荣校的情怀,还帮助师生树立了崇高的爱国主义理想和爱岗敬业情怀,并激励师生以学校的先辈大儒、知名学者、优秀校友等为榜样,形成强大的凝聚力和向心力,进而营造良好的校史文化育人氛围。

（沈天皓）

6. 小空间里探秘大自然

（1）空间名称

"童慧科苑"自然探秘空间。

（2）功能定位

在北二楼，由两间专用教室、一条长二十多米的走廊和一个露天花园组成的开放性空间，就是我校的"童慧科苑"自然探秘空间。独具匠心的设计，使原本单一的自然实验教学功能得到了丰富和拓展。这里除了能够满足自然、劳动技术等基础型课程的日常教学需求，也能作为开展科技探究和学生社团活动的复合型学习空间。

（3）课程内容

在"童慧科苑"，除了日常的自然和劳动技术教学，学生还可以参与船模、车模、DI 创新思维、无人机、烘焙、未来创造家等丰富多样的科技类社团活动课程。这里也是我校科技节的主要活动场所。低年级学生在花园里开展绿化种植和长周期的观察，中高年级学生在专用教室里开展各项科技体验和比赛。

（4）应用场景

① 玩转求知廊——趣味的非正式学习。

图 4-30　求知廊

来到"童慧科苑"，求知廊上浓浓的科普味儿扑面而来，仿佛走进了迷你科技馆。大自然里的动物和植物、神秘未知的宇宙都在这里，多样的互动装置极大地激发起学生的求知欲和探究欲。

求知廊里，最受学生喜爱的就是"创客互动乐"和"科普翻翻乐"。在"创客互动乐"板块，一个个充满趣味的实验装置吸引了许多学生动手尝试：转动手柄看看图画怎样变电影，和同学拉拉手看看能不能通电，玩一玩电碰迷宫让金属环顺利穿过……在"科普翻翻乐"板块，几排四面转格镶嵌在墙上，上面设置了许多有趣的问题，如"为什么航天器到了太空就不用燃料了？""为什么航天员回到地面不能站立？"……每翻动一格就有一段对这种现象的解释和描述，让学生越翻越有趣，越翻越快乐。学校还会定时更新其中的内容。

互动感十足的求知廊,体现了空间支持学生非正式学习的作用。学生在体验中激发想象,在潜移默化的科普文化熏陶中成长。

② 探索畅思屋和匠心坊——多元形态促进教学方式的转变。

图 4 – 31 畅思屋和匠心坊

畅思屋和匠心坊是两个开展自然和劳技教学的跨学科综合学习空间。配备智能平板和高清摄像头组成的教学视频系统,契合自然课实验多、劳技课操作多的课程特点,即时生成性强,能有效减少师生走动。希沃交互智能平板设备、各类教学软件和传统板书可以同时呈现,方便教师讲解。360 度高清摄像头可以帮助教师即时将自己或者任意一个学习小组的实验操作呈现在屏幕上。既可示范,也可交互。充分发挥了环境与教学"双向交互、改变和促进"的作用。

畅思屋里有一面恐龙装饰墙。整面软木包裹的墙体和立体的木质恐龙造型让整个教学空间充满自然气息,美观的同时也是一面供师生自由张贴奇思妙想的"畅思"墙,任何一个创意、一款设计、一丝想法都可以上墙交流,增强了教与学的互动。畅思屋后方,有一个独立实验桌。实验者可以在桌子的中间演示,观摩者可围坐一圈近距离观察。它的身后还藏着一排烘焙设备,可以变身成学生烘焙社团的操作台。一墙、一桌、一台,"科学"和"烘焙"可以在这个空间无缝衔接,别有一番风味,也体现出重构空间的复合性及多元作用。

匠心坊是手工爱好者的天地。展架上不规则摆放着木质展格、灯箱,点缀着绿色盆栽。这里能看到学生的模型、创意手作等科技与劳技作品。匠心坊长条形的课桌也给学生带来了新颖的学习体验。桌面上安有几排隐形插座,方便操作一些需要连接电源的工具。长桌肚里根据座椅位置配备了 40 个抽屉,摆放着常用劳技工具,帮助学生养成整理和维护工具的好习惯。不同颜色的座椅能帮助学生分组,方便学生进行分组讨论与学习,这些多彩的座椅也为工业风的匠心坊增添了不少亮色。在匠心坊,传统的讲台不见了,取而代之的是教师移动工作台和移动工具箱。这对传统教学方式也是一种挑战,需要教师跳出黑板和讲台的限制,尽可能地融入学生当中,营造灵活、平等的课堂文化,使教师也能在教学中成长。

秉承"在实践中求知"的设计理念,匠心坊不仅用于日常的劳动技术课,还吸引了不少动手类社团活动在这里开展,视觉艺术节也会组织学生在此动手实践和手工创作。把匠心坊两条长桌合并起来,铺上桌布,就变成会议桌,让空间资源得以充分利用。匠心坊的一侧,有一条数米长的全透明玻璃钢水槽。它可以是洗手池,也可以是船模试航的水道,兴趣组、330 课程、科技节中,许多学生会在这里专注而又兴奋地试航。

③ 亲近拾绿园——从强调秩序到关注体验。

图 4-32　拾绿园

二楼有室外平台"拾绿园",地方虽不大,但足够为学生亲近自然、了解自然提供一方观察和种植的小天地了。在这里,师生可以一起观察小型植物或者小动物的生长过程,开展自然长周期探究活动,绘制自然笔记。每个年级还可辟出自己的种植区,根据学习需要和兴趣开展种植活动。科技节中,学生种植的多肉植物曾吸引大家每天轮流来照看。

同时,这也是个让人充满期待的开放式空间。学生曾在这里创作大型画作,视觉艺术节在这里布置过"艺绘丛林",展示学生对艺术和美的理解。还有美术课写生、心理课做游戏、330 课本剧表演、自然课小实验等。这里充满活力,因为

这里不强调秩序而更关注体验。

（5）使用效能

"童慧科苑"的改建改变了自然和劳技专用教室单一的教学功能，为学生提供了更丰富的探究和体验的学习空间。它是我校学习空间"在文化中浸润、在教学中成长、在实践中求知"设计理念的彰显。在这里，探究课程变得更丰富了，科技素养、艺术人文、运动健身、国际视野等多个板块的多种课程带给学生丰富的体验；在这里，教师的教学方式也发生了潜移默化的改变，更注重师生互动、生生互动，在教与学的过程中不断创生；在这里，学生的科学探究精神被激发，体验式、合作式、探究式的学习正在发生。在这个集群智而生成的新空间里，学生将享受到更优质的教育服务，学习变得更生动有趣，知识的自我建构能力也将得到发展。

（万懿仪 张 玮）

7. 童蒙雅轩，畅游文博书海

（1）空间名称

"童蒙雅轩"文博书海阅览空间。

（2）功能定位

2020 年 9 月，在"童心世界""童梦工坊""童慧科苑"相继建成后，我校二楼图书馆的改建也顺利竣工，并正式更名为"童蒙雅轩"文博书海阅览空间。

图 4-33 "童蒙雅轩"文博书海阅览空间

"童蒙雅轩"不只是提供书籍、传递知识的图书馆，更承载着让人享受阅读、感受阅读的美好期盼。在这里，学生既能感受它静态的美，也让自己融入其中，以自己良好的阅读习惯为"童蒙雅轩"增添动态的美。

正因为有着这样的超前理念，由"三区一亭"组成的"童蒙雅轩"文博书海阅览空间建成了——自主借阅区、学生阅览区、教师研修区和朗读亭。在少儿特色的基础上，"童蒙雅轩"实现了多功能、多载体、网络化、智能化，成为设施先进、可开展各类读书活动的阅读场所。

（3）课程内容

作为上海首批"书香校园"基地学校，"童蒙雅轩"是我校竭力打造的，集存储、流通、检索、咨询、研修于一体的阅览体验空间。我们都知道"环境是隐形的课程"，"童蒙雅轩"让学生获得多样化的阅读体验，让教师能够方便地查阅资料、开展研修和教研活动，还可以开展各类学生喜爱的读书活动、特色课程，如四年级数学课"通过网格来估测"。规整的藏书格与排列有序的藏书为学生创造了真实的学习情境。学习空间环境的变化为教师设计体验式、互动式、合作式、探究式的教学提供了极大的支持。学校的学习环境变革引发了教师教学设计的改变，发挥了环境与教学"双向交互、改变和促进"的作用。

而在 330 课后服务这段时间，"童蒙雅轩"里是静谧的，学生在这里或选书，或浏览，或沉醉，或摘录，在舒适惬意的环境里，一场沉浸式的阅读体验正在展开……

（4）应用场景

① 舒适的阅读体验。

图 4－34　外廊、内景、朗读亭

"童蒙雅轩"的外廊依旧延续"童慧科苑"的浅灰色工业风。走廊左边是借阅制度与新书推荐的磁贴墙，右边是 2021 年引进的全套"声阅"智能图书管理系统，三块电子显示屏能实时显示"童蒙雅轩"的各项数据和新书推荐、小小书评等信息。显示屏下方则集检索、咨询、计数、自主借阅于一体。

穿过前方的玻璃门，豁然开朗，"'童蒙雅轩'——文博书海阅览空间"几个字闪着点点银光，门后是另一种风格，它是明亮的、温馨的、雅致的、简约的、新颖的。在灯光明亮、色调柔和的阅览空间里，基于人体力学设计的椅子和原木色书桌的组合给学生带来舒适的阅读体验，特别为低年级学生自由阅读而设计的区域安排了柔软的坐垫和随手可取的书籍。拾阶而上，22 个大类的书籍被整齐地摆放在书架上,书架的每一格都有灯光照射在书本上。它不仅照亮了书籍,更是温暖的人文之光。

在"童蒙雅轩"一角还有一座朗读亭,集朗读、背诵、练习、演讲训练于一体。戴上耳机,选取一篇经典文学作品,便能沉浸在其中。更奇妙的是,朗读后,它会自动生成一张留声卡,扫描二维码就能听到自己的朗读内容,让每个来到这里的人都能得到阅读和音韵的双重享受。

② 最美"网红打卡点"。

图 4－35　"童蒙雅轩"内景

"童蒙雅轩"因其新颖别致的设计被评为黄浦区最美图书馆,也成了教师的"网红打卡点",每一位来这里的参观者无不感叹它的设计精妙。例如,把教师研修区域划分为两个板块,楼下区域的背景墙书柜存放的是最新的教育教学类图书、杂志以及近期的报纸,教师可以在这里开展各级各类教研活动,也可以收集和摘录相关资料。楼上区域则规划为教师自主借阅区,这里书籍资源十分丰富。

③ 真实情境下的项目化学习。

图 4－36　学生阅读的情景

"童蒙雅轩"能为我校的项目化学习提供真实的情境。

数学谢老师在设计项目化课题"统计学校图书馆现有藏书"的教学内容时,将课堂从教室转移到"童蒙雅轩",充分利用这里的空间资源,为学生提供真实的学习环境。四年级学生在这里调查全校学生喜爱的书籍类型,学习用"网格法"来对难以数清的对象数目进行估测,统计学校图书馆现有藏书,并为学校图书馆提出优化建议和方案。有了真实的情境,学生思考向着多元化、多角度发展,并在思考过程中发现新的问题,找到新的解决方法。这无疑是一堂成功的课。正因为很好地借助了空间,学生的素养得到提升,从而进一步实现了数学学科项目化的意义。

它又与我校的330课程紧密结合。随着下午最后一节课结束的音乐响起,整个校园沸腾起来了。二年级学生急不可待地整好队,来到"童蒙雅轩"参加阅读心语社团。学生在这里博览群书,童话篇、名家名著篇、科普篇、红色经典篇……随着一张张阅读单的填写,学生丰富知识,收获感悟,在课余时间也能"阅启智慧,读垒梦想"。利用已有空间,让课后服务这一暖心工程为学生和家长提供更优质、更多元的选择,"童蒙雅轩"文博书海阅览空间一笔一画地为新时代教育发展写下新篇章。

它还与校内外教师研修紧密结合。好的环境让人流连,这里的教师研修区就是各个教研组开展教研活动的最佳场所。校外的教研员来校时,都会不约而同地选择来到这里指导工作,开展联合教研,思维的花火在这里碰撞。无论是区域内还是外省市,只要是来我校跟岗的教师团队,都会在这里研习、探讨、总结。结束后像仿佛约定好了似的连连感慨:"'童蒙雅轩'真是太漂亮了。"

(5)使用效能

2020年11月,"童蒙雅轩"开馆,我校特别邀请到了复旦大学流行病学与卫生统计学博士、中国及上海市科普作家协会会员庄建林。在空间的台阶上,学生聆听了专题讲座。庄博士用有趣的游戏、好玩的卡牌、生动的漫画展示了一个不一样的病毒世界。学生不仅收到了庄博士主编的《校园健康防护》赠书,更是对新建的空间流连忘返,不舍离去。

学生因为它敞亮与别致的台阶设计,将这里作为拍摄毕业照的必选之地。教师因为它的人文气息,选择这里作为拍摄视频的最佳背景;又因为它的安静与网络功能强大,将其作为开展线上教学的首选之地。

未来的"童蒙雅轩"将更紧密地与师生、课程以及各类活动相融合,拓展出更多空间功能,在有形和无形中成为我校的最佳育人场所之一。

(李　培　李家歆)

8.巧用空间沉浸体验,安全教育守护成长

(1)空间名称

公共安全教室。

(2)功能定位

安全和我们每个人的生活息息相关。学校是进行安全教育的重要载体,安全教育是学校教育的重要组成部分。在小学阶段对学生进行安全教育具有积极的意义。为了加强中小学公共安全教育,我校建设了中小学公共安全教育场所——公共安全教室。公共安全教室以互动体验实训为主,为学生创设准确、丰富、实用的知识学习和体验实训环境。同时通过信息化技术,展示丰富的安全知识,营造逼真的灾害情境,使学生提高自我保护能力。

公共安全教室分为交通安全知识区、消防安全知识区、自行车体验区、急救安全知识区、绳结逃生知识区等,具备模拟灭火、模拟报警、模拟心肺复苏、模拟红绿灯、交通标识认知、安全知识飞行棋、安全知识问答等功能。例如,在穿过浓烟滚滚的模拟火灾现场时,学生必须蹲下身子,甚至匍匐在地往前爬,才能顺利逃离火场。一旦红外线勘测到学生没有压低身体通过,就会触发警告,宣告逃离失败。

图 4 - 37　公共安全教室

（3）课程内容

随着教育综合改革的全面推动和不断深入,育人理念的提升、课程教学的优化、学习方式的转型、教育资源的利用等一系列变革所处的主要空间场域,近年来也在悄悄发生着变化。美国著名学校设计师普拉卡什·奈尔曾经说:"学校不是一个地点的标记,而是一种空间的选择,需要重新想象学习和教学空间,重建学校的物理空间规则,让学生的学习与学校环境的互相作用不断迭代,为教学空间增加新的价值。"

在公共安全教室,学生主要体验公共安全课程和部分道法课,也会参与一些安全主题活动。公共安全教育的主要内容包括预防和应对社会安全事件、公共卫生事件、意外伤害、网络与信息安全问题、自然灾害以及影响学生安全的其他事故或事件六个模块,重点是帮助和引导学生了解基本的保护个体生命安全和维护社会公共安全的知识及法律法规,树立和强化安全意识,正确处理个体生命与自我、他人、社会和自然之间的关系,了解保障安全的方法并掌握一定的技能。

通过寓教于乐的课程和活动,学生进一步了解了安全知识,在愉快的氛围中主动接受安全教育,进一步增强了自己对生命的认识。

（4）应用场景

① 营造沉浸式体验。

公共安全教室里有一面印着常见交通标志的墙,对于低年级学生可以起到很好的普及作用。学生可以边看边思考标志的含义,相互讨论,也可以相互考一考,在宽松愉悦的氛围里加深对交通标志的了解。

公共安全教室的地上印着人行横道线,并立着一个个交通标志。学生进入公共安全教室便会有一种沉浸式的代入感,无论是回答问题还是进行游戏,都能更加积极地投入其中。而诸如模拟过马路等交通场景,也能有效确保学生的安全。哪怕有的学生没有识别出相应的交通标志,没有做出正确的行为,教师也可以及时指出,帮助他们加深对交通标志的认识。

原本认识交通标志是比较枯燥的,但在公共安全教室,学生不仅能用眼睛看、耳朵听,而且能用身体去感知、用行动去实践,充分调动学习兴趣。

图 4-38 教室内景

② 平安如何记心上。

在这间新"开张"的安全教室里,教师和学生共同参与了公共安全课"平安记心上"。

"你们来找一找,这里有哪几种不同的道路情况?"授课的胡老师正在引导学生通过观察,认识三种不同情况的路口。"第一种为无交通信号灯,有人行横道线的路口。第二种为有交通信号灯,有人行横道线的路口。第三种为无人行横道线,有过街设施的路口。"学生陆续报出了答案。"那么在不同路口,我们该如何安全过马路呢?"一名男生提出了困惑。

胡老师点亮了教室里的模拟交通信号灯,边示范边解惑:"过马路时,我们遵循一停二看三通过的步骤。第一步向左看,确认车辆情况,第二步走到中间停一停……"

看完老师的示范后,学生也迫不及待地体验起来。先观察清楚路口的情况和红绿灯的变化,再有序穿过人行横道线。"黄灯闪了,你要快点加速通过人行横道。"一位在"马路"旁的女生正在提醒"马路"当中的男生。男生连忙加快脚步穿过了人行横道。

更大的考验还在后面。只见屏幕上出现了生活中常见的现象,学生需要通过观察发现存在的安全隐患和可能造成的后果,完成任务单。大家热烈讨论,很快就将难题迎刃而解。"只要我们自觉遵守交通法规,多留一个心眼,城市就能多一份安全。"老师在一旁提醒学生。

在实践体验和讨论互动中,学生不仅学到了实用、有效的安全知识,而且学以致用,掌握应对突发交通状况的方法。

（5）使用效能

丰富的课程资源和虚拟仿真的沉浸式互动让学生兴趣盎然,思维得到激发,安全知识得到拓展,自救能力得到提升。

通过学习,学生掌握了许多生活中的小技能。低年级学生懂得了在拨打报警电话时需要做到"四个要":地址要准确,事情要说清楚,要保持沉着冷静,电话要畅通;还学会了如何在马路上识别各种危险标志,认识大型车辆的视觉盲区,安全过马路。中高年级学生学会了被困火场时不同的自救方法:使用灭火器、打逃生绳结、缓晃轻抛物品、声光救援等,还了解了在公共场所如何应对可疑的陌生人,提高自我防范意识……

通过灵活多样的资源配置,校园的学习空间实现了从原本单一的学习环境到空间多功能"按需使用"的转变,使教育教学能够满足不同学生的个性化学习需求,适应不同教学组织形式的需要。现代化教育技术大大提高了教师教学和学生学习的效率,为学生德智体美劳全面发展和基于自身特点的个性化发展提供了更大的支持与可能性。

（胡文蓉　陈佳蓉）

三、在"不懈"与"追求"中收获重构成效

我校进行的学习空间重构,重新定义了课程、课堂的学习形态。空间教育范式从千篇一律到形态多元,从封闭到开放和连续,从强调秩序到关注体验……主要表现在以下几个方面:

一是校园面貌焕然一新。学习环境的现代感、设计感和技术有机融合,基础性、功能性和实用性得到很好的保障。无论是环境和硬件条件,还是设施设备的整体配置,都使学校不断焕发出新的时代活力。

二是配套课程内容迭代升华。我校尝试将原有的影视、摄影等特色课程内容进行统整,着力开发"童心视界"少儿视觉艺术校本课程,并同步新建了"童心视界"视觉艺术体验空间、"童真创意"工艺美术创意空间,初步感受到了"学习内容与承载空间同步升级"的课程整合效应。在此基础上,我校将这一成功经验不断"复刻"在其他楼层的学习空间建设上。以素养培育为导向,进一步提高课程领导力,完善课程体系,将各类精彩课程的内涵建设与实施的物态化载体相

配套的理念持续拓展到不同领域,为学生提供了匠心坊、畅思屋、丽音坊、炫舞厅、校史室等多样化的体验和实践空间。软硬件建设同步,以更高的质量服务于教与学的多样化、个性化、常态化的需求(见表4-1)。

表4-1　学校课程与空间配置一览表

楼层	空间名称	地点	课程内容
一楼	"新星初绽"采编演播实践空间	新星媒体中心	快乐小主持、童心视界
二楼	"童蒙雅轩"文博书海阅览空间	图书馆	书香课程(露天书市、专业讲座、亲子共读、朗读亭、书目推荐等)
二楼	"童慧科苑"少儿自然探秘空间	匠心坊	船模、DIY思维创意
二楼	"童慧科苑"少儿自然探秘空间	畅思屋	未来创造家、校园大亨
三楼	"童梦工坊"少儿歌舞艺术律动空间	演艺堂	歌舞剧、童谣创编
三楼	"童梦工坊"少儿歌舞艺术律动空间	丽音坊	合唱
三楼	"童梦工坊"少儿歌舞艺术律动空间	炫舞厅	体育舞蹈、民族舞
三楼	"童韵寻源"学校历史发展学习空间	校史室	"晴晴"学校史
四楼	"童真创意"少儿工艺美术体验空间	童梦美工坊	少儿油画
四楼	"童真创意"少儿工艺美术体验空间	真香茶艺社	茶艺
四楼	"童真创意"少儿工艺美术体验空间	艺海书画苑	书法
五楼	"童心视界"少儿视觉艺术体验空间	摄影坊	童心视界
地下室	"童趣乐园"公共安全体验空间	公共安全教室	安全课

三是有效促进了教学改革的深化和教师专业水平的提升。重构的学习空间支持,不仅使得常规的基础型课程得到了保证和落实,而且有效改变了教师的教学设计思维和操作方式,为开展指向学习素养培育的项目化学习等教学改革创新实践研究提供了极大的便利。教师慢慢习惯了整体性思考,在教学设计中开始有意识地思考如何将环境更好地融入教学设计。学生学习方式的深度变革这一可喜的现象标志着教师对于教学改革中各要素的理解和认识更深了一步,从而有助于实现从"教师教学生知识"到"以师生发展为中心"的学习共同体建设的质性跨越(见表4-2)。

· 195 ·

表4-2 空间、资源、教学法融为一体的学习共同体

课程类型	空间/资源	教学法
需开展小组化学习的课程	多屏互动型教室/自由组合式桌椅、固定分组式桌椅、移动学习设备	项目化学习、探究学习、主题研讨、合作学习、成果分享
有回放观看需求的课程	演播型教室/移动一体化桌椅	录播讲授、成果汇报、测试答疑
有实景展示需求的课程	投屏分享教室/固定分组式桌椅、无线投屏技术、触屏技术、实物投影技术	实景讲授、跨学科学习、合作学习、成果分享
有远程交互需求的课程	剧场型教室/影院式桌椅、大屏显示系统	跨学科学习、名师互动、双师型课堂
需运行教学软件的实践类课程	合作式教室/固定分组式桌椅、高性能电脑	项目实践、合作学习、测评答疑
有真实场景教学需求的课程	情景互动教室/自由组合式桌椅、固定分组式桌椅	项目化学习、跨学科学习、情境化测评
以学生自主学习为主的课程	自主交互学习教室/自由组合式桌椅	合作学习、主题研讨、成果分享会

四是学生全面而有个性的发展成果喜人。近年来,我校在上海市中小学生学业质量绿色指标评价中的结果明显反映出学生在以下两个方面取得的进步:其一,学生的学习动力得到了很好的呵护和激发,在学习中主动探究、互动交流和反思的高阶思维能力得到了一定程度的提升;其二,学习过程中,学生对学校的归属感、认同度提高,师生关系和同伴关系趋向积极,学习能力和创新能力持续增强。我校对于本校学生学习空间重构的感知与满意度问卷的调查统计也显示,学生认为学校学习空间重构后,自己拥有了更舒适的学习环境和全新的学习体验,更能集中精力学习。相较于传统教室,学生更喜欢在改造后的学习空间上课,并表示在改造后的学习空间更利于发生自主学习、协作学习、互动学习和深层学习的行为(见图4-39)。

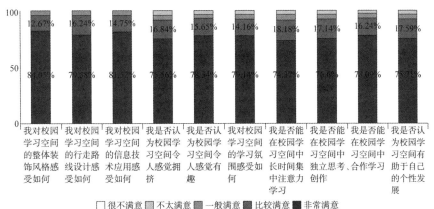

图4-39 学生对学习空间重构的感知与满意度统计图

改革任重道远,创新永无止境。面向未来,我校清醒地认识到,需要进一步举教职工、学生与家长之全力,应对时代赋予的外部挑战和学校发展的内驱之需,共同整体设计全新的"学习者家园"。我校的创新实践还有待作更深层的思考,寻找更精准的定位,进行更前瞻的把握。

学习空间重构的设计需要再前置。不要在建成后改良优化,而要在校舍的设计与建造前将学校打造学习空间的需求和创意融入设计。不再千校一面,而是一校一品。让学校作为主体,承载"学校文化渗透"与"教与学功能发挥"的双重目标,真正建设完善师生喜欢的"学习者家园"。

在信息化、大数据、人工智能对教育逐渐产生影响的今天,空间的概念不能只停留于"有形",线上和线下同步统整设计数字化学习空间迫在眉睫。同时,随着更多样化的综合学习方式的创新,传统课程体系中教与学模式不断优化,对于学生素养培育的全方位支持也将是一种系统的复合型要求,会给学习空间的设计带来新的挑战。

第五章

队伍建设创新

一、素养全面的创新型教师队伍梯队式建设

（一）指导思想与目标

习近平总书记指出,教师是立教之本、兴教之源,明确教师的使命是为党育人、为国育才。这就要求教师具备"以德为首"的综合素养,坚持终身学习,学校要构建全方位的教师发展保障体系。小学教师是学生"系好人生第一粒扣子"的重要引路人,同时作为教学环节的关键核心,各项教育政策都需要教师去实践和反馈。因此,小学教师队伍建设的成效对于确保稳步推进相关政策的落实具有重要影响。

1. 指导思想

党的十八大以来,我国对小学教师队伍建设各方面做了详细的战略部署。习近平总书记关于教师队伍建设的重要论述从战略层面指明了教师队伍建设的改革方向,从理论层面深化了教师队伍建设的内在规律,从实践层面提供了教师队伍建设的行动指南。从 2018 年发布具有里程碑意义的《关于全面深化新时代教师队伍建设改革的意见》到 2021 年和 2022 年面向新形势、新教育发展格局先后颁布实施的《关于进一步减轻义务教育阶段学生作业负担和校外培训负担的意见》和《新时代基础教育强师计划》,国家颁布的重要政策为我校教师队伍建设指明了未来发展方向。

2. 理论基础

（1）人本管理理论

人本管理理论就是坚持以人为中心,发挥人的积极性和能动性。学校管理要以教师为本,尊重教师的教育成果,关注教师的专业发展和心理健康状况,保证教师队伍持续健康发展,增强教师职业的幸福感、获得感、荣誉感,使学校成为提升教师专业能力的场所。赵善琼、崔影在《人本管理理论在学校管理中的应用》一文中提出了学校实施"以人为本"管理的策略及必要性。基于文中观点,进一步提炼出以下信息:主要策略一是要信任和尊重教师,二是要发展教师;必要性一是该理论为学校发展提供了坚实的群众基础,二是该理论有益于处理学校和教师之间的矛盾,三是能够满足教师的基本需求。

多年来,人本管理理论为我校进行校本管理提供了有效的理论依据。我校坚持"以人为本,追求人的发展"的办学理念,用真情和智慧打造师生共有的文化空间和精神家园,增强了学校管理的服务意识,不断提高学校教师队伍的发展水平。

(2) 教师胜任力理论

如何评价一位小学教师的素质能力一直是教育界面临的一个难题。因为知识工作的成果和质量在短时间内不易外显,工作结果也具有非直接度量性。2000年以来,国内许多学者从教师的特质、素质、能力、人格和教师评价等角度对教师胜任力进行探讨。哈佛大学心理学教授麦克里兰在《测量胜任特征而非智力》一文中指出,胜任力是一系列广泛的特性,只要与成功有关的心理或行为特征都可以看作胜任力。胜任力既是与工作绩效相关的个体特征,也是较为务实的人力资源管理思路。学者林立杰等人在借鉴国内外已有研究的基础上,通过调查研究,对教师胜任力要素和个人业绩的关系进行了分析,确定了个性要素族、必备知识族、工作技能和综合能力族等三大族类、36项要素的教师胜任力模型。

表5-1 教师胜任力模型要素表

胜任力族	胜任力要素
个性要素族	自信心、成就动机、独立性、身体适应能力、变革性、坚忍性、自控力、恃强性、责任心、移情能力
必备知识族	专业知识、环境知识、组织知识、理论知识
工作技能与综合能力族	信息采集能力、创新能力、学习能力、自我发展能力、团队合作能力、综合分析能力、动手能力、提供与反馈能力、解决问题能力、前瞻性思维能力、理解能力、解决冲突能力、语言表达能力、影响他人能力、逻辑思维能力、应变适应能力、关系构建能力、发散思维能力、指导能力、观察能力、定量分析能力、倾听能力

教师胜任力是多因素的模型结构,不同研究者给出的模型要素简繁不一。胜任力既可以在具体的工作情境中形成,也可以在实际工作中有意识地培养与提高。一定的胜任力和知识基础、特定的学习需求、相应的激励机制和学习资源是学习行为的必要条件,这些条件共同构成了一个完整的胜任力学习过程。每

经过一个循环,个体原有的胜任力要素之间的关系就会重构、整合,使总的胜任力水平在广度和深度上得到一次提升。

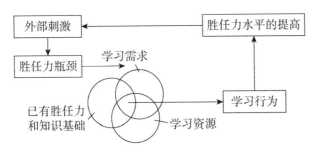

图 5 - 1 教师胜任力研究与应用

胜任力理论和模型对于教师队伍建设的研究是有启发意义的。小学教师有其特殊性,教师队伍建设的影响因素既有主观因素又有客观因素。小学生尚处于皮亚杰所谓的具体运算阶段,其思维特点是多维度、可逆转,面对问题情境时,更多从表象与经验进行判断。总而言之,小学生身心发育不完全,思维跳跃、注意力集中时间短、无法长时间保持稳定的行为状态等特点,决定了教师工作需要更加细致、机智、包容、全面、多样,所需要的知识和胜任力有较强的教学实践和任务的专用性。育人能力的培养是一个不断学习的过程,是一个长期的、循序渐进的过程。学习内容和学习过程是复杂并且相互联系的。它既取决于个人的学习意愿,也与学校政策引导、学科文化、团队合作等外部刺激有很大的关系。教师需要不断地从工作所处环境、项目任务中获取和收集行为作用结果的信息,在教学和科研实践中完成胜任力的实质性增长过程。

值得注意的是,胜任力是一个个体的概念,小学教师队伍建设依靠的是团队的整合力量,因此个人的能力必须凝聚成团体的能力,才能形成教师工作"士气"。

(3) 教师发展理论

教师的学习方式与特点方面,学者邓友超认为教师学习是一个专门的研究领域,教师学习性质可以概述为五个方面:经验性学习、基于问题的学习、自我指导的学习、同伴互助式学习、职场学习。

教师发展是一个内涵较为宽泛的术语,有不同的定义,有的侧重于教师的教学,有的则强调教师的全面能力。学者林杰和李玲总结了美国大学教师发展的三种理论模型。第一种模型认为教师发展由教学发展(过程)、组织发展(结构)、个人发展(态度)构成,强调一个成熟的、完整的教师发展项目必须包括这三个层次,缺一不可;第二种理论模型也包括上述三个层次,只不过认为三者中的任何一者都可以单独发展;第三种模型则指出上述三个层次之间是部分重叠关系。吴振利博士认为教师发展的动机主要来源于三个方面,一是教师自身,二是学校,三是外部社会。如果教师自愿并主动参与教师发展活动,就属于主动发展;如果是被要求或强迫参与,就属于被动发展。但教师发展并不仅仅局限于这两种,介于两者之间还有很多种过渡状态。

上述这些理论对我校实际的教师管理有很大的帮助,对于解决如何将教师个体发展融于学校师资队伍建设,如何认识教师专业发展、能力培养和身心健康问题都具有启发意义。

3. 建设目标

(1) 整体目标

① 促进百年老校持续高质量发展。

在教育转型发展,新课程方案出台的背景下,学校要保持高质量持续发展,离不开一支优秀的教师队伍。我们希望通过此项改革更好地发挥学校优势,弥补不足,促进师资队伍梯队建设进入最佳状态,让教师在学历、职称、创新能力、综合素养等方面有明显提升,包括:整个教师队伍在职称、学历、骨干、党员比例等数据方面有较大幅度提升(培养1~2名正高级职称教师、研究生以上学历教师占比在原有基础上提升20%、区级以上骨干教师和"新秀"教师覆盖全学科);骨干和青年教师在市、区各级各类教育教学竞赛、展示活动中,形成一定的知名度和影响力;打造1~2支叫得响的教师品牌团队,以应对教育转型带来的新挑战,促进百年老校的办学品质不断优化。

② 引领教育集团师资队伍建设再提升。

通过我校的实践与探索,总结一些好的做法并在教育集团内推广,带动集团五所成员校在师资队伍建设上的发展,同时也进一步促进紧密型高质量集团的建设。

③ 更好地对接市、区综合改革发展目标和任务。

我校致力于打造一支素养全面的创新型教师队伍,积极对标上海市和黄浦区综合改革发展的目标——满足社会主义现代化国际大都市核心引领区一流现代教育的需求,围绕"高、先、精"发展定位,打造一支"高质素、专业化、创新型"的现代教师队伍,更好地服务于黄浦教育的未来发展。

(2)具体目标

① 对青年教师的培养更具针对性。

通过对教师群体三大关键发展期的划分,有针对性地加强青年教师的培养:一至三年的青年教师着重在岗位适应性上加强专业指导;四至十年的教师促进学历提升,并引导其在个性发展上形成特色。

② 促进成熟期教师的专业再发展。

拥有十年以上教龄的教师容易进入"舒适区"。通过用好市、区各级各类教师发展的资源与平台,帮助这部分教师提炼教学经验,形成教学风格,促进专业再发展。

③ 适度缓解中老年教师职业倦怠。

尝试对50岁以上的老教师实行每月半天或一天的人性化休假措施等,适度缓解老教师身体状态不佳与高强度教育教学之间的矛盾。通过带教青年教师、设立"常青树"讲台,邀请老教师分享教学经验、育人诀窍和家校沟通的艺术等,不断激发老教师工作的内驱力。

(二)推进过程与策略方法

1. 推进过程

通过启动"师能、师爱、师养"工程(简称"三师"工程),建立健全黄一中心小学教师学习、工作、关怀、奖励等各项机制,打造一支个人素养全面、团队协作发展、富有创新活力、能应对高质量发展任务要求的创新型教师队伍。

2. 策略方法

(1)学校层面:外塑教师发展环境,完善教师队伍建设长效机制

① 坚持以教师为本,完善学校管理制度。

一是立足教师需求,实施菜单式培训,创新教师培训模式。伯利纳把教师发

展分为五个阶段:新手阶段、进步的新手阶段、胜任阶段、能手阶段和专家阶段,根据教师发展实际分阶段实施培训。第一和第二阶段要加强教师的教学基本功培训,让教师逐步适应教育教学工作;第三阶段要强化教师学科能力,全面胜任教育教学工作;第四阶段要培养教师学科特长,注重教科研能力的培养;第五阶段要培养专家型教师,促进教与研的相互渗透和互相促进。根据教师专业发展的特点,在尊重教师的实际需求的基础上合理统筹规划教师教育培训,以校本培训为抓手,立足教育教学实际,邀请区域教研员和学科名师有针对性地开展指导培训,帮助教师解决一线教学的实际问题和困难。

二是优化民主治校、民主治教制度体系,确立教师在学校治理中的地位。建立和完善教职工(代表)大会、评议委员会等,保护教师合法权益,将教师的发言权、参与权体现在学校的重要教育决策中,提高学校民主管理水平,提升教师治校育人的责任意识。

三是建立谈心谈话制度。学校领导班子要虚心听取教师对学校管理、工作状况以及个人发展等方面的想法和建议,了解教师个人的发展潜能和工作需要,及时解决和反馈教师提出的问题及反映的情况。学校要让教师认识到自己是学校的主人,积极为学校建言献策,贡献自己的力量,形成上下齐心、同心协力推动学校发展的强大凝聚力。将教师的物质奖励与精神鼓励结合起来,引导教师正确认识自己的短板和优势,不断提升专业能力和专业素养。

② 着力加强师德师风建设,树立教师良好职业形象。

一是通过专题会议、专题培训,提高广大教师对新时代师德师风建设的重视程度,进一步明确教师的职责任务,严格约束教师的教育教学行为,以实际行动践行师德师风要求,争作新时代"四有"好教师。

二是开展与时俱进、内容丰富、形式多样的教育培训,将法律法规教育、警示教育、心理健康教育作为教师培训的重点内容,增强教师队伍的规则意识和法制素养,提高广大教师规范执教、依法执教的能力。

三是根据学校发展特色,定制教师职业装,塑造教师专业形象。利用开学典礼、教师节庆祝等活动,积极营造尊师重教的良好社会氛围。

③ 推动教科研立体式协同发展,激发教师素养提升内驱力。

一是建立教育理论和教育实践联盟,邀请教科所、教研室的专家学者,引领学校新时代教育教学改革,聚焦新形势、关注新问题,将教育教学理论与教育教学实际相结合,把握立德树人、新高考、教育现代化等教育改革发展的重大理论问题,实现教育理论与实践的深度融合,促进教育教学质量稳步提升。

二是打造学校教科研阵地,为教师提供提升育人智慧、教学能力和科研能力的通道。打破年级壁垒,成立学校学科、跨学科、班主任、导师等不同形式的教研组,同学科不同年级、同年级不同学科、不同学科不同年级的教师都可以共同开展教研活动,吃透五年的学科内容,结合学生学情,找准教学重点、难点和切入点,提高教研活动的针对性和有效性,促进教师学科专业发展。同时,突破时空约束,开展综合教研活动,促进学科融合发展,提高教师综合教研学术水平。

三是关注教师内生驱动力的支持系统。在现代教育环境中,现有的教师评价体系和模式还需要结合新时代学生发展的要求与特色,创新教师评价的角度及实践方案。学校应超前把握教育政策、教育方针,关注学生全面发展,提炼新时代教育改革对学生评价的要求,反推教师自身应具备的多元素质,在实践中有所突破,将教师教书育人的积极性、创造性和内生驱动力充分调动起来。

（2）教师层面:强化教师综合素质,推动教师队伍建设均衡发展

教师要进一步强化自身师德师风建设,以习近平总书记提出的"四有"好教师标准为指导,不断提升政治思想素质、教育理念素养、学科知识素养,实现全面的素养专业发展。

① 坚定教育理想,规范职业道德。

教育工作是平凡而伟大的。教师要有坚定且正确的职业理想,才能对学生的健康成长和发展带来正面影响。因此,学校应积极引导教师树立职业理想,在繁重的日常工作之余给教师带来幸福感及成就感。教育是神圣的事业,教师应毫不动摇地去坚守,树立正确的价值观,清楚地知道自己的人生意义是什么,不忘初心。

新入职的教师对职业道德还没有清晰的概念,首先要进行职业道德教育,让他们明晰并坚守自己的职业道德,绝不触碰底线。有一定教学年限的老教师也要不断进行职业道德教育,以加深和强化其对职业道德的理解。教师不仅要从思想上深度把握职业道德,还要有自觉的心理认同并将其转化为一种责任。

② 坚持终身学习理念,提升自身素养。

在这个信息大爆炸的时代,更需要教师树立终身学习的信念,提高自身素养。首先,学校要多为教师创造与同行交流的机会。"三人行必有我师焉,择其善者而从之,其不善者而改之",这句话在教师队伍中更能体现其意义。年轻教师和老教师的交流研讨是很好的学习形式。年轻教师更具朝气,老教师则胜在稳重。年轻教师要向老教师学习教育教学经验和严谨治学的态度,老教师要向年轻教师学习先进的教学技术。教师的交流不要局限在一墙之内,而是要走出校门,走向市、区学校,走向重点名校。只有如此,教师才能有更大的发展和进步。其次,学校应推荐教师参加培训。专业的培训是将最新的知识、教育理念及教学成果等进行普及的过程。教师一定要抓住一切机会认真钻研体会,学懂弄通,落地做实。参加培训并不是简单地听几节课、记几篇笔记,而是需要多看、多思、多想、多听,同时注重理论结合实际、自身结合现实,全面学习、深度领会、灵活应用,争取早日成为专家型教师。

③ 制订职业生涯规划,实现教育理想。

合理的职业生涯规划可以帮助教师自身成长。学校可以引导教师根据学校的五年发展规划进行自我分析和自我定位,结合自己的兴趣、特长和发展需要,科学合理地制订个人职业生涯规划,通过实现自我价值助力学校的发展。一份好的规划可以督促教师主动提升专业能力。教师应从以下四个方面自我提升:一是加强理论学习,特别是深入学习习近平总书记关于教育和教师队伍的论述,不断提高政治素养;二是充分利用学校提供的教育培训机会,促进个人综合素养的提升;三是积极参与各级各类教科研活动,与其他优秀教师、教研员、专家学者共同学习探讨教育教学问题,开阔教育视野,提升教书育人能力;四是努力提升信息化应用能力,适应智能环境下教育发展的必然需要。

(三) 教育教学改革与育人方式变革:素养全面的创新型教师队伍梯队式建设

教师队伍建设是我校现阶段建设的重点,是学校特色建设和教育改革成功的保障。如何对教师队伍建设进行科学规划是学校管理改革的重点。科学规划的根本目的是改善学校管理、提高学校的效能,促进教育的可持续发展。综合上文可以得出,教师队伍建设是一个动态发展的过程,需要学校层面与教师层面双管齐下,以"人本管理""教师胜任力"等理论为支撑,围绕素养全面的创新型教师队伍"梯队式建设"特色来规划、实施、评价与调控,从而有力地推进我校教师队伍建设工作。

1. 启动"三师"工程

(1)"师能"工程,助推专业发展

"师能"提升工程主要从教学技能的角度加速教师专业化的进程。

① 瞄准三个阶段,分层分类赋能。

1~3年职初起步阶段(育种计划):做好新教师的入职培养工作,进一步完善我校的《新教师三年带教制度》,聘请校内优秀教师承担带教任务,从师德师风、备课、上课、作业、辅导、命题、课题研究、班主任工作等多个维度加强指导,使新教师尽快适应岗位需求,为未来的职业发展奠定扎实的基础。

4~10年个性发展阶段(绽放计划):经过职初三年起步阶段的打磨,根据青年教师的兴趣与专长,建立"青年教师成长档案",进行一对一、点对点的发展规划指导,从学历提升、个性发展等多角度入手,向市、区各类名师工作室、项目工作坊等平台有计划地输送学员、种子,储备和培育优秀的新生骨干力量,积极打造一专多能、高素养、面向未来教育的青年教师队伍。

10年以上特色孕育阶段(硕果计划):针对有潜质的教师采用"一对一精准滴灌"的培养模式,做好人才孵化培育。用好市、区级各类教师发展的资源与平台,帮助教师提炼教学经验,形成教学风格。加强高端教师培养,努力打造学科领军人物。采用多种途径,积极打造人才高地,为我校今后的持续优质发展提供队伍保障。

② 开设三大讲坛,营造教师学习文化。

"花 young"讲坛:年轻教师是学校的重要师资群体,因此年轻教师的师德师风建设尤为重要。除了以老教师带新教师的方式来提升新教师的教学能力外,在师德师风建设方面,也可以由青年教师担任主讲人,开展读书活动、科研沙龙、项目主讲等多种学习交流活动,激发学习自觉性,促进理念更新。

"常青树"讲坛:邀请中老年教师担任主讲人,向青年教师分享教学经验、育人诀窍、班级管理特色、家校沟通艺术等,不断激发老教师的工作内驱力。同时,通过老教师把师德风范传承给青年教师,引导青年教师树立正确的师德观念,让我校的优良师德传统得以传承,同时扩大学校的文化宣传,增加学校的知名度。

"精英"讲坛:由市、区、校各类骨干教师担任主讲人,向大家分享各自在教育教学中的研究心得、教学主张、带教经验等,积极发挥骨干教师的辐射引领作用。通过名师引领性、示范性和实践性的带头作用,实现"名师引领、团队合作、全员提高、资源共享、均衡互补"的教师专业发展战略,完成教师资源的示范辐射、专业成长的基本使命,带动周围教师的成长和进步,联动打造学习型、专家型的教师队伍。

三大讲坛面向不同人群形成互补,在校内积极营造自觉学习、勤于实践、善于总结、乐于分享的教师学习文化。

③ 完善五大工作坊,促进专业再发展。

自 2019 年起,我校作为"黄一中心教育协作块"牵头学校,组建了语文、数学、自然、体育、道法五大学科工作坊,邀请区学科带头人、骨干教师担任学科工作坊主持人,积极发挥协作块内骨干教师的辐射引领作用,也为集团内职初期优秀青年教师的专业发展提供平台。

后续,我校将进一步完善五大工作坊的建设与管理,以作业设计、项目化、主题式、数字化等研究项目为载体,加强研究与实践,促进青年教师的专业成长,进一步发挥骨干教师的示范引领作用,促进专业的再提升,同时也为集团内师资的流动做好前期准备工作。

(2)"师爱"工程,提升育人智慧

"用真情和智慧打造师生共有的文化空间和精神家园"是我校的办学理念和育人传统。除了在全员加强师德师风教育以外,我校还将重点打造班主任"微光队"和"睛导师"追光团两支队伍,从团队提升的角度出发,打造高质量育人队伍,从而提升爱生的品质。

① 组建班主任"微光队",照亮学生发展之路。

班主任作为学生的"精神领袖",其育人作用尤为重要。我校于 2022 年 9 月成立了一支青年班主任团队,邀请资深班主任担任队长,带领一群任班主任年限不足五年的青年教师共同成长,力求通过团队的学习、研究与实践,不断提升育人的智慧,利用班主任的"微光"照亮学生的发展之路。

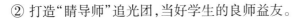

② 打造"睛导师"追光团,当好学生的良师益友。

我校"全员导师制"已经从初期在重点年级的试点顺利过渡到全年级推行。为进一步加强学生发展指导,落实立德树人根本任务,提升教师育德能力和家庭教育指导能力,推动教师成为学生健康成长的引路人,我校组建了一支师德高尚、教学严谨、有创新活力的高素质教师队伍——"睛导师"追光团。这个团队旨在建立起教师间问题探讨、经验交流、案例分享和育人教研的良好机制,让"睛导师"以仁爱之心和专业之力关爱呵护每一个"睛宝宝",陪伴他们度过"睛"彩童年,拥抱"睛"彩未来。

（3）"师养"工程,促进教师身心健康

教师的成长需要外部推力及内部动力共同推动。外部推力主要指提高工资待遇、增强培训力度、提升教师的社会地位等;内部动力主要指教师应抓住机遇、迎接挑战,以积极乐观的心态应对工作,冷静自持地处理工作上的各种难题,在工作中逐步获得教育教学成就感,增强专业发展意识。身心俱健的教师群体是保障学校高质量发展的中坚力量。"师养"工程旨在通过多种途径为教师注满成长的养分,促进个人素养的全面提升,激发工作热情,提升职业幸福感。

① 开设"师养"课堂,提升教师综合素养。

由工会牵头,统整思考教师的社团活动,从人文素养、艺术素养、书香素养、形象气质、身心健康等多个维度切入,形成校本的"师养"系列课程,培养教师的多种兴趣爱好,提升教师的个人综合素养,成为丰富教师精神生活的重要载体。

人文素养:话剧欣赏、游览衡复文人故居、海派戏剧观赏。

艺术素养:茶艺体验、美学修养之摄影时光、插花艺术。

书香素养:露天书市活动、荐书沙龙、阅读心语分享会。

形象气质:教师的礼仪素养、玩转色彩搭配、教师形象打造。

身心健康:瑜伽体验、饮食与健康、正向心理与幸福。

② 美化办公环境,激发工作热情。

鼓励教师参与校园内部的建设及管理,不断优化教师的办公环境,营造温馨的氛围,让教师心情愉悦地投入工作;给予教师人文关怀,丰富教师的业余生活,使其减轻工作及生活压力,激发工作热情,增强归属感与责任意识,并且内化为自觉发展、积极应对各项挑战的正能量。

2. 完善十大保障机制

（1）学习方面

① 校本研修机制。

面向全体教师，以不断提升师德素养和专业能力为目标，以校本培训为主要抓手，倡导集中学习与自主学习相结合，关注教师信息素养和应用能力的提升、面向未来的综合能力和创新能力的培养。注重多样化的培训形式，如小组讨论、影片观摩等；注重教师的职业道德与专业素养培养，同时保证教师休息时间，应避免培训时间过长及次数过多的现象。在经济条件允许的情况下设置专项培训基金，定期邀请教育专家、优秀教师等开展讲座并进行专门的教师指导。

② 学习分享机制。

借助"花 young"讲坛、"常青树"讲坛和"精英"讲坛，鼓励不同群体的教师定期分享交流学习心得与感悟，在校内营造自觉学习、勤于实践、善于总结、乐于分享的良好氛围。我校注重发挥党员教师、优秀教师的带头作用，通过学生心目中的好老师、优秀教师评选等活动，激发全体教师的工作热情，恪守师德师风准则，从而达到强化教师职业道德的目的。学校还可以通过正面引导的方式，用教育史、社会上的优秀教师案例唤起教师的职业操守和热情，强化教师的职业道德。

③ 青年教师轮岗培训机制。

对于在教育教学一线表现出色、有一定的管理协调能力和创新精神的优秀青年教研组长、班主任或特色教师，我校采用轮岗培训的方式，与后备干部培养相结合，逐步形成干部梯次结构，充实中层领导班子的合理配置、优化组合。

此外，我校倡导教师继续教育的意识，牢固树立教师终身学习的观念。通过组织岗前培训、鼓励攻读在职硕士学位、举办各类型的教育研讨会等途径提升教师专业化的水平，提高小学教师的专业发展水平、学历层次及素质水平。

（2）专业发展

① 师徒结对带教制度。

积极发挥校内优秀教师的引路人作用，通过师徒带教模式组织开展新教师的三年带教工作，使新教师尽快适应岗位需求。教学相长，带教过程中也能促进师父的专业再发展。

② 项目微报告发布机制。

对于已形成校本特色的项目,如学习空间重构、项目化学习、党组织领导下的红色思政课程开发等,可邀请青年教师以项目微报告的形式向市、区来校交流的团队进行介绍,在任务驱动中培养青年教师的提炼总结能力。

③ 骨干教师学术休假制度。

对于市级骨干教师和区级学科带头人,我校拟增设每年三到五个工作日的学术休假机制,鼓励教师对教育教学工作进行阶段性反思、总结、提炼,从而更有质量地发挥辐射引领作用。骨干教师每年在专业期刊上发表一到两篇论文,合并科研成果,给予汇总出版。

（3）人文关怀

① 青年教师关心培养机制。

以新教师为重点培训对象,建立"青年教师成长档案",从学习、工作、生活等全方位关心青年教师的成长,同时还要根据不同教师的需求展开有针对性的培训,解决教师现实困境。利用市、区各类教学比赛和项目展示交流等多种平台,积极打造一专多能、高素养的青年教师队伍。针对有潜质的教师,采用"一对一精准滴灌"模式,做好人才孵化培育。

② 老年教师休假机制。

在不影响正常教育教学工作的前提下,拟对校内 50 周岁以上的老教师增设每月半天或一天的人性化休假制度,适度缓解老年教师身体状况普遍较差与高强度教育教学工作之间的矛盾,体现我校对老年教师的关爱与照顾。

（4）奖励方面

① "兴南基金"奖励机制。

"兴南基金"作为我校推动教育教学改革,激励教师锐意进取、创造性开展工作的专项奖励基金,拟进一步完善在学历提升、职称晋升等方面的激励作用,鼓励教师不断进取,终身学习。

② 专业发展团队奖励机制。

在鼓励教师个人教育教学素养全面提升的进程中,倡导团队的融合共进发展,每学期在绩效奖励中对团结协作、风清气正、能充分发挥团队协作进取精神并取得成效的教研团队予以奖励。

（四）阶段性成果

1. 突破:以高质量党建引领教师队伍建设的起步

第一阶段即突破。把旧思想、旧观念、旧习惯彻底打破,把党的领导落实到学校教育工作的各方面各环节,以高质量党建引领高质量发展,传授新的教育思想,并将之内化为教师的教育理念。

（1）加强党的全面领导,推动党建工作提质增效

深入学习习近平新时代中国特色社会主义思想和党的二十大精神。党支部认真落实局党工委关于理论学习中心组的学习意见、"三会一课"主题党日学习教育工作安排的通知,通过专题学习、"师说"报告会、工作提示、书记党课、党员宣讲等形式,及时组织党员教师先后学习了党的二十大报告、两会精神、习近平总书记关于教育的重要论述等重要讲话的精神,深入学习领会新时代十年伟大变革的里程碑意义,尤其是深入学习习近平总书记关于教育、科技、人才的重要论述。

（2）抓牢三支队伍,努力提升教师素养和内涵

选优做强,激发干部队伍活力。党支部进一步完善选人用人机制,根据我校工作实际情况,安排校级后备干部严斌、赵健在校跟岗锻炼;推荐支持严斌、万懿仪分别参加上海市信息技术学科德育研究实训基地、"时代楷模"吴蓉瑾情感教育名师工作室的学习;推荐中层后备干部蒋婷婷、曾臻进入教育系统的"优秀青年库"。

牢记初心,增强党员教师使命感。对照标准,2022年度发展了1名预备党员。目前,支部共有党员教师31名,占全体教师的40%;在12名行政干部中,党员11名,占92%;党员教师占全校骨干教师的77%,占教研组长的71%。党员责任区遍及各年级、各班组,增强了党的工作的影响力、渗透力。本年度党支部通过多种形式组织党员学习了党的二十大精神,重温入党誓词、开展"我的入党故事"分享活动等,不断增强党员教师的责任感和使命感。

对接目标,梯队建设创新型教师队伍。启动"师能、师爱、师养"三大工程,成立了班主任"微光队"和"睛导师"追光团,助推专业发展,提升育人智慧,促进教师身心健康。本年度,我校选送三位成熟型教师参加格致教育集团"学科与

管理"骨干教师的挂职培训,推送有潜力的青年教师参加上海市中小学体育青年骨干教师研修班和高级研修班、格致教育集团科研骨干培训,选送青年教师参加上海市青年教师基本功大赛并获二等奖。

2. 蜕变:"三师"工程,构建科学的教师建设系统

本阶段大胆改革旧有的制度,形成新的观念和模式。为应对校内老龄化、年龄结构断层等突出问题,我校于 2022 年 10 月申报参加了黄浦教育综合改革——"教师队伍建设项目",组建研究团队,从实施基础、达成目标、主要任务、预期成果等方面进行了深入思考和系统梳理,撰写了"素养全面的创新型教师队伍梯队式建设"项目申报书。2023 年 3 月,我校作为教师队伍建设改革项目的攻关校,参加区级项目启动会议并做交流,得到与会领导的充分肯定。目前,我校已经全面启动"三师"工程,即"师能""师爱""师养"三大工程。具体内容前文已详述,此处不赘。

3. 激活:循序渐进推进集团化教师联动队伍建设

教师队伍建设的最后阶段,是要建立一个机动灵活而又相对稳定的教师管理制度,充分调动教师发展积极性和主动性,推动学校的改革发展。

(1) 教研重实效求深度,教师培养重个性、求广度

教师的专业程度对课程实施的影响至关重要,有效的教研活动能促进教师的专业发展,教研组建设关乎教师团队"面"的提升。

一学年以来,教导处组织各教研组认真学习《义务教育课程方案(2022 年版)》和各学科义务教育课程标准,落实《上海市教育委员会关于做好小学语文等学科段高质量校本作业体系设计与实施指南(试行)落实工作的通知》,以"作业设计、作业评价"为关键词开展教学研究,深耕"作业设计",校本作业体系已有雏形。期末,各教研组进行了交流总结,主题汇总如下:

表 5-2　校本作业设计汇总表

一年级语文	新课标下的一年级语文单元作业设计
二年级语文	基于绿标测试的单元素养作业设计研究
三年级语文	主题活动及作文教学设计
四年级语文	教学评一体化的单元作业设计

(续表)

五年级语文	设计趣味作业,丰富学习体验
低年级数学	基于新课标构建单元作业设计
高年级数学	因材施教,多渠道助力作业设计
英语	新课标背景下的小学英语作业设计
音乐	音乐项目化作业设计——音画作业实用性探索
体育	学、练、赛视角下的体育作业设计与实施
美术	微项目驱动的美术课堂与评价
自然、劳技	聚焦作业设计提"师能"
探究	着眼于信息素养养成的有效的课堂作业设计
道德与法治	基于学科素养,"道法"课堂作业设计

青年教师的打造关乎教师团队"点"的挖掘。我校坚持开展"青年教师三年满师汇报"展示活动,既为职初期青年教师搭建平台,又助推了教师间的跨学科交流。"萌芽杯"比赛、"新秀教师"选拔、"格致教学集团骨干"遴选……我校尽可能为青年教师创造多种机会,并依据青年教师自身特点有针对地开展指导培养,促进其专业成长。

(2) 借助项目研究,推动内涵发展

作为市项目化学习三年行动计划种子校,我校积极推进市项目组要求的各项研究任务,并结合黄浦区综合改革要求,组织教师参加市(区)级相关研修和工作坊;围绕学校综合改革的研究主题和内容,在校内积极推进该项目的研究。具体包括以下几个方面:

定期开展校本研修,促进教师专业发展,提升研究内涵和质量。本年度多次开展有主题的全校性校本研修活动,其中还有几次跨校项目化学习联合研修活动:与上海市教科院实验小学联合开展了主题为"让'项目化学习'在校园真实发生"的校本研修;与普陀区中山北路第一小学联合开展"提升项目品质 加强综合实践"的校本研修。在校际交流中互相学习,共同成长。

广泛开展行动研究。我校为项目组教师购买了市项目组新著《预见"新学习"》,结合各教研团队和青年教师的自主研修,提升理论学习质量。同时,以教研团队为单位开展学科项目化课堂实践研究,并基于探索,撰写了学科设计与实施案例。另外,我校还进一步推进"睛彩一中心"学生综合评价平台工作,从三年级全员试点评价操作,到全校试点评价推进,最终每位学生拿到了一张个性化的、指向素养评价的数字画像。

积极展示阶段成果。学校及项目组教师抓住各类平台的展示机会,展示阶段性成果。2022年9月初,校项目组在项目化学习评价方面探索所形成的阶段性成果《学校项目化学习评价体系如何构建?》发表于"预见学习"公众号。10月,学校完成了上一轮创新教育项目的结题报告并参与了现场答辩。此外,校项目组教师向市项目组教育资源库报送一篇学校变革案例、两篇教师成长案例以及数篇项目化学习案例。《创新之路:面向未来的校园新生态构建》一书初稿完成。

（3）深化共建共享,促进紧密型集团建设

2022学年,"黄一中心教育协作块"一如既往深入贯彻市、区工作部署,在落实紧密型学区集团建设的基础上,以创建"上海市实验性高质量学区集团"为契机,认真学习《上海市示范性学区和集团建设三年行动计划(2023—2025年)》精神,持续开展以龙头学校引领和成员学校互助为特征的教育协作模式,加强课程与教学的共研共享,进一步通过管理与研训联动、课程与活动共享等方面的实践探索,推动六校高位优质均衡发展。

2022学年,"黄一中心教育协作块"继续加强语文、数学、自然、体育、道德与法治五个学科工作坊的建设与管理,将第一轮学科工作坊的工作进行了总结,评选了14名优秀学员并颁发证书,以资鼓励。同时,开始启动第二轮学科工作坊,组织了来自六所学校的51名学员加入五个工作坊的团队进行学习,并组织各学科工作坊围绕"作业设计""项目化学习""数字化转型""素养培育"等当下热点制订工作计划,在主题引领下开展研究活动。各学科工作坊研究主题汇总如下:

表5-3　学科工作坊研究主题汇总表

学科	研究主题
语文	小学语文学科单元高质量作业设计与指导的探索与实践
数学	基于单元视角下的高质量数学作业设计(以五年级为例)
体育	跨学科融合课例研究

（续表）

学科	研究主题
自然	数字化转型助力科学素养培育
道德与法治	思辨,提升道德思维品质——基于核心素养,培育小学生正确价值观的课堂实践研究

五大学科工作坊在主持人的引领下积极开展课堂教学的研究与实践,青年教师纷纷崭露头角,多人在市、区各类教育教学比赛中获奖。

工作坊主持人由集团内九位区学科带头人和骨干教师担任,通过在集团内的柔性流动,积极发挥了骨干的辐射引领作用,有力促进了集团各校师资队伍的人才梯队培养。

另外,我校还积极支持两位骨干参加了跨集团的流动:体育教师张卫东从2022年9月开始即作为区学科带头人流动到黄浦区教育学院,担任体育兼职教研员;英语教师曾臻作为区骨干教师,流动到上海市实验小学。

通过组织集团内的人才柔性流动和跨集团流动,深化共建共享,对推动区域教师队伍建设、提升区域整体教育品质作出了积极贡献。

二、教师个人专业成长故事

(一) 学校管理多面手——鲁晓微老师

鲁晓微是黄浦区第一中心小学副校长,中学高级职称,语文学科区级骨干教师,黄浦区语文学科中心组成员。鲁老师从教多年,曾获黄浦区"教书育人好老师""黄浦教育优秀工作者"和"上海市园丁奖"称号;多次参加区课堂教学评比,荣获二等奖;参与研究的总课题"小学低年级学生综合素质培养"和领衔的课题"小学中高年级作文学习潜能开发的环境创设研究"在区科研成果评选中分获二、三等奖;曾在上海市"我心目中的好老师"评选中获银奖,获得"上海市模范教师"称号。

"温柔又有力量"是教师们形容鲁老师最多的一句话。在工作中,教师们时刻感受到鲁老师让人如沐春风的关心。同时,鲁老师一丝不苟的工作态度也推动着学校的高效发展。将"冷冰冰"的科学管理与"暖融融"的人文管理融合得

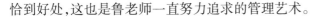

恰到好处,这也是鲁老师一直努力追求的管理艺术。

1. 教学管理

鲁老师在教学管理上不断求先进。她及时了解掌握未来教育改革的方向,进一步明晰自己作为教育工作者的使命与担当,在学校有针对性地开展"五育"并举的高质量管理。

"双减"之下该如何科学地实现"作业减负"？黄浦区第一中心小学将校内作业管理进行了全面升级,研发设计了作业管理网络平台,取代原先纸质的《作业统筹记录表》。这不仅增强了各科教师的作业统筹意识,也更高效精准地减轻学生的作业负担。

科学"减负"的成功离不开鲁老师作为分管领导提供的教学管理智慧。鲁老师发现,传统纸质《作业统筹记录表》存在流转不方便、作业统筹缺乏及时性等不足。教师只能看到自己学科的作业情况,很难同步了解整体局面,而且学校行政管理人员看到记录表的时间也比较滞后,较难及时统筹协调全校的作业量。

什么样的作业能更好地促进学生全面发展？带着这样的思考,学校着手研发作业管理网络平台。全校所有学科的每一名教师都有登录权限。教师在平台上报备作业时,可选择作业类型,如书面、口头、探究、实践、艺术等,作业属性涵盖弹性作业、分层作业、长周期作业、跨学科作业等。"平台的使用体现了作业设计的导向作用,促进了作业形式的丰富性。"鲁老师说。系统的预设提示教师在布置作业时,要多维度地思考作业类型的多样性。教师布置作业不再是传统的"一刀切"和"整齐划一",而是更加关注学生的差异性,有针对性地让学生在原有基础上提高学业水平。

2. 教师培养

鲁老师对教师培养是用心的。鲁老师坚持学习教育部颁发的最新文件,如在学习了2022年版义务教育课程方案和各学科课程标准后,辐射全体教师,共同进行研究、探讨。她的用心不仅在于对课程、课业的潜心钻研和不懈探究,更在于她对教师们无尽的爱心和无悔的初心。

鲁老师一直用赏识的眼光看待学校的每一位教师,挖掘教师们独特的闪光点。对见习期、规培期以及"后规培时代"的青年教师,鲁老师会请区教研员来听课,并组织主持集体评课,帮助青年教师飞速成长。2022年,鲁老师申报了黄浦区新一轮教育综合改革示范项目"素养全面的创新型教师队伍梯队式建设"。对于成熟期教师、教研组长、骨干教师、学科带头人乃至名特优教师,鲁老师积极搭建平台,请专家来指导教师们的教学成果。

3. 教研深入

虽然身处繁忙的管理岗位,但作为学科分管领导,鲁老师只要有空,便深入教育教学一线,与教师们一起开展教育研究。几乎每一次展示观摩课,鲁老师都认真地观摩、记录,课后再组织教师、专家进行课例研讨。在鲁老师的影响带动下,课堂上、备课室里,越来越多的教师集体备课、共同教研,一起解决课堂中出现的真实问题。一次,在观摩了两位见习期教师的教研公开课后,鲁老师发现他们的教学设计能力急需提高,便召集同组资深教师与数学教研组长,共同为两位见习期教师把关,提高能力。

在鲁老师的带领下,学校教研氛围更加浓厚,各学科的备课活动也日益专业化,教研组文化特质进一步凝练。学校教师多次在各项评比、赛课中大放异彩,不断涌现出区级骨干教师。

作为"黄一中心教育协作块"的牵头学校,学校协同六所学校,通过管理互通、师资共享、研训联动等方面的实践探索,科学整合各项优质教育资源,推动了块内学校之间资源共享、优势互补、均衡发展。2022 年,"黄一中心教育协作块"各项工作的正常开展受到很多阻碍。但在鲁老师的带领下,各学科带头人还是利用好现有的资源,继续深化"黄一中心教育协作块"紧密型集团建设,加强语文、数学、自然、体育、道德与法治五个学科工作坊的建设与管理。

4. 管理智慧

2022 年初,学校三个月的高质量线上教学成果背后,离不开鲁老师付出的管理智慧。

鲁老师作为主要的分管领导,与学校在线教学专班的成员制订了切实可行的在线教学工作方案。通过视频会议形式,从备课、观课、师生互动、作业设计与批改、个别辅导五个方面向全体教师布置了具体要求,确保各项工作得以落细落实。之后,鲁老师协同校长、市教导处坚持动态管理,落实线上的巡课机制,一周一总结,一周一提示,及时发扬亮点,弥补不足,推进在线教学工作走向更规范、更高效的良性轨道。

2022 年上半年,学校在线教学期间的诸多特色与亮点受到媒体的报道和上级部门的好评。但进入到下半年,要维持好正常的教育教学秩序变得更为艰难。9 月至 11 月,不断地有教师无法到岗,多则十多位,少则五六位,每天甚至每个时段都需要及时调整。鲁老师一接收到教师无法到岗的消息,就立刻联系在校教师,填补人员空缺,避免影响教育教学工作。进入 12 月,学校转为线上线下同步融合式的教学。一班一课表,在家的教师居家上网课,到校的则在教室上网课。多样化的在线教学共存模式最大限度地保障了教学秩序。在鲁老师的协调管理、全体教师配合下——特别是很多老教师克服了技术上的障碍——确保了学校教育教学工作的正常开展。

教学的高质量发展、教师的积极进取、教研的不断深入,都离不开学校管理者的综合素质和用心管理,鲁晓微校长是实至名归的学校管理多面手。

(于 洁)

(二)学科发展引路人——张卫东老师

张卫东,黄浦区第一中心小学体育教师,中学高级教师,连任黄浦区小学体育学科带头人,现任黄浦区小学体育中心组组长、"黄一中心教育协作块"体育学科工作坊导师。曾荣获"黄浦区园丁奖"、上海市第十五届运动会"上海市活力园丁提名奖"等荣誉称号和奖项。

1. 紧跟时代需求,探索课堂新样态

"在学中做,做中学"的教育思想和教育观念是教育改革的先导。随着科技、文化的发展,传统教育观念和思想正在经历着社会的考验。当前在教育领域人才培养目标和教育方向等方面暴露出来的一些问题足以说明,原有的如培养计划、升学导向等旧思想及旧模式已经阻碍和制约了教学的改革。

21 世纪初,在上海"二期课改"的进程中,为了有效遏制青少年体质下滑的趋势,学校体育课时比重由原先的每周 2 课 2 活动,增加到每周 3 课 2 活动,从而确保学生每天在校活动一小时的要求。但当时的专职体育教师人数远不能满足课时增加的需求,50% ~ 80% 的体育活动课由非专职体育教师承担,体育活动课的量与质都无法得到有效的保证。张老师敏锐地察觉了这一关键问题,从改善青少年体质的核心思想入手,积极开展"探索小学'1+N'的体育活动课模式,提高体育师资队伍建设的研究"课题。通过发挥专职体育教师在体育活动课团队中的设计、引领、指导等作用，影响、改变其他团队成员的教学行为，从而提高团队整体驾驭体育活动的实施能力，切实促进小学生身体素质的全面提高。通过一学期的实践，课题获得了阶段性成果，教师和学生的行为发生了很大的转变，学生参与活动的时间得到了保证，健身的效果也有了质的飞跃。同时也在校园内构建起了"人人是体育工作者"的大体育观，改变了以往只有体育教师是学校体育工作者的单一局面。与此同时，张老师撰写的案例《特殊的体育教师》获黄浦区案例评比一等奖。

2. 探索教育逻辑，助力青师新风貌

张卫东老师不仅专注于学校体育课堂新样态的探索，作为区内权威级的小学体育学科带头人，而且不遗余力地为校内青年教师的成长出谋划策，将教育背后的深层逻辑介绍给青年教师，助力其成长为成熟型的新时代体育教师。

"这节课你到底要教会学生什么？"每次听完课，张老师都会问组里的青年教师这个问题。其背后原因是青年教师设计课堂时往往只想着教学手段的堆叠，导致设计出来的内容杂乱无章，没有重点。如何精准地设计课堂的教学重点及内容正是青年教师迫切需要补足的短板。

区别于传统单向灌输的指导方法，张老师通过"授人以渔"的方法，基于"单元的形成""单元架构方法""结构化整体性思考"等内容，借助"微论坛""微讲座"等形式，将其背后应当遵循的底层逻辑和背后原因逐一拆解给青年教师。

除了指导本校的青年教师外，张老师还作为"黄一中心教育协作块"体育学科工作坊的主持人，为区域内的青年教师制订职业发展计划。从教学语言的生动简洁、科研论文的严谨明确、动作技能的规范美观出发，全方位地打磨青年体育教师的基本功，为黄浦区小学体育学科培养了一批又一批的青年骨干教师。

刚到徽宁路第三小学开展蹲点助教活动时，张老师发现基层教师都怕上课。为了打消基层教师的顾虑，张老师引用导师的话："成功和失败的课具有同等的价值。好课是应该有点缺陷的，是能引起大家共鸣的。"同时主动提出自己先进行试验，供大家研究。异地借班教学具有很大的挑战性，它要求教师以学定教，对教材进行全面而深层次的理解和内化，对课堂突发事件具有预见性和应变能力。"同学们，真有精神！"微笑、表扬的策略起到了效果；优美、规范的动作示范激发了学生学习的兴趣;口诀式精练的语言便于学生领悟与模仿;开放的分层学练情景让学生迸发出挑战的热情……35分钟很快就结束了,张老师有针对性的、实用的教学手段获得了基层教师的认同,也激起了教师们聚焦课堂、探究研析的动力。

"共同探讨、共同进步,我们是学习共同体。"这是张老师在与广大青年教师交流时经常挂在嘴边的一句话。作为黄浦区小学体育学科带头人,执教三十多年来,张老师对课堂中各处细节的把握都已能够了然于心。但随着时代的快速发展,课堂中新技术、新应用的迭代也越来越迅速,这对张老师来说无疑是一个不小的挑战。虚心请教青年教师、反复观看操作指南,都成了张老师工作中的"新日常"。正是这样"终身学习"的心态,助力张老师在体育学科的道路上持续发展。

2023年下半年,张老师还参与了上海市小学一、二年级《寒假生活》和人教版小学《体育与健康》教材的编写工作。近年来,参与黄浦区立项课题"小学低年级运动主题综合活动的设计与实施"、黄浦区教育学院教研室"十四五"重点课题子项目"学科素养视角下的游戏化学习设计与实践",指导区内兄弟学校青年教师完成立项课题"小学体育教学单元问题链设计与实践的研究""分层升降机制在校园足球训练中的实践研究"等。

张卫东老师就是这样一名平凡而又不平凡的基层体育教师,凭着对教育事业的执着,对体育事业的热爱,坚守在课堂中,驰骋在操场上。用爱去耕耘,用智去播种,用心去培育,坚定地做体育学科发展引路人,为体育教育添上浓墨重彩的一笔。

(姚杰筠)

(三) 班级"孩子王"——赵珺老师

在二十多年的工作中,赵珺老师始终以饱满的工作热情、永不停止的进取精神,在三尺讲台上践行着自己的职业理想。她的教育理念是:虚心求教,刻苦钻研,坚守岗位,以育德树人为己任,用真心伴成长。

从钻研思想品德教育和语文教学,到带班荣获市(区)级优秀集体,再到荣获黄浦区优秀少先队辅导员、优秀班主任等称号,赵老师不仅在教学上得心应手,而且在育德树人上屡获褒奖。这些荣誉是赵老师在二十多年里坚守教育理念,以育德树人为己任,用真心陪伴学生成长的证明。但是,与她日复一日的钻研、年复一年的坚守所付出的汗水、挥洒的心血比起来,这些荣誉又显得那么的单薄。

1. 从自我钻研到改变课堂,做钻研教学的"孩子王"

2018 年,赵老师成为市项目化学习种子教师。她将项目化学习的方式引入道德与法治学科教学,创新课堂。以整合单元学习内容的方式,设计了学习活动,撰写的《与班级共成长》荣获第二届"学习素养·项目化学习"案例评选一等奖(全国)。学生都很喜欢这样的学习活动,对赵老师也是又尊敬,又喜爱。

赵老师一直坚持认真钻研教材,虚心求教,努力提升思政课堂实效。她在课堂上循循善诱,引导学生集中注意力于课堂学习;课后与学生打成一片,跟他们聊天、谈心,非常重视学生的问题反馈,为他们解答感兴趣的问题。赵老师就像是学生的大朋友,跟学生融洽相处。这些做法成就了赵老师。她成了区品德与社会学科中心组成员,积极参加市(区)各级各类思政教育教学活动,在展示和评比中提升育人品质。

2018 年,赵老师在市教育教学视导反馈活动上,代表协作块思政学科联合教研组作了题为"项目引领促教研,集团扩容齐共进"的发言,得到专家肯定。2020 年春,赵老师带领我校道德与法治学科核心团队成员认真参与区级线上教研活动,合理安排各年级课程进度。同时,她还参与了四年级市"空中课堂"备课组,完成了 3 课时的备课任务。在挑战中不断进步,也向学生展示了合作共进的力量。

2010 年 9 月至 2019 年 6 月,赵老师曾担任语文学科组长和年级组长职务。对于语文教学工作,她始终抱着一丝不苟的态度。赵老师善于帮助学生梳理知识,从低年级的识字教学到中高年级的篇章理解,赵老师总是从学生的实际出发,设计学生喜欢的教学活动,让学生在不断实践中掌握知识、养成习惯,提高学习素养。在 2019 年下半年的绿色指标测试中,赵老师带领的年级组考出了全区语文学科第一名的好成绩。

无论是在课上还是课后,赵老师都像是班级里的"孩子王",深受学生的爱戴。

2. 从教学先锋到班级领袖,做循循善诱的"孩子王"

作为一名德育工作者,赵老师秉持身正为范、学高为师的理念,严格要求自己,耐心对待学生,以自身的不断进步为学生的成长树立榜样,并努力践行着自己的教育理念。

赵老师了解学生的心理特点,做到沟通在心上。沟通要讲究方式方法,是主动沟通还是静心等候,是课上沟通还是课下沟通,她时时细心斟酌,总是尽自己所能给予学生最及时的帮助。

不管教育教学工作有多忙,作为班级"孩子王",赵老师不仅没有停止自己的学习,而且发挥带头榜样作用,向学生传递正能量。在教学过程中,她始终奉行学习共同体的原则,寻找学生喜欢的教学方式。

赵老师一直注重与家长的交流,真正落实好家校沟通,并据此有的放矢地展开工作。她每个假期都组织班级亲子活动,邮政博物馆、世博博物馆、乒乓博物馆、中国特色博物馆等,都留下了她的班级的足迹。这一传统活动深受家长的欢迎,既增进了与家长、学生间的了解,又逐步达成家校共同的教育目标。

赵老师的细心与耐心不仅仅体现在教学方面,在日常班级管理上也体现得淋漓尽致。她结合道法教材内容,以项目化学习的方式开展班级管理,开展了为期一周的"与班级共成长"项目活动,不仅带领学生制订了新班规,还有力激发了学生遵守新班规的积极性。

班级里学生的成长变化最能体现班主任的管理能力。学生小 A 一年级入学时任性跋扈,经常肆意发脾气,打断老师讲课。赵老师并没有采取传统的批评教育的方式,而是通过观察,发现小 A 虽然脾气大,但是一个能分是非的孩子,只是情绪管理能力弱,于是采用慢一步的教育方法,遇事先让小 A 冷静五分钟,再和他一起复盘事件,厘清是非。这样的教育对小 A 很有效。如今三年级的小 A 已是班级的体育课代表,情绪管理也好多了。赵老师的班上曾经有一名学生家里着火,她赶紧去家访,与家长沟通,给学生送去了书包等物品,还在班级里组织爱心捐款,在最困难的时候给学生的心灵以慰藉。

3. 从踏实精业到探索创新,屡创佳绩有追求

从项目化学习活动到日常工作学习,再到参加班主任工作坊钻研班级管理方式方法,无不展现了赵老师的认真好学、刻苦勤奋、有责任有担当。她获得的

诸多荣誉就是不断努力进取的结果。

项目化学习方面,2019年5月,赵老师参加上海市教育科学研究院普通教育研究所和上海学习素养课程研究所举办的第一届"学习素养·项目化学习种子教师"工作坊培训并取得结业证书。2020年9月,《与班级共成长》荣获第二届"学习素养·项目化学习"案例评选一等奖。

班级管理方面,赵老师所带的班级曾先后荣获市(区)级优秀集体,所教学生及学生家庭曾获区好苗苗称号、区优秀队员称号、区幸福家庭金奖。2020年12月,她在上海市第四期中小学班主任带头人工作室培训中被评为优秀学员,并获得黄浦区学校优秀班主任称号;2021年6月,获得黄浦区第七届班主任基本功竞赛小学组二等奖;2021年9月,荣获上海市黄浦区园丁奖。

教育教学实践研究方面,在新媒体时代,赵老师率先尝试用微信组织班级家委会,开展家庭教育的在线指导。她撰写的论文《微信——让评价更多元化》,获得了《现代教学》2014年度优秀教学论文三等奖。她在《黄浦教育》2021年合刊发表的《1+1≥5——基于道法学科的班主任育德途径实践探索》一文被评为2021年度优秀论文。

党政教育方面,2014年,赵老师荣获黄浦区优秀少先队辅导员称号。她曾多次参加区班主任基本功大赛,分获一、二、三等奖。2018年,赵老师成为市级骨干班主任蒋雯琼工作室学员,并取得优秀学员的佳绩。

正是这样一位全面发展展宏图的优秀教师,全身心地投入教育事业,在学生的成长道路上扮演着燃灯者的角色——手执明灯,以自身为灯芯,照亮一代又一代学生成长的道路,为他们点亮前进的方向,也为自己的教师生涯创下一片艳阳天。

(马星辰)

(四)专业发展新秀——谢丽娜老师

谢丽娜,黄浦区第一中心小学数学教师,现任黄一中心数学教研组组长。她时刻严格要求自己,在教育岗位辛勤耕耘至今,曾荣获教育信息化大赛教师作品一等奖、见习教师"弘扬师德师风"演讲比赛二等奖、见习教师"萌芽杯"教学比赛一等奖、见习教师规范化培训优秀学员等成绩。

在专业发展上,她求知若渴,虚怀若谷。遇到问题时,她不会放过任何一个可以学习的机会,总是虚心地请教前辈和同事,注重提升自身的专业知识素养。在日常的教学工作中,她力求做到精益求精。同时,她还会利用自身熟练的信息和媒体技术解决同事的困难。在教育工作上,她勤勤恳恳,兢兢业业。对待学生,她循循善诱,公平客观。在与学生的相处中,她秉持师生之间的平等相处的原则,一腔热情待学生。面对学生的疑问,她耐心引导,一心一意去拥抱呵护每一位学生。

1. 初出茅庐

谢老师刚走上工作岗位的时候,对数学教学没有什么特别的想法。她按照传统的方式模仿着教学,课堂往往处于一个高控性的状态——老师说什么,学生就去做什么,课堂毫无生气。教学一段时间后她渐渐意识到,当今的教育背景下,课堂是培育学生学习能力与素养的主阵地,课堂需要转型。怎样从高控性课堂转型为低控性课堂? 要注重学习素养培育课堂的三大要素:情境、规则还有工具。创设这样的学习情境,学生才能更加自由地探索和发展自己的学习方式。

有了新教育理念,谢老师反思自己的教学,发现了教育的意义和重要性。她意识到,在课堂上应以学生为主体进行教学,教师的角色更多的是引导者和辅助者,而不是强制的控制者。为此,她做出了相应的努力,积极寻找提升教学能力的路径。

谢老师开始尝试将某一节课转型为低控性课堂。她十分注重情境的创设。情境不仅需要有挑战性、真实性,还要具有趣味性,这样才能把学生很好地带入问题学习情境当中。谢老师所做的《圆的初步认识》教学设计,跳出了常规课堂的教学程序。课前,她提出有兴趣的学生可以自己先在家里制作一些画圆的工具。课中,她创设了一个做圣诞节贺卡的情境,并为学生提供画圆的工具,引导学生选择使用不同的工具,运用不同的方法尝试画圆。在这样一个真实而又具有趣味性的情境中,谢老师把任务放给了学生,让学生自主探究用不同的工具画圆。这样的学习方式很受学生喜欢,课堂获得了极佳的效果。

2. 力争上游

在不断的尝试和教学中,谢老师深深地意识到,自己应该去追求、去打造课堂。这既是为了自身的专业发展,也是为了每一名学生的发展与未来。在之后的日子里,谢老师积极参加学习与培训,阅读了大量的教育书籍,参加了各类教育研讨会和培训,向学者请教,与同行交流,从中学习到了许多实用的知识和技巧。她开始尝试运用新的教学方法活跃课堂,吸引学生积极探究,提高学生的学习兴趣和参与度。

不久,学校推出了项目化学习的计划,谢老师抓住这一契机提升自己。她深入研究各种教育课程和项目学习的理论,了解其他学校的一些成果,并投入了大量的时间和精力来设计和实施项目。她发挥自己的创造力和想象力,为学生设计生动有趣的课堂,只为做出出色的项目化学习计划,帮助学生更好地理解和应用所学知识。

在项目化学习的实践中,谢老师也经受了挑战。她需要在项目设计、学生管理、资源调配、情境创设等方面不断思考,不断改进,寻找最佳实践策略,并不断调整自己的支持策略以适合学生探究能力,更好地满足学生的需求并实现项目的目标。

3. 学有所成

在一次假期前,谢老师了解到高年级学生每年寒暑假都需要参加"小学生社会实践护照"的打卡活动。这项活动旨在让小学生走进各个教育基地,在观赏和游玩中提升爱国情怀,意义重大。这项活动往往以中队和小队雏鹰假日活动的方式开展,学生更喜欢以小队为单位自行组织、计划活动,是锻炼学生能力的一个重要途径。但因为活动是在假期,学生参与活动的积极性并不高,较为敷衍。如何才能提高学生的积极性呢? 作为班主任的谢老师对于学生参与活动的情况最为了解。她首先关注学生的兴趣需求,拟将有意义的活动设计成学生的所爱。"护照"中的打卡地点有地图指引,又考虑到小队活动的自主组织性,她设计了"雏鹰假日小队护照打卡攻略"这一项目化学习内容,让学生结合项目化学习与"雏鹰假日"两项活动,以小队为单位设计一份"护照"打卡攻略。

在真实生活中出现的问题往往是复杂的问题,需要用综合性知识去解决。在设计这个项目化学习之前,谢老师进行了深度的考量。她将这个项目放到五年级实施,因为五年级学生已经掌握了大部分小学阶段的数学知识,也具备了地理等其他学科知识,能将这些知识进行综合应用。

在项目实践中,每次活动谢老师总是亲力亲为。一开始进入课堂为学生创设情境,出示问题;再引导学生确定打卡基地,确定打卡路线,制订一系列打卡攻略;最后带着学生实践攻略计划,参与学生的实践并做好记录。谢老师在这个项目中不仅是一个设计者,而且真正地参与活动,在过程中发现学生所存在的问题,帮助学生反思调整攻略,使学生收获更多,也丰富了自身项目化教学的经验。

4. 教育新秀

经过这几年的实践和探索,谢老师的项目化学习成果斐然,获得了上海市项目化学习三年行动计划案例的一等奖。

谢老师从项目化学习研究实践中收获颇丰,牢固树立以学生为本的教学思想。她勤于理论学习、专业学习,在教学中积极实践新课程标准,创设宽松和谐的课堂教学氛围。她对项目化学习做了进一步研究,对项目化学习的理解更加全面,不断完善活动设计,从而更好地促进学生全面和谐的发展,教学效果更加显著。

谢老师把项目化学习的要素渗透在日常教学中,这样的教学风格受到学生和家长的欢迎与赞赏。其他学校同行也开始参考谢老师项目化学习的思路和方法进行教学,谢老师因此成了学校的专业发展新星,备受学生、家长和同事的尊重和爱戴。

在专业发展的道路上,谢老师始终坚持不懈地学习和探索,敢于挑战自我,乐于尝试研究,善于反思改进,最终取得了巨大的成就。成绩属于过去,明天任重而道远。谢老师表示,在今后的教育教学工作中将继续立足实际,肩负起教师的责任,加倍认真地做好本职工作,创造性地开展学校的教育教学、教科研工作,在教育这片田园里勤奋耕耘,积极探索,奉献她无悔的青春。

(王　浩)

(五) 后勤保障的"大总管"——张雪欢老师

论教育,他是鞠躬尽瘁的"教书匠",每一位学生都从他身上汲取知识与品格;论管理,他是不可或缺的"指挥家",指挥着学校的后勤工作运转;论业务,他是学校所有人的后勤"大总管",电、暖、食等大小事务,只要出现问题全由他来解决。他就是张雪欢老师。

后勤管理工作是学校整体工作的重要组成部分,其名为"后",实则为"先",是其他各项工作的基础和前提条件。只有细致严肃、认真努力地做好后勤服务管理工作,学校的教学教育工作才能顺利开展。

多数家庭里,妈妈就是后勤"大总管"。她要买菜、做饭、洗衣服,要给小朋友买衣服、买玩具,小朋友生病了要带去医院……学校后勤保障的"大总管"张雪欢老师扮演的就是这样的角色。只是他的"孩子"特别多,他管的事也更复杂。

1. 干好小事,体现责任担当

翻开张老师的工作记录,上面密密麻麻都是琐碎的事,俨然是个"杂货铺"。教室空调滴水、教室坏了腿的桌椅、反馈学生过敏信息给食堂、走廊灯带的安装……这些烦琐的工作他一干就是八年,每一项工作都关系着全校老师和学生的校园生活。为了经营好这个大"杂货铺",他一直奉行细心和耐心两个"心",每天下班后都会列好第二天的工作清单,防止漏办事项。

在学校里,张老师还是深受学生喜欢的"孩子王",他的细致、耐心与责任感也潜移默化地影响着学生。这是课堂教学所不能达到的育人效果。

后勤工作离不开看似不起眼的芝麻小事。如果没有妥善处理这些芝麻小事,就无法保障大事的顺利进行,在这些平常小事上日复一日的坚持、坚守的背后,是张老师和后勤团队令人敬佩的奉献精神和责任意识。

2. 争分夺秒,工作周到高效

除了每天已经列入清单的工作,还会有很多不在计划中的工作突如其来地找上他。后勤工作动态性强,每一项服务都有时效要求,特别是紧急保障任务和突发情况。因此,张老师有很强的时间观念,他领导的队伍是一支随时待命、呼之能战的队伍。

突发情况来临时,为了教职工学生的"食无忧",准时解决800余名师生的供餐问题,张老师想尽办法联系有供餐资质的供应商,克服种种困难,每天风雨无阻地为在校师生提供热气腾腾餐食。"一个都不能少"就是他的坚持。

为了让教职工和学生上班、上学时有一个安心的环境,张老师坚持做好校园安全卫生,同时根据工作安排,每天放学后、上学前组织专业人员对生活区、教学区、办公区、公共区等所有区域一遍又一遍地进行消毒杀菌工作,做到全覆盖、零死角、无遗漏,为全校师生提供清洁、卫生的校园环境。

正是因为张老师的细心与耐心,老师们都对他非常信任。学生呕吐、饭菜打

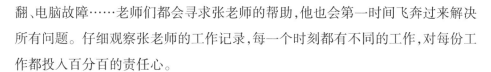

翻、电脑故障……老师们都会寻求张老师的帮助,他也会第一时间飞奔过来解决所有问题。仔细观察张老师的工作记录,每一个时刻都有不同的工作,对每份工作都投入百分百的责任心。

3. 以校为家,尽心守护校园

每天下班前,张老师总会在学校上上下下转一圈,检查门窗、电源等是否关好。哪里的水龙头爱滴水,哪里的设备爱出故障,他都烂熟于心。工作这么多年,他不知不觉也养成了一个习惯,只要一进到校园内,总会忍不住观察是否有需要维修的地方。张老师虽然在校园中的"存在感"不强,但在师生需要帮助的时候,他总是会第一时间站出来。每次完成一项工作,给师生解决一件麻烦事,都会让他有种成就感。就是这份成就感,让他对工作始终保持着一份热爱,并认真负责地对待每一项工作。

每个学期开学前,静谧的校园里,张老师总会带着一群可爱的人用双手描绘校园美景。保洁阿姨们一遍遍清扫落叶,整洁宽敞的校园大道等待着大家的到来。割草、打药、除虫、浇水、修枝、扦插……绿化养护程序一步也不落下。郁郁葱葱、生机勃勃的美丽校园是他们辛勤付出的最好回报。维修小队随身携带工具全天待命,日复一日地开展零星维修、排查安全隐患,保障校园的平稳运转。

一句"你们守护孩子,我们来守护你们"讲出了后勤不"后"、保障在"先"的信念,道出了闻令而动、负重前行的精神。身为学校的"大总管",张老师的肩上有一份沉甸甸的责任——为前方"战士"做好保障,让学校教育顺利开展。正因这份责任与担当,张老师获得了上海学校后勤保卫系统2020年度感动人物的光荣称号。

不知不觉,张老师已经从青年迈入了中年,也从技术"小白"变成了校内专家,唯一不变的,是一颗朴素的、为师生服务的心。对后勤人来说,头顶月光下班是常事,但他也感受到了被全校师生需要的幸福感。

征程万里风正劲,重任千钧再扬鞭。在新时代的新机遇和新挑战面前,张雪欢老师坚守初心、克难攻坚、一路前行,让学校各项工作有序开展,在新时代焕发出新的活力,迈上新的台阶,谱写新的篇章!

（王　辰）

三、教师团队建业发展故事

(一) 党旗飘扬做先锋——学校党员先锋队

我校党员先锋队由 31 名正式党员组成,以在工作和生活中发挥先锋模范作用为己任,时刻以自己的行动,影响和带动周围群众共同贯彻党的纲领、路线、方针、政策。党员先锋队团结一心,以党旗领航,时刻准备着扛起共产党员的特殊责任,拿出共产党员的特殊担当。无论何时何地,始终冲锋在第一线,勇作表率,敢于担当。

1. 在项目化创新教育中勇挑重担

作为上海市义务教育项目化学习三年行动计划"指向创造性问题解决的数学学科项目化学习课堂样态实践探索"种子校,我校党员教师在张烨校长和科研室赵健老师的带领下,在项目化研究中勇挑重担,积极探索尝试。

美术学科党员教师于嘉璐先后设计和参加了"小铅笔、大能量""小信封里藏大爱""睛睛看校园·创意地图征集"和"从春夏季节变迁里探寻中国古代天人观的生态智慧"等项目化学习活动。在设计项目的过程中,她充分发挥美术学科的特点,从学科融合、社会生活和学生经验出发,对活动内容进行梳理、重构,创设真实的情境,让学生接受现实任务并解决问题。

自然学科党员教师万懿仪先后设计和参加了"睛睛的一周食谱"和"我有一个航天梦:制订空间站直播时间计划"等项目,将时间的计算与安排融于祖国航天事业发展的大背景,融于航天员王亚平等开设的"天宫课堂"的实际情境,通过资料收集、利用学习支架、开展小组合作等方式,引领学生自主探索构成一份直播计划的基本要素,帮助学生合理使用太空直播的情境适切安排直播任务,正确计算和科学统筹直播时间。

数学学科预备党员教师谢丽娜和党员教师杨旭雯设计并参与的项目有"小小义卖策划师""我的'团长'我的'团'""雏鹰假日小队护照打卡攻略"和"我家的新车计划"等,将数学学科的知识、能力和素养培育融入项目活动。在解决问题的过程中,不仅让学生体会了数学来源于生活,也能服务于生活,而且在锻炼学生各项高阶思维能力的同时,让学生在沟通、合作等社会属性方面得到了成

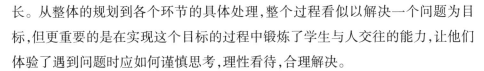

长。从整体的规划到各个环节的具体处理,整个过程看似以解决一个问题为目标,但更重要的是在实现这个目标的过程中锻炼了学生与人交往的能力,让他们体验了遇到问题时应如何谨慎思考,理性看待,合理解决。

为推进我校项目化学习研究的开展,党员教师在张校长和赵老师的指导下勇挑重担,积极探索,通过一次又一次的尝试,不断积累经验,使项目化学习推进得越来越好。

2. 在特色思政课程建设中积极出力

小学阶段是孩子人生观、价值观形成的启蒙时期。如何在小学阶段将思政教育渗透到专业课程教学活动中,使学生既掌握专业知识,又提升素质、德行?课堂教学是课程思政实施的主阵地。我校充分抓实第一课堂,用好课堂教学主渠道,站好思政课堂讲台,提高立德树人实效,将思政教育融于专业课程,通过思政课程强化红色资源的教育功能,不断厚植学生的爱国主义情怀,促使学生激发爱国情感,凝聚奋进力量。

在我校特色思政课程建设中,由前党支部书记王朝晖牵头的校本课程"我们的蓝色国土"是2020年上海市教委首批"中国课程",也是黄浦区首批德育共享课程。"我们的蓝色国土"海洋国土课程,旨在引领学生亲近海洋、探索海洋,进而关怀海洋;促进学生人文、科学、生态的认知发展,引导学生思考解决海洋环境资源问题,认识海洋国土主权。21世纪,海洋强国之路是早日实现"中国梦"的基石,提升海洋国土意识是实现海洋强国之路的首要任务。要提升公民的海洋国土意识,应从娃娃抓起,在义务教育阶段尤其小学教育阶段广泛施教,以激发学生对海洋生物、海洋环境的兴趣,增长海洋知识,从小树立海洋环境保护和海洋国土的意识。基于这样的考虑,王书记花费了大量的时间和精力投身于课程的建设。

在课程建设后期,为完善"我们的蓝色国土"课程,党员教师于洁在完成自身工作之余,积极参与编写课程教材,从课程目标到教材内容的撰写以及图片的寻找,都尽心尽力,认真对待。

3. 在志愿服务活动中冲锋在前

作为党员,大家时刻都以高标准严格要求自己,在志愿服务活动中积极报名做表率。无论是校内或是校外的志愿服务,我校党员都积极参加。例如,每年的南京路步行街"为民服务"志愿者活动中都有我校党员的身影;在创建全国文明城区工作期间,我校党员教师积极参与"创全志愿行"活动,为校门口周边环境的整治贡献自己的力量。

纵然有些志愿活动比较辛苦,党员教师依然冲锋在前。2022年6月中旬的一个下午,我校接到了教育局党工委的要求,需要征集一名志愿者,党工委指定志愿者须是党员教师,工作为期两周。书记在党员群发出征集消息后,仅仅取一份文件的工夫,我校党员教师严斌已经率先报名了。严老师家离学校很远,每天一早还要先送女儿去上学,再来上班。面对这样的实际情况,支委表示担忧:"这两周你女儿上学怎么办?"严老师毫不犹豫地说:"办法总比困难多,我家会自己克服的!"严老师用自己的实际行动诠释了什么叫作共产党人。

党员教师陈晔在居住地芷江路街道发布了志愿者招募公告后,第一时间报名参与。陈老师在志愿服务中冲锋在前,在芷江西路街道寻找"最美巾帼志愿者"推选活动中,被推选为"十佳巾帼志愿者"。

党员教师用态度与温度诠释着共产党人的坚守,让党旗在线上教学主战场上飘扬,在志愿服务第一线飘扬,在教学创新最前列飘扬。同心同向、同力同行,我校党员先锋队用实际行动交出让党和人民满意的答卷!

(杨旭雯)

(二) 在内涵发展之路上点亮"微光"

班主任作为学生的"精神领袖",其教育作用尤为重要。面对日益发展的教育形势,班主任要促进学生的精神发展,实现学生人生观和价值观的良好构建,就必须接受新理念,应对新挑战,加强自身的专业化素质,提高内涵实力。因此,打造一支专业化班主任团队至关重要。

我校以实施教育综合改革国家试点、教育部"三全育人"综合改革试点为抓手,坚持制度引领、价值引领、队伍引领,推动班主任工作在改进中加强、在创新中提高,在校级层面成立了一支青年班主任团队。团队中满五年班龄的1人,未满五年班龄的11人。这支团队由黄浦区德育委员会委员高级教师赵珺老师担任队长,带领青年教师共同成长。团队希望通过持续学习提升自身专业发展,利用自己的"微光"去照亮学生的发展之路。因此,大家为团队取名为班主任"微光队"。

我校在加强班主任"微光队"的建设方面,以机制创新为突破口,以外源发展的培训机制、内源发展的学习机制和"赛带"结合的成长机制为基本方向,坚持走优化班主任团队的内涵发展之路,致力于推进青年班主任的专业化进程。

1. 外源发展的多元培训,破解"微光队"带班育人之困

"微光队"的青年教师班主任知识和技能储备不足,带班经验有限,应对各类突发状况时常缺乏专业的判断和对策。为了破解班主任"微光队"带班育人的困惑,校级层面构建了多元化班主任培训机制,利用外部推动力帮助青年班主任实现专业化。

(1) 聆听专家讲座,做从容自信的管理者

面对一大群活泼好动的孩子进行班级管理,"微光队"队员们经常手足无措。"课间活动不安全怎么办?""学生性格孤僻不合群怎么办?""学生存在逆反心理爱顶撞老师怎么办?"类似的带班问题数量之多都快赶上十万个为什么了。我校收集了每位青年班主任带班育人的困惑后,邀请华东师范大学国际慕课研究中心基础教育教师培训教授赵红老师为"微光队"开设"从容自信的班级管理"讲座。讲座中,队员们集体回忆了自己读书时代时最喜欢的教师所具备的特征,并通过主讲老师深入浅出的讲解,开启了更深层次的思考,明白了在班级管理过程中,不仅要了解学生身心发展的规律,还需要知道学生成长中常见的生活事件,方能有效地解决问题,帮助学生获得班级集体归属感和荣誉感。

(2) 观摩主题班会,做优秀创新的设计者

主题班会的重要意义不言而喻。然而,"微光队"队员们面对主题班会,时常会不知如何下手。有时候自己精心设计的主题班会到最后变成了教师的一言堂。为此,我校为团队提供了几堂优秀的主题班会,青年教师通过线上观摩,学习并记录自己的心得体会。例如,观摩了"少年攀百尺,手可摘星辰"理想信念教育主题班会后,杨旭雯老师写道:"上好一堂班会课需要付出很大的心思,背景分析、学情分析、班会目标、班会准备、开展班会以及延伸活动都需要规划与筹谋。"观摩了"彰显青春力量,铸就时代脊梁"主题班会后,王辰老师的感悟是:"一堂成功的班会课,主题内容的选择至关重要。主题要有针对性,班主任必须掌握第一手材料,针对学生真实想法及班级存在的主要问题,选择那些具有启发性并对学生思想有引领性的主题来组织班会活动,以促进学生的健康发展。"每

一位"微光队"队员在观摩了自己感兴趣的优质主题班会后，都体会到了其独特的课程属性及其在青少年世界观、人生观、价值观养成中的独特作用，明确了如何设计鲜明又新颖的主题班会。

（3）开展沙龙交流，做特殊学生的关爱者

一个班级的学生来自不同的家庭环境，难免会存在几个"不太一样"的学生。这些特殊学生往往会耗费没有教育经验的青年班主任许多精力与时间，对班级管理也容易造成影响。为此，"微光队"队员们秉承着"三个臭皮匠赛过一个诸葛亮"的信念，在赵珺老师的带领下，不定期地利用放学后的空余时间，聚在一起开展"微光"沙龙。沙龙中，大家通过学生个案分析、互助答疑等交流形式，各抒己见，探讨适切的教育方法。比如，面对离异家庭的叛逆学生，老师们集思广益，认为不能采取强硬的说教态度，而是首先要了解学生的处境，用更多的细心和耐心"对症下药"，帮助学生走出困境。再如，面对各科老师眼中的后进生，老师们提出班主任需要与家长、任课教师共同因材施教、齐抓共管，并通过细心观察寻找这些学生点点滴滴的闪光点，及时给予表扬，促进他们的成长。

"水本无华，相荡乃成涟漪；石本无火，相击而发灵光。""微光队"队员们通过一次次的思想碰撞和智慧交锋，不断借鉴他人和观照自我，共同实现育人能力与专业素养的提升。

2. 内源发展的自主学习，提升"微光队"带班育人之能

班主任的专业化发展也离不开自我发展的意识。如果没有班主任的自主学习和内化的过程，只依靠各类培训或者专家引领，则无法实现班主任的专业化。自我发展源于班主任个体的内驱力，是班主任提升专业水平不可或缺的条件。我校为促进班主任的自我发展，要求青年班主任制订个性化的学习计划，开启阅读—实践—反思的自主学习循环模式。

（1）爱阅读：汲取先进的教育理念

班主任作为"学习共同体"中的"首席"，需要不断地阅读和学习，才能吸收先进的教育思想和理念，吸取优秀班主任的宝贵教育经验。除了学校为青年班主任们定购的大量教育类期刊和书籍，每位"微光队"队员还会根据各自的需求和喜好阅读。茅彦婷老师通过阅读陶行知、叶圣陶、苏霍姆林斯基等中外教育名家的教育理论著作，努力提升自己的教育理论水平；杨旭雯老师通过

阅读叶澜主编的"基础教育课程改革研究丛书"和袁振国主编的"新世纪教师教育丛书",深入了解新课程的核心内涵;黄唯蓉老师通过阅读《捕捉儿童敏感期》,了解到每个孩子都有敏感期,只有在爱中长大的孩子,将来一定会勇敢、坚定、乐观、充满自信;程晨老师更是在同济大学教育管理专业学习期间,通过阅读《街角社会》等各类教育故事类书籍,丰富自己的知识储备……"微光队"的队员们坚持在繁忙的事务中抛弃浮躁,安定内心,随着在阅读过程中与文本对话,与名师大家对话,一些苦思冥想的问题逐渐豁然开朗,一些模糊的想法也慢慢变得清晰明了。

（2）重实践:形成新的认知能力

教师读书的目的是什么？是提升自我、成就自我、完善自我,更是为了更好地提升学生、成就学生、完善学生。教师读书的最高境界是什么？是将读书和实践结合在一起,头脑中始终装着"教育"二字。"微光队"的队员们一直牢记这两点,每次阅读之后,用先进的教育思想和理念正确指导自己的教育行为,在实践中进一步体验感悟,以形成新的认知能力。只有坚持学以致用、用以致学、学用相长,把读书与教育事业结合起来,才能真正地把学习的收获转化为青年班主任发展的实际本领。

（3）勤反思:反观教育的利弊得失

《论语》曰:"学而不思则罔,思而不学则殆。"反思不可或缺,没有反思的经验是靠不住的,无法给青年班主任的行为以正确合理的指导。因此,在每一次阅读并实践之后,青年班主任们会用审视的眼光反思自己的教育教学行为,把自己带班的得失与成败落于纸上,记录在《"睛"彩之家》班主任手册里。每位"微光队"队员立足自身,摸索出具有自己特色的教育方式方案,最后确定新一轮的学习目标和内容。

3."赛带"结合的平台赋能,铺就"微光队"专业发展之路

班主任"微光队"的专业发展离不开学校创设的多元培训,也离不开自我提升的发展意识,更离不开学校平台的支持与助推。为了给青年班主任的专业成长提供更多的保障和机遇,我校针对不同发展阶段青年班主任专业成长的差异性需求,以"赛带"结合的方式,为不同的班主任规划与之相匹配的培养路径,促进班主任"微光队"整体专业素养的提升。例如,学校推送优秀青

年班主任朱可雯老师参加黄浦区班主任基本功大赛,以竞赛活动为起点,把班主任"微光队"队员的基本功系统训练和育人素质的全面提高作为目标,在比赛、带教过程中激励青年班主任做到联系实际、学为实用,在学校搭建的实训平台上夯实专业知识,精进业务技能。平台赋能,不仅有助于综合考察青年班主任的专业能力和工作技巧,也给予他们充分展示综合素质的机会,使优秀的班主任脱颖而出。

班主任犹如一道微光,虽微致远。班主任专业成长的道路漫长且充满着困难和艰辛,而提升是无止境的,需要"内外源"动力的激发和学校平台的全力支持与助推。就是这份点亮人心灵的伟大事业,让"微光队"的每一位成员都愿意用自己的爱心、耐心和信心,点亮自己,照亮班主任专业成长和学生生命成长的漫漫长路。

（朱可雯）

（三）"睛"导师追光团,做双向奔赴的教育

为了深入贯彻和全面落实中共中央、国务院《关于全面深化新时代教师队伍建设改革的意见》《关于深化教育教学改革全面提高义务教育质量的意见》等文件精神和要求,进一步加强学生发展指导,落实立德树人根本任务,提高教师育德能力和家庭教育指导能力,推动教师人人成为学生健康成长的指导者,我校从 2021 年开始就认真着手"全员导师制"工作的筹划,将"全员导师制"纳入行规教育管理体系,并在已有试点的基础上,完成了从重点年级到全年段、全年级的"全员导师制"推行,充分发挥其教育功能。

我校坚持立德树人,于 2022 年提出了"开拓、自立、和洽"的教风。通过"十四五"教师培训、班主任工作会议等方式,加强"全员导师制"的宣传引导,建立了一支师德高尚、教学严谨、引领创新、管理科学的高素质教师队伍——"睛导师"追光团,形成了"人人有导师,人人是导师"的新格局。

"睛",是"黄一中心人"共同的文化符号、默契语言与精神内核。它既能统摄全局,又能具体而微,它意味着学校在各方面输出的"点睛"之策。例如,我校的特色课程通常被称为"睛彩课程";对学生"引睛聚典"的指引,希望学生学会"用小眼睛看大千世界";我校的吉祥物被称为"五彩睛睛"。"睛"导师追光团的

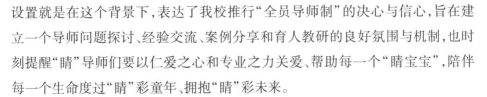

设置就是在这个背景下，表达了我校推行"全员导师制"的决心与信心，旨在建立一个导师问题探讨、经验交流、案例分享和育人教研的良好氛围与机制，也时刻提醒"睛"导师们要以仁爱之心和专业之力关爱、帮助每一个"睛宝宝"，陪伴每一个生命度过"睛"彩童年、拥抱"睛"彩未来。

1. "全员导师制"推进的"睛"心目标

我校的"全员导师制"坚持以学生为本，旨在让"每一个学生都拥有'良师益友'""每一位教师都做好'引路人'"，切实增强全体教师的育德意识与育德能力，优化教师与家长间的家校沟通与家校共育，深化班主任与学科教师的协同合作，共同携手为学生构筑起促进身心健康的守护网和全面发展的支持网。

（1）追求"三全育人"与"五育并举"相结合

"三全育人"即全员育人、全程育人、全方位育人。全体教师面对全体学生，以"导师好友"的身份与学生相处，投入更多的倾听和关注，对学生的理想信念、学习生活、身心健康、生涯规划、创新实践等进行全面指导。以身示范影响学生，用爱支持化解困扰，用心了解指引前路，以情出发激活动能，促进学生成为德才兼备、全面发展的人才。这也是实施"五育并举"的保障之一。

（2）追求课堂育人与课后服务相结合

"双减"背景下，导师和学生之间有了更多谈心谈话的"线上""线下"时空。导师善用多种途径开展工作，不仅有以课堂教学为载体的师生、生生的心灵交流，还要提供课后服务、开展线上活动、开设拓展课程和社团活动。在这个过程中，导师与学生建立起更加紧密的师生关系，强化情感联结。

如今，当你走进黄一中心的校园，可爱的吉祥物"睛宝宝"随处可见。"睛宝宝"们的导师被亲切地称为"睛"导师。"睛"导师是完全由学生自主挑选出来的。每位学生选导师的偏好都不一样，有的喜欢选主课老师帮助自己提升学科学习水平，有的喜欢选择与自己有共同爱好的老师，有的喜欢选择年轻有活力的老师，还有的喜欢选副科老师倾诉心声……为了让每一个学生都能拥有良师益友"知心人"，学校向学生提供全校教师花名册，通过视频轮播与互动小程序向学生公布教师的相关信息资料，让学生进一步了解教师的情况，并通过调查问卷了解学生的真实需要。学生根据自己思想、学习、生活等方面的需求，选择可能对自己帮助最大的教师。在此基础上,学校经过精准排摸,适当进行统筹协调,完成导师与学生结对选配。

(3)追求个性发展与终身发展相结合

导师要始终遵循学生的身心发展特点及认知规律,不断提升自身专业素养,以促进学生持续发展、长远发展和终身发展为指向,基于学生的生活实际、兴趣爱好和个性发展展开正式或非正式的活动。站在五年、九年、十二年甚至更长远的维度,确定符合受导学生的个性发展目标和行动策略,构建完整的导师指导体系,形成育人"合力"。

2."全员导师制"推进的"晴"彩行动

我校全体一线教师组成了"晴"导师追光团,通过"四个一"的行动策略确保"全员导师制"的吸引力与有效性,引领"晴宝宝"开启校园"晴"彩生活。

(1)一场启动仪式

我校为首批38位"晴"导师颁发带有编号的特制聘书,举行了一场隆重的受聘仪式。当天,宣传易拉宝在校园入口一字排开,宣传海报在校文化视窗里滚动推送,让全校师生都知道"晴导师在行动,期待与晴宝宝们牵手共行",营造了良好的氛围。"晴"导师们在仪式中倍增使命感。

图5-2 "晴"导师追光团启动仪式

(2)一张心语卡

在每学年结对见面会上,"晴"导师们为每位结对的"晴宝宝"赠送一张漂亮的心语卡。"晴宝宝"们可以通过心语卡约导师谈话,也可以悄悄倾诉心声。"晴"导师通过回复心语卡,及时了解学生的需求。通过这样特别的"一对一"指导,可以引导学生更好地认识自我,培养良好的兴趣爱好、性格与品质,引领学生未来的生涯发展方向。

图5-3　学生与"睛"导师分享心语卡上的"心语心愿"

（3）一次特色主题活动

导师工作涉及三个"规定项目"和N个"自选项目"，三个"规定项目"包括：一次家访、一次谈心、一次评价。"自选项目"主要指导师邀请结对学生参加一些个性化、主题式的活动。在这种"3+N"的项目实施中，"睛导师"除了各自组织学生开展兴趣活动外，还会围绕学校"五育"教育的重点内容，开展一次规定主题的特色活动。

2021年是建党100周年，"睛"导师和"睛宝宝"们牵手开展了"走进红色记忆"、看电影党课、学党史等特色活动。2022年，党的二十大召开，"睛"导师和"睛宝宝"们"共话二十大"，立志做有理想、敢担当、能吃苦、肯奋斗的新时代好青年。

图5-4　"睛"导师与学生的特色主题活动

即使在线上教学期间，导师们也从未止步，让"导学""导行""导心"的活动齐头并进。"云导师"利用微信组建导师关爱群，每周定期开展一次视频家访，了解学生居家学习、生活情况；通过钉钉、腾讯平台开设家庭指导讲座，做到主动关心、主动询问、主动解惑;通过电话,让使用平台有困难的家庭也得到关心。多种途径拓宽了导师育人的阵地,学生能与老师常见面,家长能与老师多沟通。在鼓励与表扬中,学生的阶段表现得到了肯定,家长的焦虑心情得到了缓解。

"在学生身上看到导师的影子,在导师身上看见学生的个性与活力"是"全员导师制"最理想的状态。"睛睛云导师"在直播间里发挥自身优势,组成精彩纷呈的"玩伴合作小组",共同经历了趣味折纸大会、全员静心"禅绕"、参观我的家、家庭绿植大赏、居家学习吐槽大会、行为规范儿歌创编等丰富多彩的直播互动活动。在此过程中,导师敏锐地捕捉学生的生成性问题与资源,进行适时的拓展与指导,既让师生情感单向输出变为双向的互爱互动,也给学生的居家学习生活增添美好回忆。

图 5-5 "睛"导师与学生的直播互动活动

(4) 一个融合管理平台

我校建立组织架构,进行顶层设计,基于"睛彩一中心"融合管理平台,围绕"反馈学生成长机制""建立导师管理机制""形成家校共育机制"等方面的重点内容,构建"全员导师制"的工具框架,建立"一生一案",充分发挥"导"的作用。通过对学生的"第一手资料",如学业情况、成长经历、家庭环境、社交情况等的了解与掌握,与学生建立信任关系,与家长建立合作关系,与导师建立协同关系。通过个别谈话、语言鼓励、情感劝慰和行为支持等心理辅导方式帮助学生面对、探索和解决心理困扰与行为问题,以科学的、多视角的导引方式推进"全员导师制"的精准实施。

图 5－6　"睛彩一中心"融合管理平台上的全员导师面板

3."全员导师制"推进,"睛"喜收获

"全员导师制"实行以来,在学校中起到了"润物细无声"的作用,唤醒了教师的爱与责任。这种育人新机制使学科教师从"经师"到"人师",与学生建立了良师益友的关系;使班主任工作从"单兵作战"到"全员参与",实现了合作育人共同体;使学校从"单向输出"到"减频增效",与家庭建立协同互补的关系,赋予了德育活动设计的全新思路。

做双向奔赴的教育,"睛"导师追光团将始终与"睛宝宝"们同频共振,构建友爱、尊重、真诚的师生关系,承担起"睛宝宝"们成长引路人的使命,共同朝健康快乐成长的目标迈进,遇见更好的彼此!

（于嘉璐）

（四）"花 young 青年教师沙龙",同频共振助力成长

教育是国之大计、党之大计。教师是立教之本、兴教之源。青年教师是"为党育人""为国育才"的新生力量。为了充分发挥青年教师在教育教学中主力军的作用,加强青年教师间的学术交流和同伴间协作,尤其是加强青年教师的教育教学技能,促进青年教师快速走向成熟,及时解决青年教师在工作中的困惑,我校于 2019 年组建成立"花 young 青年教师沙龙"。目前为止,青年教师沙龙由来自九门学科的 22 位"90 后"青年教师组成,研究生占比 18.18%,党员占比 22.73%。

1. 定期开展交流活动，全面提升核心素养

为切实提高青年教师的专业素养和教学水平，促进教师专业化发展，进一步关注学科核心素养，提高教学有效性，"花 young 青年教师沙龙"设计了针对青年教师基本功提升的板书书写、教案设计、课题撰写等相关练习与比赛。有针对教育教学创新能力提升的创新教育丛书解读分享会，也有针对教师素养全面提升的"读一本好书"演讲比赛。当然，在这支青年教师团队中更多的是开展创新教育项目的实践研讨活动，定期开展优秀项目化设计交流分享会，观摩青年教师创新展示课，开展研读创新书籍读书会，参与学校评价系统操作培训。在各类活动中，青年教师得到充分的学习和实践，积累了创新教育方面的经验。在市、区级层面的教育教学、课题研究和论文撰写中，青年教师也取得了丰硕的成果，获市、区级各类教学评比一等奖 8 个、二等奖 11 个、三等奖 2 个；近三年全国课题研究成果获奖 7 项，市级课题研究成果获奖 9 项，区级课题研究成果获奖 16 项。

2. 专家点拨，指点迷津

青年教师在日常的教育教学、学校工作以及家校沟通中时常会遇到问题。我校为及时解决青年教师普遍遇到的困惑，聘请行业专家开展专项的培训和解答。

近三年的教学模式发生了转变，有时会导致师生关系略显生疏，家校之间的黏性降低。经验尚浅的青年教师除了向老教师取经学习，还急需此方面的专业知识提升。我校聘请上海市终身教育研究会家庭教育专业委员会委员、华东师范大学国际慕课研究中心基础教育教师培训教授赵红给青年教师指点迷津。

培训伊始，赵老师以"读书时代你最喜欢的教师"为话题，与教师进行交流互动，引导大家回忆自己读书时最喜欢的教师所具备的特征，让教师明白要将心理学、教育学的理念与学生的身心实际联系起来。在现实的班级管理过程中，不仅要了解青少年身心发展的规律，还需要知道青少年成长中常见的生活事件，方能有针对性地、有效地解决问题，帮助学生找到班级集体归属感。

此外，赵老师分析了家长与教师对家校沟通的定位和认识中存在的问题。本应强调双向互动的沟通被窄化为单向被动的信息传递，"教师不走心""家长不主动"成为普遍现象。化解这种深层次的矛盾，需要建立科学顺畅的家校共育机制，建议教师从沟通前提、沟通基础、沟通方式、沟通网络等多方面发力，凝聚多方力量，系统构建家、校、社协同的育人共同体。

青年教师在专家的引领下,提升了育人理念,致力于在今后的工作中将所学运用到实践中去,用智慧和才华从容自信地应对挑战。

3."前浪"携手"后浪",一起"乘风破浪"

师徒结对,薪火相传。我校为每位新入职教师配备带教师父,给青年教师搭建了助力成长的攀登架,在教育教学方面进行全方位指导,加快了青年教师成为中流砥柱的步伐。青年教师除了有来自师父的指导,还有来自所在教研组教师的关心与呵护。

2020年的特殊时期,教学模式从线下面授转向线上直播。青年教师熟练的信息技术和老教师丰富的教学经验相结合,保证了我校教学的平稳开展。回顾特殊的线上教学时期,它仿佛是一面明亮的镜子,照出了教师的勤奋与荣光。为此,我校组织了一场"前浪与后浪,一起'乘风破浪'——共探线上教学收获与思考"的交流分享大会,学科组长携手青年教师一起交流线上教学期间自己的感悟与收获。

首先,各教研组的"前浪"们对特殊情况下教研组内的教研活动进行分享与总结。一年级语文教研组的方敏老师与两位青年教师一起,为大家介绍了在特殊时期她们如何就认写生字、朗读等对学生进行训练,如何对统编教材进行深入解读。高年级数学教研组的王华老师以"小巧与小胖"的具体题目为例子,为大家生动地展现了线上教学中"模具"的使用效果,帮助学生理清思路,大大提升课堂互动的有效性。英语组的曾臻老师以单元整体教学视角为切入点,细致地展现了英语组线上教学的风采。随后,"后浪"们也纷纷分享自己在线上教学期间的感悟与"绝活儿"。李家歆老师详细地介绍了各种录屏软件的优缺点,王力平老师为大家分享了如何同时开展三年级与五年级两个中高年级的英语线上教学,于嘉璐老师为大家介绍了"空中课堂"中的互动评价,以此促进未来的教学发展。

线上课堂给每一位教师都带来了全新的体验和挑战,让"前浪"与"后浪"们心更齐、劲更足,一同肩负着使命,共同携起手来,一起"乘风破浪",共谱教育新篇章!

"花 young 青年教师沙龙"为青年教师教学管理赋能助力、指点迷津,为青年教师搭建实践理念、展示才能的平台。"花 young 青年教师沙龙"为我校的高质量发展孕育了希望的种子。青年教师保持虚心好学的态度和积极进取的精神,在这块肥沃的土地上扎根、生长、绽放,为这所百年老校高质量的持续发展贡献智慧与力量。

（程　晨）

（五）欣欣"项"荣,精诚"团"结

我校始终坚持立足课堂教学主阵地,研究教材、教法与学法,有一定的教研积淀和研究基础。近年来,作为上海市教科院普教所学习基础素养项目组的"种子学校",我校进行了第一轮"以学习为中心"的课堂研究。从方案制订、专家论证,到实践研究、成果转化,我校项目组的教师共同经历了理念和行为的双重蜕变。现从学校的顶层设计与工作目标、数学学科团队的行动研究与实践探索以及其他学科的行动研究与实践探索等几个方面对我校的项目化研究团队进行介绍。

1. 学校的顶层设计与工作目标

（1）学校的顶层设计

作为市学习基础素养项目研究的"种子学校",我校实现了从上一轮"活力课堂"向着本轮"以学习为中心"的课堂转型,围绕"情境、规则、工具"转化三要素,先从数学学科切入,再分步拓展到道法、自然、语文等学科。大胆探索在国家课程体系中如何培育学生的学习基础素养,从而促进真实的学习在课堂中发生,促进素养在课堂中生长。

通过七年的项目实践,教学骨干队伍不断扩大,研修氛围更加浓厚,团队合作得到加强,课堂文化悄然改变,教师的育人观和教学观得到全面提升。教师积极探索学科项目化设计的全新设计。这种以综合包裹高阶思维培育和学科核心知识落实的真实情境或模拟情境下的驱动性任务设计,大受学生欢迎,但这对教师的专业能力是一个全新的挑战。

（2）项目化学习研究团队组织管理策略

① 组建项目团队,学习、实践、研讨。

在项目化学习研究之初,我校组建了新的项目团队。从启动会到分享会,再到反思会,我们一步步走近项目化学习。我校项目组还组织各学科的教师对单科项目化和跨学科项目化进行课堂实践和研讨。接着,我校在原先项目化学习团队成员的基础上,从课程、教学等方面出发,又精心挑选了经验丰富的教师参与此项目研究,形成合力,促使项目顺利进行。如课程方面,邀请了曾参与我校"睛"彩课程架构,编写《童心"视"界》学习包和资料包的老师;教学方面,从各个

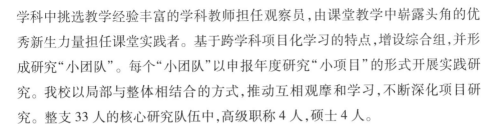

学科中挑选教学经验丰富的学科教师担任观察员,由课堂教学中崭露头角的优秀新生力量担任课堂实践者。基于跨学科项目化学习的特点,增设综合组,并形成研究"小团队"。每个"小团队"以申报年度研究"小项目"的形式开展实践研究。我校以局部与整体相结合的方式,推动互相观摩和学习,不断深化项目研究。整支33人的核心研究队伍中,高级职称4人,硕士4人。

② 灵活安排课时,借时、借地、借力。

在三至五年级开展了校首届 PBL 周活动。一是在全校营造了更好的项目化学习氛围,便于全校教师了解项目化学习;二是把好的资源集中在一段时间内进行交流和展示,促进学生间的相互学习。

③ 边实践边思考,总结、反思、提升。

在课堂实践后,组织教师反思并撰写相关项目化案例,择优推荐给市级项目组。在校 PBL(Problem-based Learning,即项目化学习)周活动后,组织项目组教师开展了反思活动。一场是线上反馈,由项目主持人校长设计问题,教师在"问卷星"上回答;另一场是反思会,结合专家意见,对各个项目进行修正和调整。

④ 所、院、校合力研究,引领、推动、保障。

依托市教科院学习基础素养项目专家团队引领,组织教师对市学习基础素养项目组提供的项目化学习资源进行深入解读,在课堂实践中运用并改进。发挥实践研究中有创见的教师的引领作用,带动其他教师结伴共研。在项目化学习经历中促进学生创新思维发展。

⑤ 教研、科研相结合,协同、完善、创造。

邀请区教院教研室、科研室两部门来校就项目开展情况作具体指导,从不同视角完善项目研究。将市教研室主导的基于课标的单元整体设计等研究方向和本项目第一阶段研究中创建"以学习为中心"的三级课堂作有机整合,创造性地开展协同研究与实践。

2. 数学学科团队的行动研究与实践探索

(1) 研究策略

借他山之石。数学教研组紧跟区级研究要求,共同研读上海市教育委员会编著的"学科单元教学设计指南"丛书并在组内进行交流分享,与此同时学习区里其他学校的经验,完成课堂观察录像。

琢己身之玉。数学教研组根据学校的顶层设计,依据研究主路线尝试教学设计。以"情境、规则、工具"为抓手,积极探索学习素养视角下的教学,注重综合运用知识,挑战长周期、高难度的驱动性问题研究。此外,在校本研修中,与校内其他教研组进行交流,学习其他教研组学科项目的经验,尝试与其他学科共同设计跨学科项目。

(2) 校内、校际辐射

① 校际影响力。

数学教研组参与学校的课例撰写,汇编成《情境　规则　工具的应用——"以学习为中心"的课堂变革教学案例集》一书,辐射全市。数学组谢丽娜、汪旭红老师以"设计情境任务,将知识探究的过程'放还'给学生"为题,将四年级数学"圆的初步认识"一课向市项目组作案例报告,深刻阐述了情境在学生、教师、知识和真实世界之间构成有深度的实质性关联中起到的重要作用。

在我校与上海市教育科学研究院实验小学联合举办的校本研训活动中,谢丽娜老师、程晨老师和王浩老师分享了学科项目化案例"雏鹰假日小队护照打卡攻略",从真实性、趣味性、学科相关性与挑战性四个方面讲述了活动的设计思路,并简述了学生活动的实施过程以及活动视频、数学日记和小报等成果。项目目标聚焦学生核心素养,项目任务注重综合运用、所获得的素养可迁移性强等特征,让本案例获得了 2021 年上海市义务教育项目化学习三年行动计划第二批市级项目案例一等奖。此外,数学组杨旭雯老师和茅彦婷老师交流了学科项目化案例"我的'团长'我的'团'"。两位老师从项目的驱动性问题的由来、项目设计思路、项目实施过程、成果与收获等方面展开了精彩分享。

② 校内影响力。

谢丽娜老师于全校教师开展的校本研修中分享了四年级数学课"小数的加法",并邀请"黄一中心教育协作块"各校教师共同参与其中。谢丽娜老师与汪旭红老师将三大工具灵活运用于课堂之中,针对素养学习中的情境,创设了一个与体育比赛有关的情境,让学生在玩中赛,在赛中学,真正调动学生学习的积极性。针对素养学习中的规则,围绕与真实生活建立联系,新旧知识之间建立联系,学生与学生、学生与教师之间建立课堂人际联系这三方面展开设计。素养学习集中体现在学生用以前学习过知识解决新问题的过程中。学生经历独立思考、小组讨论的过程,依照数学学科的本质进行提炼。教师帮助学生找到最简的解决问题的方法。

此外,数学团队还尝试了跨学科项目化研究。基于"如何将学科核心知识与真实世界建立有意义的联系,兼顾任务的合理性和学生的主动性与参与性"这一问题,数学教研组关注真实性与目标感的有机融合、自主性和学科化的相辅相成、协作性同独立性的无缝衔接。数学组的谢丽娜老师和自然组的万懿仪老师合作设计实施了"我的航天梦"项目化微单元学习,将时间的计算与安排融于祖国航天事业发展的大背景,融于航天员王亚平等开设的"天宫课堂"的实际情境,通过资料收集、利用学习支架、开展小组合作等方式,引领学生自主探索构成一份直播计划的基本要素,让学生合理使用太空直播情境适切安排直播任务,正确计算和科学统筹直播时间。

3. 其他学科的行动研究与实践探索

我校组建了项目化学习研究团队,开展单学科和跨学科项目化研究。目前,在以项目化学习促进学生问题解决能力的提升这个研究点上,在初步形成的解决问题全过程的路径模板基础上,形成了三条实践策略。

实践策略一:创建"师生共同体"的班级文化,引领学生"建立并保持共同理解""采取恰当的行动解决问题""建立并维持团队形式规则",开展有效的协作学习。

实践策略二:"项目化学习资源链"的培育和建构,助力学生形成高质量的探究,"资源链"包括知识、工具、场域(班级内、学校、社区等)。

实践策略三:以"表现性评价"的设计为学习先导,不断校正学习过程,使学生始终聚焦核心任务,减少对驱动性任务理解和解决中的"轨道"偏离。

(1)关注核心知识和能力

项目化学习与深度的知识理解之间具有一致性,能促进学科概念和能力的深化。核心知识、关键能力和概念均为项目化学习的核心。在设计项目化学习时,要聚焦学科知识与能力设计驱动性的本质问题。

同时,我们也将审美性实践和技术性实践尽可能地融入以上各类项目化学习的过程,促进学生在融合学习中形成创新素养。在设计项目化学习时,考虑到中西方在项目化学习设计与实施层面的差异,我们兼顾"个人导向"与"社会导向"、"学科导向"与"跨学科导向"、"常规任务设计"与"创造性任务设计"。

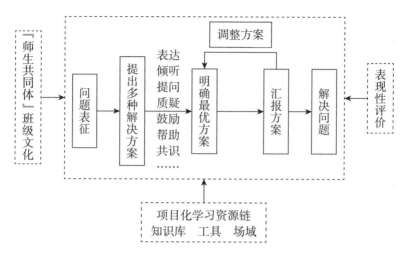

图 5-7　提升问题解决能力的实践策略示意图

（2）探索"核心素养"大概念

我们以核心素养为指引提炼各学科的大概念。项目化学习不是针对所有的知识点，它的设计应该指向核心知识，从概念或者是核心概念的层面设计项目化学习，用这些概念来包容现在的基础知识，达到课时和知识上的整合。

（3）建立促进创新素养培养的综合评价

基于学生的综合评价体系，我们对学生在项目化学习过程中的评价策略进行进一步研究，更关注他们在思维的灵感性、灵活性、创新性及成长性上的评价，进一步激发学生的创新精神，形成创新人格，重点内容包括三个方面。

① 对学生在项目学习过程中的评价。

在项目化学习过程中，鼓励学生自由地表达自己对学习独特的思考、质疑和理解，让课堂有互动、有质疑、有争鸣。

② 对学生项目学习成果的评价。

在项目化学习中除了关注对学生提出问题、建立联系、个性化表达等能力以及学习品质等方面的评价，为培养学生创新精神，还应关注对学生的产品在创新性上的评价，尤其是对创新思维和能力的评价。

③ 对学生创造性人格形成的评价。

根据创造意识、冒险精神、批判性、调控性和坚持性这几个维度设计问卷量表，评价学生创造性人格的形成情况。

4. 结语

我校项目化学习研究团队的每一位成员都播下了项目化学习的火种,星星之火必将形成燎原之势。以项目孕育素养,真正成为教师教学生涯中的一道美丽的风景线。

素养视角下,推进国家课程的项目化学习是当前义务教育阶段高质量发展的一项重要而艰巨的使命,不能急但更不能等。我们将秉持品质教育的理念,继续优化项目化学习的实践机制,以静悄悄的变革促进学生的学习真实发生,让"做中学"在更多班级、更多课堂、更多活动中生根、开花、结果!

(茅彦婷)

第六章

"双新"背景下面向未来的思考和实践

一、上海市义务教育新课程新教材实施研究与实践项目学校子项目之一

（一）项目设计

1. 选题依据和意义价值

（1）选题依据

① 大势所趋，逐步明确的"五育"政策引领。

20 世纪后半叶以来，世界各国逐渐注意到分科课程所带来的课程壁垒加重、缺乏整合等弊端，课程整合、跨学科学习等逐渐成为课程研究关注的重点。2001 年，《基础教育课程改革纲要（试行）》（以下简称《纲要》）中提出"改变课程结构过于强调学科本位、科目过多和缺乏整合的现状"。课改二十多年来，我校在逐步推进课程的综合化和整体性方面取得了积极进展，但仍有进一步改善和深化整合的空间，以便更好地满足《纲要》提出的教育目标。

2018 年 9 月 10 日，习近平总书记在全国教育大会上提出"培养德智体美劳全面发展的社会主义建设者和接班人""要努力构建德智体美劳全面培养的教育体系，形成更高水平的人才培养体系"。"五育并举，全面育人"成为教育综合改革与发展的风向标，为学校教育高质量发展指明了方向。2019 年，中共中央、国务院印发的《中国教育现代化 2035》中提出"更加注重全面发展，大力发展素质教育，促进德育、智育、体育、美育和劳动教育的有机融合"，进一步明确了"五育"有机融合的时代要求。

2020 年 3 月和 10 月，《关于全面加强新时代大中小学劳动教育的意见》《关于全面加强和改进新时代学校美育工作的意见》先后印发，指出把劳动教育"与德育、智育、体育、美育相融合""加强美育与德育、智育、体育、劳动教育相融合"。可以说，"五育融合"已经成为新时代中国教育发展的基本主张和趋势。"五育融合"理念更好地体现了学生全面发展不仅是"补齐短板和薄弱环节"的并举，更是"有机整合，浑然一体"的融合，融合是对并举的推进、深化和发展。

2022 年 4 月，教育部印发《义务教育课程方案（2022 年版）》（以下简称《方案》）和各学科课程标准，《方案》调整优化了课程设置，强调采取"整合""融合"等方式强化课程的综合性和实践性，推动育人方式变革，着力发展学生核心素养。"融合"理念体现了课程建设的发展方向，是课程建设的重要路径。加强课程整合、促进课程融合育人，是当前课程改革的重要课题。

② 现实驱动,多管齐下的"五育"课程实施样态。

"五育并举"作为一种探索性学术话语表达,是从动词和实践方法层面谈"怎么做"的问题,即如何把培养德智体美劳全面发展的社会主义建设者和接班人这一目标落实到义务教育实践活动中来。从已有的课程建设实践来看,"五育并举""五育融合"已经从国家、地方、学校等维度立体架构起了广泛的实践场域,如《方案》和课程标准中的核心素养目标、学科课程结构化、跨学科主题学习、学科综合实践等新课程改革要求,"双减"与家校社协同育人机制的同频共振,近几年中小学群文联读、整本书阅读、大单元教学、项目化学习、主题整合教学、STEAM 课程等以跨学科、项目制、综合性、实践性为特征的教学尝试……这些行动或许没有直接表明以实现"五育融合"为目标,但的确是在落实"五育融合"理念,为建立一个充满自主发展活力的、能持续提升综合育人效能的学校治理生态体系提供了有价值的参考。简言之,"五育融合"并不是抽象的、空洞的、虚无的概念或口号,而是有内涵的、有保障的、有实施路径的教育改革、课程升级与教师发展。

③ 困境阻道,亟须完善的"五育"育人体系。

"五育并举""五育融合"最根本的是对人的全面发展状态的一种描述和要求,指"五育"作为全面发展的内容在个体身上的融合呈现。学校如果不能真正明晰"五育"间的内在逻辑,就无法为课程建设视角下"五育并举"内在逻辑奠定坚实的理论基础。在传统教育教学中,学校教师往往聚焦于某一学科知识的传授和某一育能力的培养。片面育人导致人的片面发展,不仅有悖于新时代国家"培养德智体美劳全面发展的社会主义建设者和接班人"的要求,阻碍个人的自由全面发展,长此以往,而且会阻碍核心素养本位的教育改革,甚至延缓教育现代化和教育强国的建设进程。

为此,学校需要改变以往点状、局部、线性、割裂的视角,转而以"五育融合"的眼光挖掘学科生活、班级生活、校园生活中蕴含的"五育育人点",结合具体学科、学情、学时的特点,实现"某几育"的有机融通与转化。"五育融合"的号角已经吹响,作为一项需要多方参与、协同联动、同向发力的系统工程,呼唤着具有综合育人意识、思维、能力的校本育人体系。

(2) 意义价值

① 澄清路径,满足高质量落实国家课程政策的需要。

从"促进学生多方面整体发展"这一全面育人理念出发,追问"在校本课程体系建设中,'五育融合'究竟是什么"这一重要问题,澄清"五育并举""五育融合"等核心概念的实质内涵,进而使其成为兼具解释力和操作性的具象化概念,以期满足高质量落实国家课程政策的需要,改善学术研究和实践中对课程体系、课堂样态、"五育融合"的概念认识模糊的状况。

②　揭示机制,实现促进义务教育扩优提质的目的。

集中围绕"在校本课程体系建设中,'五育融合'是如何实现的"这个核心问题,以人的整体性为出发点和归宿,探讨教育的整体性,进而从条件、方式和过程维度揭示"五育融合"机制,具体探讨在真实的课程实施中,"五育融合"是如何发生、展开、维持的;要达到理想的"融合样态",需要经历哪些阶段、步骤和环节。形成一些有一定分量的观点、模型、课程框架、课程方案和特色品牌课程等,以期推进"五育并举"的深化研究。

③　回应实践,达成攻克课程教学改革重难点的目标。

针对义务教育校本课程体系中"五育融合"的问题及成因,寻找"五育融合"的突破口。面对义务教育校本课程体系中"五育融合"的挑战,本项目旨在通过深入研究和实践,探索并提出一系列切实可行的解决方案。我们将重点放在课程内容的整合上,为"五育融合"的校本课程学习提供基本的实践框架、课程开发模式与实施策略,促进"五育"的有机融合。同时,我们鼓励教师采用多样化的教学方法,如项目式学习和探究式学习等,以培育学生的"五育"素养。此外,构建一个全面、多元的评价体系,不仅评价学生的知识和技能,而且要涵盖情感、态度、价值观等非认知领域的评价。为了支持教师的专业发展,我们将加强在职培训,提升教师对"五育融合"理念的理解和实践能力。同时,建立家校社三方协同机制,共同参与课程设计与实施,形成教育合力。争取教育行政部门的政策支持和资源保障,为课程改革提供必要的条件。通过案例研究,总结成功经验,形成可复制、可推广的模式,为其他学校提供借鉴,以此回应实践,达成攻克课程教学改革重难点的需要,推动教育质量的整体提升。

2. 核心概念界定、主要研究目标及拟解决的问题

（1）核心概念界定

①"五育并举"。

"五育"具有各自的概念界定。德育,是规范学生认知与行为的最基础的教

育,也是"五育并举"教育体系下培养全面发展的人的根本方向,旨在立德树人。智育,即科学文化知识的获取和综合思维能力的培养,是教会学生如何有效学习的重要方面,也是完善"五育并举"教育体系的关键环节,旨在启迪智慧。体育,是关乎学生身体机能和心理健康的教育,包括生理卫生、运动竞技、身体发展等多方面内容,旨在强健体魄。美育,即培养学生审美能力,帮助学生树立正确的审美观念的教育,旨在塑造心灵。劳育,即关于学生劳动观念和劳动技能的教育,重点是使学生养成良好的劳动习惯、具备良好的劳动品质与劳动能力。这五个方面共同存在于教育体系中,它们之间的相通点和联结点是实现并举的基础和前提。

"五育并举"思想是中国传统文化的重要思想积淀,是新时代关于德智体美劳均衡发展这一教育方针与目标的鲜明体现,也是对破除"唯成绩论"、坚持以人为本、培养全面发展的人的清醒认识。周王朝时期,"六艺"是集德性、美育、智育、体育、劳育于一体的才能教学,是"五育并举"思想的启蒙表现。近代,我国著名教育家蔡元培先生在《对于新教育之意见》一文中首次提出了"五育并举"这一理念,具体指军国民教育、实利主义教育、公民道德教育、世界观教育、美感教育,对于近代教育的改革与发展具有重要意义,也是"五育并举"思想的过渡和铺垫。

如今,"五育并举"这一教育理念是我国教育的"指南针",其落脚点就是厚植家国情怀、塑造健全人格、发展个性特长,培养具有观察力、表达力、思维力、实践力、探究力和创造力的时代新人和未来人才。它不仅是对新时代"培养什么样的人"这一问题的有效回应,更对"如何培养人"这一问题作出了与过去不同的独特回答:它提出要坚持齐抓并管、全面培养,建立一个各育之间相互渗透、相互依存的系统性、协同性人才培养体系。

总而言之,"五育并举"是对培养德智体美劳全面发展人才这一教育任务的概括。这种全面发展的教育模式旨在培养既有知识,又有能力,更有良好品德和审美情趣的社会主义建设者和接班人。

②"五育融合"。

融合不是简单意义上的并列或相加,而是通过不同事物之间的相遇、互动和整合,生成新的有机整体。根据前期的情报研究,关于"五育融合"的本质内涵有四点基本共识:其一,"五育融合"是一种理念,一种融合的育人体系、育人方向和育人方式;其二,"五育融合"强调育人目标的融合,即促进学生更高质量地、多方面融合地发展;其三,"五育融合"强调育人内容的融合,即选择融合性的课程或内容,追求德智体美劳各育内容之间的有机融合;其四,"五育融合"强调育人过程的融合,即探寻一种融合式的学习方式、路径以及策略。在各种观点互动、论辩的过程中,"整体""融合""理念""思维""多元"等成为"五育融合"研究的关键词,引导和推动了"五育融合"研究走向多元化。

因此,在课程建设中,"五育融合"不只是"五育并举",更不是德智体美劳的简单拼凑和叠加,而是将平等共生、同等重要的德智体美劳各育融于学生的学习、实践和生活之中,并相互关联、互动融通和交互整合,从而促成学生德智体美劳多方面的整体生成和发展。基于此,本研究从学习论的视角出发,将课程体系建设中的"五育融合"界定为:课程实施中以全面育人为旨归,在深入情境的具身实践中,实现德智体美劳"五育"的融合,从而促进学生多方面整体发展的整合性学习。

③"睛彩课程"。

"睛"即眼睛,是心灵的窗户,是表达和交流的重要器官,意指孩子们用小眼睛来观察、了解、发现、赞美大千世界。"彩"代表丰富多彩,意味着课程内容的多样性、选择性和教学方法的灵活性,促进优异师生人才的涌现。

我校的课程结构体系可分为国家课程、校本课程两大类型。"睛彩课程"经过精心设计,不仅涵盖了国家课程方案的标准要求,而且融入了丰富的校本特色。这一校本课程体系以"五育并举"为核心,通过一个纲领性的总方案和五个融合性的子方案,构建起独特的"1+5"模式。在这一模式下,"睛彩课程"特别强调利用多样化的课程资源,深入挖掘在地文化资源,融入并丰富学校的传统文化积淀,建立起一套综合性、多元化的课程体系。它不仅致力于学生的全面发展,还强化了学校教育的文化内涵和社会责任感,为学生的终身学习和全面发展奠定了坚实的基础。

(2) 主要研究目标

在追求教育综合改革与课程深度发展的背景下,我校致力于将"五育并举"的理念进一步升华至"五育融合"的实践阶段。这一进阶不仅标志着教育理念的深化,也预示着课程建设将更加注重各育之间的内在联系与协同效应。为此,我们设定了以下主要研究目标:

课程体系的整体优化。通过系统性审视和评估现有的课程体系,我校计划对"晴彩课程"进行全面的优化升级,包括课程内容的更新、教学方法的创新以及评价机制的完善,旨在构建一个更加开放、互动和包容的课程生态。

"五育融合"课程群的构建。在"五育并举"的基础上,我校将重点打造"五品"特色课程,即"融思、融智、融美、融创"四个维度的课程以及与之相融合的特色综合教育活动课程。这些课程将突破传统教育的界限,通过跨学科的整合和项目化的学习,实现"五育"间的有机融合和互补。

工作机制与师资队伍建设。为了保障"五育融合"理念的有效实施,我校将着力构建与课程改革相适应的工作机制,加强教师队伍的专业化发展。通过提供持续的培训和支持,提升教师的课程整合能力,确保每位教师都能在"五育融合"的实践中发挥关键作用。

课程融合的实践探索。我校将采取创新的课程融合方式,将"五育"的教育理念渗透到各个学科的教学中。这不仅要求部分学科成为"五育融合"的示范,而且要求所有特色课程都能在教学设计中体现"五育融合"的理念,实现课程内容与学生实际生活经验的紧密结合。

通过上述目标的实现,我校期望能够为学生提供一个全面而富有个性的学习环境,促进学生在德智体美劳各方面的均衡发展,最终培养出既有深厚文化底蕴,又有创新精神和社会责任感的时代新人。

(3)拟解决的问题

① 学校课程哲学的形成问题。

学校对课程的愿景有了思考,但缺乏理论依据和科学论证。如何将课程与更大层面的育人目标结合起来进行思考,理顺办学理念、课程理念与课程运作之间的关系,构建一以贯之、内在协调的课程价值体系,还有待深入的反省与研究。

为了解决学校课程哲学的形成问题,我们将深入研究教育哲学和课程理论,探索如何将学校的办学理念与国家教育方针相结合,构建一个具有理论深度和实践指导意义的课程哲学体系。我们将通过组织教师和教育专家的研讨会、工作坊及开展教育哲学培训等方式,提升教师的理论素养和课程设计能力,确保课程体系的构建既有理论支撑,又能满足教育实践的需求。

② 学校课程建设的系统性和结构化问题。

学校课程建设对推动区域新课程、新教材实施和教育综合改革都有重要作用。目前,尽管"五育并举"的理念被广泛接受,但学校的课程建设满足于办学特色和项目特色的需要,呈现"各自为政""单打独斗"的局面,不同类型的课程建设水平参差不齐,课程规划的文本设计与实践落地存在较大差距,课程实施的路径不够清晰,课程之间缺乏严密的逻辑关联,系统性、逻辑性不够严密,无法呈现一种序列化、递进式的发展状态。

③ 教师的课程意识与课程开发技术问题。

课程建设的主体是人,学校课程改革的成败关键在教师。在认识层面上,教师对"五育并举""五育融合"课程建设的理解存在误区。一是认为"五育融合"的课程体系是独立于学校原有课程体系之外的新体系,将"五育融合"课程作为一门特色校本课程来看待。二是认为"五育融合"的课程建设要"五育"平均用力,即德智体美劳"并驾齐驱",追求量的平均。三是认为"五育融合"的课程实施要"五育"齐全,导致各种"五育融合"课演变成"五育拼盘课"。

教师的课程建设能力不足,主要表现在以下几个方面:一是教师在学校课程的整体规划方面参与度不高,只是遵照学校课程方案要求执行。二是教师的课程意识薄弱,不少教师对课程的理解停留在所教学科和相应的教材方面。三是教师的课程开发能力欠佳,注重单一课时的设计,课程整体设计停留在课时的简单叠加层面,缺乏对课程目标、课程内容、课程实施、课程评价的整体思考。

实际上,"五育融合"课程建设是以"五育融合"理念为引领,在学校原有课程体系的基础上进行整体优化与调整,让学校课程体系更加适合新时代全面育人的要求。"五育"一个都不能少,并不代表"五育"必须平均。"五育融合"的课程实施是按需而融,既可以"五育"全面开花,也可以"一育"带动"四育",形成学校育人特色。指向"五育并举"的课程设计与开发、体系建设与实施可以帮助教师形成新的教育理念、开发利用课程资源、优化课程开发过程、有效实现课程目标,从而发展出新的专业能力以胜任课程改革。

④ 在地文化资源的深度开发与利用问题。

学校周边有着丰富的文化资源,是学生认识自我、了解社会、关注生活的重要载体,但从目前的情况看,真正进入课程与课堂的不多,系统性不强,没有形成整体规划。我们将开展地方文化资源的调研,挖掘与学校教育目标相契合的文化元素,并将这些元素有机融入课程内容之中。通过与地方文化机构的合作,开发一系列与地方文化相关的课程模块和教学活动,使学生能够在亲身体验和实践中学习并传承地方文化,同时增强学校课程的地域特色和文化深度。

综上,本项目旨在通过深入的理论探讨和实践探索,解决学校课程哲学的形成、课程建设的系统性与结构化、教师的课程意识与开发技术及在地文化资源的深度开发与利用等问题。我们认为,实现"五育融合"的关键在于构建一个科学、系统的课程体系,这不仅需要理论上的创新和完善,而且需要教师的专业发展和对在地文化资源的有效利用。我们期望通过本项目的研究与实践,能够为学校提供一个结构合理、内容丰富、特色鲜明的课程体系,优化目前还处于 1.0 线性状态水平的"睛彩课程"建设,促进学生的全面发展,实现"五育"的和谐、自主、创新发展。

3. 项目研究内容、方法和主要步骤

"五育并举"解决的是德智体美劳"五育"课程开齐开足的问题,"五育融合"则更加关注"五育"课程相互融通的问题。实现"五育融合"不能靠纯粹的理论设想和观念更新,而要有实实在在的实践路径与实施载体,即依靠"五育"背后的课程。"五育融合"强调打破德智体美劳之间的壁垒,关注各育之间的联系,促进"五育"有机融合。从本质上讲,"五育融合"体现的是融合育人的价值追求,即不仅要尊重各育独特的育人价值,也要注重各育之间的融通与协同,发挥"五育"的育人合力,最终实现学生德智体美劳的全面发展。因此,融通整合乃是我校推进德智体美劳全面发展教育的关键。

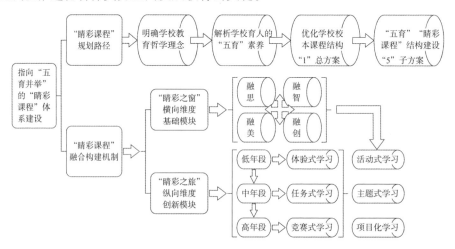

图 6－1　指向"五育并举"的"睛彩课程"体系建设与实践路径

（1）研究内容

① 纲举目张，以问题分析明确校本课程建设研究方向。

我校对原有的特色课程体系进行全面分析，立足"五育并举"的目标，从课程架构完备性、课程实施有效性、课程评价科学性等角度出发，梳理了"睛彩课程"体系建设过程中尚需完善的问题，并以问题为导向开展后续的针对性研究。

一是在课程体系建设过程中虽然关注了学生发展的普适性和差异性，特色内涵建设充分，但对"五育"整体推进关注不够，指向"五育并举"的课程体系仍需进一步完善架构。

二是我校育人目标内涵虽然与"五育"内涵高度契合，但在课程校本化实施的过程中，对于课程中的"五育"内涵，尤其是特色课程的"五育"内涵尚需进一步挖掘。

三是我校虽然在特色建设过程中积累了丰富的课程融合实施经验，但如何更有效地在课程实施中实现深度的"五育融合"，达成"五育并举"的育人目标尚需进一步实践。

② 厘清关系，梳理"五育融合"的校本课程特质内涵。

当我们在探讨指向"五育并举"的课程特质时，不仅需要追问事实层面"'五育并举'是什么"，还需要追问价值层面的"'五育并举'应该是什么"，也就是要厘清"五育并举""五育融合"的关系，澄清并确定根本目标体系。

表6-1 指向"五育并举"的"睛彩课程"目标体系

五个要素＼三个层面	知识层面	能力层面	精神层面
德	知"礼"	能"言"	行"善"
智	知"学"	能"思"	行"真"
体	知"律"	能"练"	行"健"
美	知"艺"	能"雅"	行"美"
劳	知"劳"	能"创"	行"勤"

针对以上问题，我们首先确立知识、能力和精神三个层面。在"五育融合"课程中，知识层面有利于知识的整体建构，应该有以下特点：一是跨学科的综合性；二是多层次的整体性，即能融贯地运用不同层次、不同类别的知识；三是全方位的整合性，即整合普遍原理、思想力量和特殊经验。从能力层面助推学生多方

面能力的融合发展。"五育融合"意味着要经由一系列连贯的、系统的学习过程,这就决定了它不仅能够让各种能力参与其中,而且能够生成一个各方面能力健全、彼此和谐的能力结构。各种能力不是分散、独立地发展,而是完整、融合地发展。精神层面有利于学生精神的整体发展。可以说,"五育融合"的最高境界应该在精神世界,在于深植于心底的获得感、意义感和价值感,在于培养优良、和谐、健全、独特、优雅的人,在于真、善、美、健、勤的高度统一和融合。

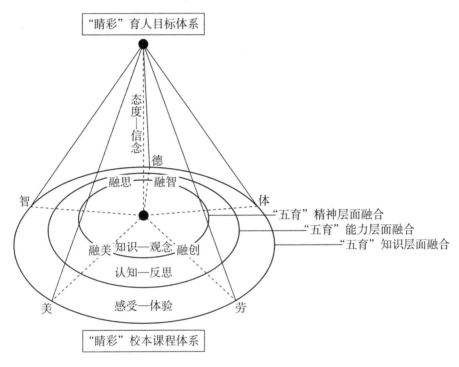

图6-2 指向"五育并举"的"睛彩课程"体系架构模型

通过以上分析,本研究将指向"五育并举"的课程结构大致划分为三个部分。一是"五育融合"的知识层面,它类似于人的"肉身"结构,是"五育融合"的基础形态。二是"五育融合"的能力层面,它是"五育融合"的"筋骨",人的整体性与"五育融合"的良性展开需要坚硬的筋骨作为支撑。三是"五育融合"的精神层面,它是"五育融合"的"魂魄",标志着"五育融合"所能达到的境界和高度。在"五育并举"的育人价值导向下,我校明确了育人目标体系,致力于从"融思、融智、融美、融创"四个维度与"知识、能力、精神"三个层面和谐共生、协同发展,培养学生的核心价值观、关键能力与必备品格。同时,结合我校特色育人目标,对照梳理了"五育"内涵,为课程体系的后续补充和完善厘清了思路。

③ 系统设计,优化完善指向"五育并举"的校本课程体系。

在"五育"内涵梳理界定的基础上,我们重新审视原有的学校课程体系,明确了国家课程和学校特色课程的功能和相互关系,提炼了指向"五育并举"的"睛彩课程"体系。该体系包括育人目标、育人主体、育人内容、育人资源、育人机制五个要素,这五个要素既相互独立又相互关联,共同作用于整个育人体系,形成一个纲领性总方案和五个融合性子方案。一方面充分发挥国家课程在落实、渗透、夯实、强化"五育"内涵上的育人功能;另一方面深入发掘特色课程的"五育"内涵,借助特色课程补全充实某些不能充分体现"五育"内涵的科目内容,将特色课程中的通识性内容嵌入国家课程,不断优化完善课程体系,取得了既有效指向"五育并举",又彰显学校办学特色的课程育人效果。

表6-2 指向"五育并举"的"睛彩课程"体系之五育课程子方案基本格式

模块	内容描述
课程概述	包括课程背景、学情分析、实施原则等,阐述课程设置的依据和预期的教育效果
课程目标	明确五个课程的独立目标,并确保这些目标能够围绕学校总体的"五育"教育目标形成协同效应,促进学生的全面发展

目标层次	基本维度	具体内容
人的全面发展（宏观）	☐ 融思 ☐ 融智 ☐ 融美 ☐ 融创	☐ 真(智)_____ ☐ 善(德)_____ ☐ 美(美)_____ ☐ 健(体)_____ ☐ 创(劳)_____
"五育"素养（中观）	感受—体验	
	认知—反思	
	知识—观念	
	态度—信念	
大概念（微观）	常理型	
	学理型	
	哲理型	

（续表）

模块	内容描述
课程内容	详细列出每门课程的显性内容(如知识点、技能训练)和隐性内容(如价值观、态度培养),以及通过何种形式(如讲授、讨论、实践等)进行教学
教学方法和手段	根据各学科的特点,采用多样化的教学方法,强调学生的主体性和实践性,激发学生的学习兴趣和创造力
教学安排	制订详细的教学计划,包括课时分配、教学进度、所需教学资源等,确保教学活动有序进行
课程实施	描述师资队伍的构成、教师的专业发展情况以及实施课程的具体策略和步骤
课程评价	建立多元化的评价体系,利用数字管理平台进行评价管理,注重学生学习过程的评价和学习结果的评价 （见下表）
课程资源	列出课程实施所需的各种资源,包括教材、信息网络资源、校内外的社会资源等以及如何有效整合和利用这些资源
教学反思与改进	定期进行教学反思,收集教师、学生、家长的反馈,分析课程实施中存在的问题和不足,制订改进措施,不断提升课程质量

课程评价（内嵌表格）:

评价项目	评价要点	
"五育融合"目标 （为何要融合）	人的全面发展	
"五育融合"内容 （拿什么融合）	☐ 融思 ☐ 融智 ☐ 融美 ☐ 融创	☐ 常理型 ☐ 学理型 ☐ 哲理型
"五育融合"形式 （该怎么融合）	☐ 活动式 ☐ 主题式 ☐ 项目化	
"五育融合"情境 （在哪里融合）	☐ 真实性 ☐ 问题性 ☐ 整体性	

④ 探索总结,提炼指向"五育并举"的课程实施有效策略。

在学校课程体系不断优化和完善的基础上,我们进一步思考如何使其落地并有效实施。通过"学科试点—评价反馈—调整优化—实践验证—经验提炼—

辐射推进"的模式,在学科类课程、综合实践活动和校本特色课程模块群中分别提炼出课程有效实施的"四融"策略和"五品"特色课程。

表6-3 指向"五育并举"的"晴彩课程"体系之"五品"特色课程

课程目标	课程类型	"五品"特色课程
德	融思——红色思政课程	我们的蓝色国土
智	融智——科学创意课程	未来创造家
体	融思——健体拓展课程	晴晴体育公园
美	融美——视觉艺术课程	童心视界
劳	融创——公益实践课程	小手拾绿园

(2) 研究方法

本项目主要采用行动研究法、实证研究法、案例研究法、调查研究法等。

文献综述:通过系统地搜集和分析国内外关于"五育并举""五育融合"、课程体系的学术论文、教育政策、课程标准等文献,打下坚实的理论基础。这一过程中,不仅要关注文献中对"五育融合"概念的界定,还要深入理解其理论框架、实施策略和评价方法,从而为课程体系建设提供理论支撑。

案例分析:选择具有代表性和多样性的学校作为案例研究对象,深入了解不同学校在"五育融合"实践中的具体情况。通过实地考察、访谈校长和教师、观察课堂等多维度的数据收集方式,发现成功案例背后的实施策略以及存在问题案例中的挑战和误区。

质性研究:设计一套访谈提纲,涵盖对"五育融合"的认识、实施过程中的困难和需求等方面,对教师、学生、家长等进行半结构化访谈。通过深度访谈收集一手的质性数据,以获得对"五育融合"、校本课程建设更深层次的理解。

行动研究:在试点班级中实施课程方案,并让教师作为研究者参与课程的设计、实施和反思。定期组织教师研讨会,分享实施经验,讨论存在的问题和改进措施,形成一个互动的、持续改进的行动研究过程。

比较研究:对不同案例学校的课程实施情况进行对比分析,找出课程设计、教学方法、评价机制等方面的共性与差异,帮助研究识别哪些因素有助于成功实施,哪些因素导致了问题,为后续的课程优化提供实证基础。

实证研究：设计问卷和测试工具，对学生的学习成果进行量化评估。通过收集定量数据，运用统计分析方法来衡量课程实施的效果，包括学生的知识掌握、能力发展和情感态度变化等情况。

（3）主要步骤

项目研究为期三年，即 2024—2026 年。

第一年为项目启动阶段。开展需求分析，通过问卷调查和访谈收集学生、教师和家长的意见与建议，确保课程设计能够满足不同利益相关者的需求。随后进行文献综述，系统搜集和分析国内外关于"五育并举"和"五育融合"的理论和实践文献，为项目构建理论基础。通过案例分析深入研究其他学校在"五育融合"实践中的具体情况，揭示成功实施的策略和存在的挑战。

第二年为课程建设和试点实施阶段。基于第一年的理论建构和案例分析结果，设计出一套符合"五育融合"理念的课程体系建设方案，包括明确的课程目标、内容、教学方法和评价体系。选取部分年级或班级进行试点，运用行动研究方法，对课程方案进行实地测试和不断优化。2025 年年底前，将试点中验证有效的课程方案推广至全校，形成系统的"五育融合"课程体系，并通过培训提升教师的课程实施能力。

第三年为效果评估和总结提炼阶段。运用问卷调查、学生测试和访谈等方法，收集课程实施的反馈信息，分析评估课程实施的效果。随后，对整个项目的研究过程进行深入总结，提炼出有效的"五育融合"课程实施策略，并形成一套可推广的经验和模式。建立持续改进机制，定期评估课程实施效果，收集利益相关者的反馈，并根据反馈结果不断优化课程体系。最终，整理研究成果，组织研讨会或工作坊，与教育界同仁分享研究成果和经验。

4. 项目研究预期成果、创新之处和推广价值

（1）预期成果

本项目预期将形成一套系统化的"五育并举"理论框架，明确界定"五育融合"的内涵与外延，确立知识、能力、精神三个层面的课程目标体系。在实践层面构建一个以学生全面发展为核心的校本课程体系，包括创新的课程内容、教学方法、评价体系和教师培训模式。此外，还将开发与地方文化深度融合的课程资源，建立科学的课程评价体系，并通过实证研究提出切实可行的教育政策建议。

（2）创新之处

项目在理念上突破了传统课程体系的局限,将"五育并举"与学校特色相结合,探索出一条校本化的课程融合路径。课程结构上,创新性地构建了"1+5"课程体系,实现了课程的系统化与模块化设计。教学方法上,项目采用项目式学习、探究式学习等多样化方法,强调学生的主体性和实践性。评价机制上,建立了多元化和立体化的评价体系,全面覆盖学生的认知与非认知发展。教师培训方面,通过创新的带教机制和发展规划,促进教师队伍的专业成长。

（3）推广价值

项目形成的"五育并举"课程体系和教学模式具有较高的推广价值,能为其他学校提供可借鉴的经验和模式,推动更广泛的教育教学改革。开发的课程模块和教学活动结合了地方文化资源,为其他学校提供了丰富的教学资源。教师培训和专业发展的经验为其他学校提供了教师队伍建设的示范。基于实证研究的政策建议为教育行政部门的相关决策提供了科学依据。此外,本研究的理论和实践成果为教育学科的研究提供了新的视角和素材,具有深化教育研究的长远意义。

5. 项目研究基础条件和可行性分析

（1）课程体系的深化与发展

随着课程改革的不断深化,我校已形成结构合理、基础扎实的课程体系,为学生提供了丰富的选择。我校以促进学生创新发展、自主发展、和谐发展为目标,除了必修的国家课程外,还开设了多样化的校本课程,如"睛彩之窗"选修内容、"睛彩之旅"仪式教育课程、社会实践课程和生命课程等,这些课程贯穿学生的整个小学生涯,旨在满足学生全面发展和个性发展的多重需求。此外,我校积极尝试融通不同类型的课程,以校本特色课程为主抓手,结合市教研室的小学主题式综合活动课程,形成了一套完整的校本课程体系,并编撰了相应的校本资料包,为课程实施提供了坚实的物质基础和丰富的教学资源。

（2）教师队伍的专业化发展

我校一直致力于建设一支师德高尚、专业精良、善于合作的学习型、研究型、创新型教师队伍。通过新入职教师三年带教机制、青年教师个人发展规划机制、骨干教师评选机制等一系列管理举措,关注教师的起步发展,注重岗位成才,激励先进模范,有效促进了教师的高品质专业发展。特别是近两年,青年教师的进步显著,为课程服务提供了不断优化的人力资源保障。

（3）教育协作块的牵头作用

作为区域内具有办学影响力的老牌优质公办小学,我校自2012年以来一直是小学教育协作块的牵头校。在教育协作块内,我校利用管理共通、课程共享、教学共研、师资共育、文化共融等举措,形成了高位均衡发展的良好态势。作为牵头学校,在引领和助推的过程中,不仅促进了成员校的发展,也实现了自身的再成长,积累了丰富的课程资源。

（4）校园学习生态系统的重构

自2012年起,我校有意识地将内部空间的精细化建设与特色课程内涵的可视呈现、教学实施场景的灵动转换、信息技术手段的无痕渗透等有机结合,形成了支持国家课程落实和校本特色课程学习的校园学习空间。近年来,我校特别强调项目化学习和小学主题综合活动的开展,把培育学生素养的办学内涵追求与学校空间建设的外显方式融为一体,使学校的每个角落都成为学生学习素养培育的"基土",为课程实施提供了有力的空间支持。

二、上海市义务教育新课程新教材实施研究与实践项目学校子项目之二

（一）选题依据和意义价值

1. 选题依据

（1）理论依据

① 教育改革的发展需求。

党的二十大报告强调了教育的重要性,将教育定位为党和国家的重大战略,表明了国家对教育的重视程度以及对教育改革的迫切需求。上海市教委根据党的二十大精神制定和实施具体的教育改革措施。义务教育"双新"项目旨在深化课程教学改革,推动教育创新,提升教育质量,强调立德树人,重视对学生的全面发展。我校在落实基础教育的过程中发现了教学方法相对比较陈旧等问题,根据国家和市教委的指导意见,结合自身实际情况,进行教育改革的实践探索,创新教学方法并优化课程结构,为教育改革提供实践依据。

② 核心素养培育与社会相适应的需求。

学科教学经历了从"知识本位"向"素养本位"的转变,我校一直把握教育改革契机,推进项目化学习研究。在学科项目化学习实施的过程中,我校已经积累了丰富的实践研究经验。这些经验表明,项目化学习是推进核心素养培育的一种有效方式,它和传统教学方式相辅相成,是落实课程标准的有效载体。通过这种教学方式可加强学生的认知基础,确保学科核心素养的实现,并帮助学生为适应不断变化的世界做好准备。

③ 学生个性发展的需求。

21 世纪对人才的要求发生了变化,学生需要具备创新能力、批判性思维、合作与交流能力等核心素养以适应快速变化的社会和经济环境。为达到这一目的,项目化学习、启发式学习、探究式学习等学习方式应运而生,这些学习方式强调将高度凝练的学科知识转化为可迁移的解决问题能力和创新能力,强调素养的形成,在实践中显示出在促进学生主动学习、提高学生综合能力方面的优势,为进一步的研究和推广提供了实证基础。

（2）我校项目化学习实施现状

① 研究的深度。

作为市级义务教育教学改革实验培育校,我校将育人蓝图转化为自觉的改革行动,以学科项目化学习为抓手,立足课堂。我校多年来在中高年级国家课程中实施项目化学习的研究。此前聚焦数学学科的"创造性问题的解决"项目化学习研究已形成一部分典型案例和策略梳理。作为上海市义务教育项目化学习三年行动计划种子校,我校申报了"指向创造性问题解决的数学学科项目化学习课堂样态实践研究"课题,从数学学科项目化实践研究中提炼出了富有项目化学习特征的课堂样态。

② 研究的广度。

基于此前的研究,我校逐步扩大团队规模,从课程、教学等方面出发,把各个学科的骨干教师、教研组长和青年教师纳入研究团队,形成合力,促进项目化学习研究的推广。校内学习资源的配置和学习空间的利用使项目化学习支持系统更加完备。自 2019 年以来,我校多次进行市、区范围的研讨和阶段成果展示,接待了来自全国各地二十余所学校的交流来访人员。项目组成员能基于前期项目组梳理的项目化学习结构要素，结合各学科特色和课堂实践研究，形成典型案例与可供复制的实践经验，在校内乃至区内进行分享辐射。

③ 研究氛围与研究团队的打造。

我校首先进行顶层设计，主要通过"团队组建"和"种子辐射"这两条操作路径，以双线并进的方式推进项目研究。我校先后推荐校项目研究中的先锋教师成功申报 2019 年上海市教育科学研究院普通教育研究所和上海学习素养课程研究所举办的第一届"学习素养·项目化学习种子教师工作坊"及 2021 年"上海市义务教育项目化学习三年行动计划第一期种子教师工作坊"的种子教师。这些种子教师把在工作坊中的项目化学习研修理念带回校项目组，在自己的教研组内进行辐射，带领组内的青年教师先行探索实践。等项目成熟时，科研室牵头巧用校本研修时段，请种子教师带领各自的团队通过项目化学习理论解读、项目化学习课堂展示、项目化学习案例分享等方式面向全校教师开展培训。而后，由各个教研组组长组织教师对各类项目化学习进行深入解读、课堂实践和反思改进；同时，在项目团队中发挥有研究创见教师的引领作用，带动其他教师结伴共研，从而进一步促进项目化学习的推进。黄浦区在项目化学习研究领域率先进行实践探索，成为该教育模式的先行者，走在全国前列。在区的示范和引领下，我校在全区范围内进行个别学科的项目化学习经验的辐射与分享，并不断反思改进。

（3）不足之处

基于科学理论构架、指向核心素养的学科项目化学习策略与实施的提炼做得不够深入。在学科项目化研究中，我校之前的研究仅仅局限于数学学科，所形成的课堂样态不足以完全落实并推广到所有学科。

在"双新"改革的背景下，我们面临着双重挑战：一方面，需要在有限的时间内实现国家课程设定的教学目标；另一方面，需要通过项目化学习的方法来转变学生的学习方式，并使这种学习方式成为常态，从而更好地实施国家课程。然而，以往的研究和实践表明，项目化学习的设计与实施过程中没有充分考虑到与现有各个学科教学的整合。如何将项目化学习与学科教学有效地结合起来，形成一个协调一致的教学体系，是当前教育领域亟须解决的问题。

2. 选题意义价值

（1）"双新"的出台，催化"教"与"学"方式的变革

随着"双新"的出台，学习更趋于综合性、开放性、应用性。项目化学习作为一种高效的学习方式，更切合课改的趋势。《义务教育课程方案（2022年版）》中强化了课程育人导向，强调要将党的教育方针具体细化为本课程应着力培养的核心素养，体现正确价值观、必备品格和关键能力的培养要求。以项目化学习为代表的探究式、跨学科、综合化、体验式学习方式也越来越受到关注。当前项目化学习实践存在浅层化、形式化等问题，对教、学、评的连贯性与一致性缺乏关注。在实践中提炼出设计与实施两个层面的策略，有利于突破项目化学习的瓶颈，提供可操作、可行的思路。

教与学的方式需聚焦教学改革重点与难点问题开展实践研究，从而实现突破。课堂是育人的主阵地，"教"与"学"方式的转变，能够提高义务教育新课程实施的品质，进一步探索支撑"双新"高质量实施核心素养育人方式的变革。

（2）优化项目化学习设计与实施，落实核心素养培育

在全球范围内，核心素养已成为教育改革的热点。教育部明确提出，要全面深化课程改革，落实立德树人根本任务，发展学生核心素养。核心素养是对传统学习方式的一种补充，是当个体在面对复杂、不确定的现实生活情境时，运用所学知识和技能，有效分析、解决问题，实现自我发展和社会适应的能力。项目化学习作为一种以学生为中心的教学方法，强调学生在真实、复杂的问题情境中，通过跨学科的学习发展高阶思维和解决实际问题的能力。项目化学习与核心素养培育具有高度的契合性，对于促进学生全面发展、提高教育质量具有重要意义。

（二）核心概念界定、主要研究目标及拟解决的问题

1. 核心概念界定

（1）核心素养培育

核心素养指在真实世界情境中解决问题时所运用的能力。强调培养学生经过课程学习后逐步养成的、适应个人发展和社会发展所需要的正确价值观、必备品格和关键能力。

杭州师范大学张华教授提到，学科核心素养是以学科理解或思维为核心的学科高级能力与人性能力。它在本质上是学科知识观的根本转型：由事实本位走向理解取向。华东师范大学杨向东教授提出，学科核心素养是学生在学科课程(领域)学习过程中形成的，促进个体终身发展和社会适应的综合性品质。每门学科都有其特定的知识体系、思维方式和探究模式，包含特定的方法论和价值观。学科核心素养的培育让学科教育者从课程改革理念的被动接受者转变成改革的推动者和创造者。

本项目中界定核心素养培育的概念为：从顶层设计开始考虑，如何在各学科教学中对学生素养的培育更有效和更有阶段性。通过项目化学习方式使课程内容及实施成为培育核心素养的主要载体与途径。课程的设计与开发始终指向并体现核心素养的内涵，使核心素养成为课程开发与实施的目标导向。

（2）学科项目化学习

上海市教科院普教所夏雪梅在《学科项目化学习设计：融通学科素养和跨学科素养》中提出，学科项目化学习要求学生以真实问题解决作为任务驱动，以合作探究学习的形式研究并解决一个真实的、有吸引力的和复杂的问题、课题或挑战，从而形成对重要知识和关键能力的理解。学科项目化学习设计需要融通学科素养和跨学科素养，学生在学科课程中习得的能力不仅在该课程中有运用价值，而且能够在考试之外的实践中得到应用。

本研究中学科项目化学习的概念为：教师通过梳理学科素养，确定预设分级指标，逆向设计，确定学习目标。通过项目化设计，让学生在项目实施过程中达到预设的学科学习目标，在合作完成项目的过程中形成学科核心素养、21世纪技能和认知素养。

2. 主要研究目标

（1）梳理各学科的素养，分解成可操作的预设分级指标以确定学习目标，指导项目化学习设计与实施。

（2）在各学科项目化学习中，通过微项目设计、单元项目设计、跨单元项目设计和跨年级项目设计等方式进行教学设计与组织。提炼出各个学科中指向核心素养培育的项目化学习的设计与实施策略。

（3）选择各学科的代表性案例，建立校本资源分享库。

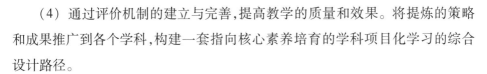

（4）通过评价机制的建立与完善,提高教学的质量和效果。将提炼的策略和成果推广到各个学科,构建一套指向核心素养培育的学科项目化学习的综合设计路径。

3. 拟解决的问题

在落实"双新"的背景下,如何将项目化学习与学科教学有效融通。研究如何通过项目化学习的方式将学科知识和技能的学习与学生核心素养的培育相结合,以实现多维度的教育目标,提炼总结出一套实践与"临床"的操作方法。试图为一线教师有效设计与实施学科项目化学习提供借鉴和指导,为培育学生的关键能力和必备品格提供实践方案。

（三）项目研究内容、方法和主要步骤

1. 研究内容

基于对文献的梳理和理论的研究可知,项目化学习是在完成真实项目的过程中进行学科核心知识与能力的学习。指向核心素养培育赋予了项目化学习新的内涵,为项目化学习提供明确的目标指向,为项目开展过程提供有力抓手,为项目评价提供衡量标准。反过来,项目化学习又能为各学科核心素养的培育提供途径与方法。

（1）各学科核心素养梳理及指标预设罗列分级表

夏雪梅在《指向核心素养的项目化评价》中提出,各学科核心素养的表述体现出四个关键特征:第一,将知识、能力、思想方法、价值观等整合阐述,体现了素养的统整性;第二,素养意味着学生能够在知识世界和真实世界之间进行灵活的远迁移;第三,素养具有进阶性,可以在不同的年段用进阶性的学业质量标准阐述学生能理解、做到什么;第四,素养具有实践性,指向学生能够运用学科知识、能力、思想方法去"做"的事情。指向核心素养培育的项目化学习的目标设计是复杂的、多维的。

本研究旨在通过实践梳理出不同学科课程标准中不同学段的核心素养,提炼出 21 世纪技能,即通用的学习素养(简称 5C),再根据学科特色厘清项目中所需要的认知类素养。形成"学科核心素养+5C+认知素养"的项目设计框架图,梳理核心素养并分级罗列出预设指标。从指标出发,进行逆向设计,包含指向确定与问题驱动的设计,体现"素养——养成"式项目化学习的教学模式,依据学科核心素养的需求,设计学科项目化学习的实践教学。

(2) 学科项目化学习的设计与实施

项目化学习是一种以学生为中心的教学模式,它通过设计和实施项目来促进学生的主动学习,培养学生的核心素养。学校可以通过设计不同层级的项目使项目化学习在学校常态实施。

微项目设计:研究如何针对单个知识点设计小规模的项目,以便学生深入理解和应用这些知识点。这些项目通常是短期的,可以快速完成,有助于巩固和深化对特定概念的理解。

单元项目设计:研究如何围绕一个教学单元的核心概念设计项目,这要求学生不仅要掌握单元内的知识,还要能够综合运用这些知识来解决更复杂的问题。

跨单元项目设计:研究如何将不同教学单元的知识点进行整合,设计出需要跨学科或跨单元协作的项目。这种项目可以帮助学生建立不同知识点之间的联系,促进综合思维能力的发展。

跨年级项目设计:研究如何设计需要不同年级学生合作的项目,让不同年级的学生共同参与一个项目。这种项目有助于学生理解知识是如何随着年级的提高而深化和扩展的,同时也培养了他们的合作能力。

学科教师可根据学生的需要设计项目层级,使项目化学习有针对性,将知识有效整合,拓展知识的深度与广度,提高学生的学习效率。

(3) 建立校本资源分享库

利用学校数字化平台创建资源分享库,收集和整理项目化学习案例、学案等资源,便于教师的访问和使用。

立足学科与新教材,基于各学科教材内容,梳理、归类设计微项目、单元项目、跨单元项目、跨年级项目,各学科构建可复制、可借鉴并且可优化的学科项目化学习资源分享库。建立资源分享库的路径为:了解学生学习需求—匹配学科核心素养—梳理教材内容—设计不同层次的项目—实施与反馈—持续更新与优化。

表6-4 指向核心素养培育的学科项目化学习设计与实施校本资源分享库

学科	年段/年级	所指向的核心素养	项目学习内容	项目学习组织形式	资源（空间等）

（4）素养导向的教—学—评一体化设计的初步尝试

项目化学习指向素养目标的落地,评价的设计需要指向素养目标。在新课程标准的背景下,首先应明确当前各学科课程标准中所普遍反映的核心素养是什么,然后将核心素养转化为可评可测的项目化学习教学和评价目标。通过学校建设的信息化评价平台编写项目化学习评价指标,通过信息化手段使项目化学习的评价伴随着项目进程而展开,最后生成评价成果。不断完善信息化平台的评价体系,用数据检测学生学习效果并反馈教学设计的有效性,形成闭环。

2. 研究方法

文献综述:通过系统地搜集和分析国内外关于核心素养、项目化学习以及学科教学的理论和实践文献,构建研究的理论基础。

案例研究:以各学科实施项目化学习的课堂作为案例,深入分析其成功经验和存在的问题,从而提炼出有效的设计和实施策略。

实证调查:通过问卷调查、访谈、课堂观察等方法,收集一手数据,了解教师和学生对项目化学习的看法、需求和反馈,以及项目化学习在实际教学中的效果。

行动研究:教师可在教学实践中实施项目化学习,通过不断的反思和调整探索出适合自己教学风格和学生特点的项目化学习策略。

质性分析:对收集到的访谈记录、课堂观察笔记等非结构化数据进行深入分析,挖掘项目化学习中学生核心素养培育的深层次机制。通过定量和定性方法评估项目化学习对学生核心素养的影响。

3. 主要步骤

（1）启动准备阶段（2024年5月—2025年5月）：

查阅文献,梳理、提炼各学科核心素养及指标预设罗列分级表,形成"学科核心素养+5C+认知素养"的项目设计框架图。

（2）实践深化阶段（2025 年 5 月—2026 年 10 月）：

基于指向各学科核心素养的梳理,在各学科开展课堂实践、观察记录、课例积累等研究活动。通过罗列、梳理和提炼,形成指向核心素养培育的学科项目化学习设计与实施的典型案例。建立指向核心素养培育的学科项目化学习资源分享库。

（3）总结提升阶段（2026 年 11 月—2027 年 5 月）：

通过对前期各项研究资料的收集和整理,形成初步研究成果。本阶段由全体课题组成员共同完成。

（四）研究预期成果、创新之处和推广价值

1. 本项目研究的预期成果

（1）完成项目研究报告

完成"指向核心素养培育的学科项目化学习设计与实施的策略研究"项目研究报告,对本项目进行全面总结。

（2）学科项目化设计与实施案例集

围绕学科项目化学习进行课堂实践,形成一套各学科指向培育学生核心素养的设计与实施的典型案例并集结成册,共享项目化学习实践经验。

（3）形成校本资源共享库

根据案例提炼出设计与实施的策略,建立一个内容丰富、易于访问的数字化资源库,包含项目化学习案例、学案等,促进教师之间的知识共享和经验交流。

2. 本项目研究的创新之处和推广价值

为了进一步高质量地落实和贯彻新课程、新教材的推广,我校以项目化学习为切入点,寻找切实可行的实施路径。本项目推进是我校项目化学习范式与新课标、新教材的融合对接。促进项目化学习走向常态化,也是对育人理念与评价思路的一次调整。从项目中提炼设计与实施策略,转变为可操作、可借鉴、可反复使用的范式,以核心素养为导向,凝聚教师实践智慧,形成一种可行的新型学习方式,进而改变教师的育人方式和育人理念。另外,项目化学习作为一种育人方式的补充,服务于学生的综合素质和创新能力培养,让学生养成自主探究学习

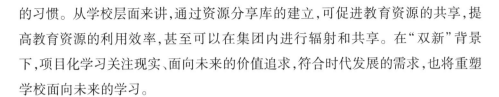

的习惯。从学校层面来讲,通过资源分享库的建立,可促进教育资源的共享,提高教育资源的利用效率,甚至可以在集团内进行辐射和共享。在"双新"背景下,项目化学习关注现实、面向未来的价值追求,符合时代发展的需求,也将重塑学校面向未来的学习。

（五）项目研究基础条件和可行性分析

本项目有一定的研究基础。我校立足于当前教育改革的背景,特别关注如何通过教育创新来推动课程改革和教育质量的提升。2015年至今,我校在市教科院普教所夏雪梅博士团队的引领下,一直走在探索"素养培育"的教改之路上。从成为学习基础素养项目研究种子校,到又一轮市项目化学习三年行动计划的种子校;从方案制订、专家论证到实践研究、成果转化,校项目组的教师共同经历了理念和行为的双重蜕变。这些研究基础为本项目提供了坚实的理论和实践支撑。我校拥有研究核心团队和多学科教师研究团队,确保项目的专业性和实效性。教育创新项目给予本项目经费上的充分保障。希望本项目能够邀请到更多市、区的课程教育专家参与,成为项目研究的智囊团。

附　　录

一、融入"设计思维"创新学校管理

"设计思维"发源于设计界,后来被各行各业借鉴。斯坦福大学设计学院把它归纳成一套科学方法论后,迅速风靡全球高校和中小学。"设计思维"引导孩子们以"人的需求"为中心,通过团队合作解决问题,获得创新能力。当下,融入设计思维的课程开发与建设在国内外都有不少优秀的案例。

"设计思维"主要通过以下五个步骤解决复杂问题:

同理心:了解所涉及的人的需求;定义:以人为中心的方式重新构建和定义问题;构思:提出各种创意想法;原型:采用多种实践的方法;测试:针对问题提出解决方案。这五个步骤并不总是按顺序进行的,通常可以并行发生,也可以迭代重复。

事实上,从当代设计和工程技术领域到商业活动与策划领域,乃至教育与管理领域,"设计思维"作为一种"在行动中进行创意思考"的方式已经产生了越来越大的影响,发挥了越来越重要的作用。我们常说的加强课程领导力及其上位概念——加强学校领导力,或者更上位的概念——加强教育领导力,这些不同层面的实践创新,其实都可以借鉴"设计思维"。

所以,在此要同大家分享的思与行,不仅是指在课程建设这个点上用"设计"去丰富学生的学习经历,在行动中孕育学生的创造性,而且是更大范围地把"设计"视作学校管理中重要的思维方式之一,反思和改变学校管理这个更宏观的体系。这里主要讲行动以及在行动中不断生发的一些粗浅想法,请大家批评指正。

(一) 有项目化学习特征的学校课程设计

我校在三年级全体学生中开展了一项课程学习,用的是每周半日活动的时间。

这项课程对于学生学习方式的改变及执教教师教学思想上的转变暂且不多讲,只讲在管理上我们是如何通过设计使其落地的。

首先是"同理心"步骤,即了解师生的学习需求。传统的课堂学习是不可或缺的、系统建构个人知识体系的常规通道,有效率优势,但缺个性满足,少合作探究、综合实践和经验互补。学习维度的单一造成学习结果不够厚实,且学得枯燥、学得累。需要在学习的维度上有突破,让它变得"立体、丰满"起来。

其次是"定义"和"构思",即重新构建和定义学校课程对于学生学习的意义、价值与功能并找到富有创意的实施路径。若以盖楼来打比方,分科学习完成的是纵向生长的知识建构,好比支撑建筑的钢筋;PBL或主题活动等则负责在横贯学习中形成综合能力,好比建筑中混凝土浇筑的楼层;体育和德育打身心地基;美育完成内外兼顾的塑形,好比建筑的内分隔和外立面。楼能否建好,这些因素缺一不可。真正的学习都需要在这种纵横交织、内外呼应的全方位信息交互中完成。

然后,我们进入"原型"和"测试"阶段,即针对复杂问题,找到系统解决的方法和步骤。我们分析自我,优势是学科教学经验,弱势是大概念理解下的驱动性任务设计能力。迅速有效取长补短的方式便是跨界合作。我们找到同济大学设计学院的老师,与他们组成"小小创造家"课程建设团队,一起从梳理本年段各学科知识点入手,用交集的部分连接大概念,设计一个大的驱动型问题,再分解成15个具体的任务串。试点阶段从20人的学生小组做起,推广阶段覆盖到全体三年级,成立由14位教师组成的联合教研组,五个班级每班配置一位主要执教的青年学科教师和一位协助组织管理的班主任,外加分管的行政和同济大学的老师,周周教研。整体设计、中期汇报和成果展示,校长和分管行政全程参与。

就这样,渐渐没有教师再去质疑这样的学习对学生是否真的有帮助,因为事实让他们看到了学生在思维与表达上的全新突破。教师也不再抱怨这样的学习难以组织课堂纪律,因为事实让他们看到了当真实任务分解到学生小组之后,大家投入的态度与协同的能力是之前在传统课堂里不常看到的。教师再不会内心嘀咕:"这得花多少精力啊!我们原有的知识背景和能力储备跟不上怎么办?"因为他们感受到全新的学习方式带给学生和自己的冲击与成就感,也看懂了学校管理层面跨界互补、合作推进的用心。

所以,继三年级的"小小创造家"课程之后,四年级的"校园商业大亨"课程也将启动孵化试点。又一次的课程迭代尝试让师生充满了对创新的期待。

(二) 以学习为中心的课堂教学设计

在课程迭代的进程中,传统的课堂是一成不变还是与时俱进地转型、变革和突破呢? 这个度该怎么把握呢? 哪怕再难,答案的正确方向显然是后者。事实上,在教研室、教科院等专业机构的努力探索和推动下,我们的课堂教学设计导向已经发生了许多变化。

早在四年前,我校加入了市教委基教处综合改革重点项目"学习基础素养的实践研究"并完成第一轮的实践研究。我们主要的研究任务就是建立"以学习为中心"的课堂。我们通过规则建立、流程再造和环境助力,大线条改变课堂学习文化;接着进一步通过学习情境、学习规则和学习工具课堂转化三要素的细化设计,促进学习意义在课堂中的进一步发生。我们的研究课让享誉世界的日本教育家佐藤学教授赞叹不已。因为我们大胆尝试了在班级授课制下,兼顾掌握学科知识点和在课堂中逐渐生成素养这两个维度的学习设计。在此项目第一轮的种子校成果鉴定中,专家组一致给我们打了"优秀"成果的等第。目前,这个由市教科院普教所夏雪梅研究员牵头的项目已正式立项为国家课题。作为新一轮研究的领航学校,课题开题会就放在我校召开。

当然,要让驱动性任务设计、学习工具设计、学习规则或者课堂文化约定设计三位一体服务于知识显性掌握与素养隐性生成,从改变学习方式逐步走向改善心智模式,这条路走起来还很长。教学准备的充分程度远大于传统意义上的备课,教学时间上的弹性需求与现实中的 35 分钟一节课之间如何科学统筹,短期可能会出现的学业成绩下滑怎么用长期必然形成的可持续学习素养来证明等问题就像跑道上的障碍,需要一个个去跨。

(三) 助力学生成长与助推课程教学方式变革的学校空间设计

简单表述一下我们的"重塑"理念和"重塑"策略。我们的理念是:让学校的建筑、环境与设施成为助推课程教学方式变革、助力学生成长的全新文化空间。我们认为,面向未来,环境营造和设施配备将不再仅仅是学校的后勤保障或者文化建设,而是教育诉求的主观表达;装备部门的作用也不再是资源配置的后方基地,而是专业设计儿童学习场所的先导部门,应承担起引领探索和学习的新功能。在奔向这条教育现代化的路上,在认识与创意、机制和机构还不完备的情况下,学校竭尽所能地为学生的学习多做一点,是必须也是值得的。

在空间设计的策略上,我们是这样考虑的:总体思考、分步实施;总体设计,分解申报。在空间设计的路径上,我们坚持"低结构、多功能、序列化",合理协调大空间与小装置之间的关系。比如,在律动空间设计了小手掌音乐盒、音阶敲击管,在探秘空间设计了透明的航模试水槽、科普翻翻乐问答格,在工美空间设计了学生"艺术个展墙"、围棋茶艺多用桌,在二楼露天平台的拾绿园设计了供学生栽种和观察的绿植箱,在每层教室的走道设计了用于随机展示和游戏的磁性墙等。通过可视化和可互动的小装置设计,创造性地把走廊、平台上常见的展示性、宣教性的教育载体,变身为可以动手操作和"玩中学"的有趣装置,助力学生在校园内行走时产生的非正式学习。

"学习空间助力学生成长"的理念越来越得到认同,我校也因在对未来学校空间形态的探索上有思考、有实践,认真地把黄一中心变成一所有设计感的学校而受到市教委教育技术装备中心的课题邀请,加入市级课题"上海市中小学学习空间重构行动",成为研究团队的一员,努力用行动创造一个公办小学学习空间转型的独特的学校案例。

(四) 凝聚与传承精神内涵的学校文化设计

这些年,我校一边井然有序地进行课程空间改造,一边不断地在原有基础上设计与完善课程品牌活动。比如,学校定期开展"视觉艺术节""亲子运动会""露天书市""灯光晚会"等活动,这说明,我校对于硬空间和软文化之间的逻辑关系是有顶层思考的,在努力把硬空间建设与软文化建设共同指向办学目标,即"用真情与智慧,把学校办成师生共有的文化空间和精神家园"。当然,标志性的校园文化活动还不能等同于精神家园的建设。我们对于精神家园的内在本质传承也在作进一步的思考和实践。

除了以上涉及的这几个学校管理视角,需要融入整体"设计思维"创新管理的地方还有很多,比如学校的制度设计、队伍设计等,每一项都需要天天想、年年盘、下狠心、出绝招、担后果。校长的管理智慧和情怀就在其中不断生成。在创新驱动下的理念提升和任务更新是校长的本职。校长们都明白,变革学习方式以及与之配套的教育教学管理是承担起党的教育事业重任、履行好学校教育管理岗位职责的应尽义务。校长的创新素养决定了一所学校的成长高度。走过近二十年的学校管理之路,让我深感教育管理是一门充满教育情怀和行动智慧的专业。系统"设计"的管理可以帮助我们不断突破和创新,实现从梦想到现实一次又一次的攀登。

(2019 年 7 月 5 日在暑期校长培训区高峰论坛上的发言)

二、统整校本研修的顶层设计与实施

从广义上讲,教师的专业素养是指从教所必备的特质。从狭义上讲,教师专业素养主要由专业态度与精神、专业知识与技能、专业智慧与实践三部分构成。在传统概念中,教师的专业素养包括教师的思想道德教育、职业操守教育、人文素养的优化、学科教学能力、班级管理水平、教研组建设能力等。在不少学校,促进教师专业发展的教育管理功能分散在校长室、党支部、教导处、德育处、师训部、工会等各职能部门,相互少有关联。

自从推行校本研修,更多的学校在教师教育的规划和管理上有了一定的统整,并设立培训学分制以保障落实。但不可否认的是,不少学校还存在着相对偏重于某一方面培训的情况,如仅开展偏重学科教学能力提升的校本培训。长此以往,于教师个体的专业发展不利,于整个教师队伍的职业发展状态也不利。因此,以"全面指向教师专业素养发展"为导向开展校本研修是学校必须进一步思考与实践的新课题。基于这样的认识,近几年来,我校在指向教师专业素养全方位发展,务实、前瞻、创造性地开展校本研修上作了一些新的尝试。

(一) 在部门协调中实现研修内容的统整

我校师训领导小组对学校三年发展规划中关于教师队伍建设的预设目标进行分解。校长作为组长,每学年主持召开一次专项工作会议,由师训专管员根据分解目标提出下一学年校本研修的主要方向。在倾听和了解各部门校本研修或培训现实需求的基础上,集体讨论并确定研修的主题、内容、参与对象。然后师训专管员与分管该业务的部门一同撰写校本研修或培训方案,细化执行过程,其他各部门进行配合。

这样的操作流程,不仅凸显了校本研修作为全面提升教师专业素养重要平台的功能定位,而且保证了学校教师队伍发展目标的分解落实,同时提升了校本研修内容的系统性和协调性,避免随意和散乱。

(二) 在顶层设计中全面关注教师育人素养的发展

1. 按"需"设计

这里的"需"指的是教育发展之需和价值导向之需。例如,上海市教委几年前推出"绿色指标"评价体系,我们随即整体设计了"1+8"系列校本研修内容。所谓"1"是指在 2013 年寒假前开设有价值引领作用的"绿色指标见行动——教研组组长论坛";所谓"8"指的是从论坛开设之后到 2014 年 6 月,八个学科教研组每月一组,轮流面向全校解读与践行"绿色指标",开展跨学科校本研修行动。类似的行动还包括 2015 年的"零起点""等第制"校本实施,2016 年"小学生学习素养中指向建立联系能力培养"的实践研究等。总之,教育内涵深化到哪儿,教育改革进行到哪儿,我校紧密跟进的校本研修就进行到哪儿,教师专业素养的提升也随之努力匹配到哪儿。

2. 按"求"设计

这里的"求"指的是教师发展内需之求、解决实际问题之求。例如,青年教师提出,想申报教育科研课题却不知从何入手,具体问题包括最初如何确定选题、具体可以通过哪些方法开展研究、中期汇报以何种方式进行、后期如何撰写研究报告等。于是,我校有序地设计专题讲座,并开展一对一的课题研究培训,以满足青年教师在教育科研之路上的"起步之求"。

又如,面对育人诉求越来越多元的家长,班主任如何做好家校沟通,形成合力?遇到突发的意外伤害事故,怎样的处理流程是最正确有效的? 班级文化创建从哪入手? 这些班级管理的实务是许多班主任天天面对、必须做好的工作。针对班主任提出的这些培训需求,我校先后设计并开展了 2012 年"如何处理偶发事件",2013 年"如何加强家校沟通"、2014 年"如何设计学生喜爱的校园活动"、2015 年"如何建设班级文化"等专题培训,以解决班主任在班级管理中的实务之求。

3. 按"类"设计

这里的"类",指的是不同职业发展期、不同职业发展水平、不同职业发展定位的各类教师群体。按不同类别设计校本研修的主题、内容、形式、载体,明确各自不同的发展方向,有利于学校教师队伍朝着结构合理、整体协调的方向发展。例如,职初期青年教师专业素养提高的重点可以放在专业知识和技能的稳步提升上。我校校本研修的设计和实施侧重于帮助教师明确阶段发展目标,了解教育教学规范,熟悉教育教学流程,掌握可行而有效的方法等。又如,教育教学水平已经处于相对高位、经验相对成熟的各级各类骨干教师和学科带头人专业素养提高的重点可以放在专业境界和引领智慧的再提高上,有侧重地赋予其培训、带教、引领、辐射等一些具体任务,促进其进一步提炼并形成独特的教学风格,达到专业追求的新境界。再如,有不同工作风格、学习特质的教师素养提高的重点可以放在某项专业技能与行动智慧的深入挖掘上。发掘并放大教师的优势,使其专业素养迅速发展。

4. 按"岗"设计

这里的"岗",指的处于学校不同岗位,担任不同性质工作任务的教职工群体。在校本研修的顶层设计中,提升教师的专业素养需要全面关注教师教育、教学、管理等各项能力及与其所处岗位要求的匹配度。即便是处于二线或者后勤的人员,对岗位要求认知的持续更新也是必不可少的。例如,"十二五"和"十三五"期间,我校先后开展面向学科教师、班主任、教研组长、中层干部、后勤及二线人员等不同岗位人群的专项培训,内容具有强烈的岗位针对性,收到了良好的效果。

(三) 在组织实施中重视研修实施过程的创新

除了从顶层设计上关注教师专业素养的提升之外,我校在组织实施中重视每一次校本研修方案的具体设计,在研修过程中创新理念认同的方式、流程与环节组织的方法、研修范围等,收到了事半功倍的效果。这里举几个案例加以说明。

1. 中层干部校本研修:理念认同方式上的创新

我校早在2012—2015年发展规划中就提出了加强队伍建设,特别是干部队伍建设,适时根据实际需求进行适当增补和调整的阶段目标。2014年4月,我校面临一些年纪较大的中层干部即将退休,原有的中层队伍结构需要调整,亟待校级后备干部输出等诸多迫在眉睫的问题。在广泛听取教师意见并向区教育局组织科备案的前提下,我校开展了全校范围内的中层岗位竞聘,并对新旧中层的岗位任务分配进行全新的调整。与此同时,组织提升中层干部管理素养的系列培训。培训的内容不是单一的岗位要求,而是管理素养的全方位提升;培训的形式不是单一的说教,而是形式多样,知行结合;培训的结构不是单向的输出,而是外在的岗位培训与内在的自我研修交织,学思结合。

2. 班主任培训及研修:流程与环节设计上的创新

我校班主任培训以年级组为单位,现场抽取命题,在规定的两个半小时内团队合作设计方案、撰写活动串联词、制作讲解用的PPT。所有的行政人员都分解到组,提供后勤保障服务。到规定时间,各组代表上台,边演示边讲解各自的方案。我们邀请德育专家坐镇现场,认真听取各组汇报,最终评出最佳设计方案和最有创意设计方案。结合点评,专家就如何紧扣学生喜欢的主题开展活动设计为全体班主任作了专业辅导。前期培训结束后,作为延续,各组利用寒假组织小组研修,修改和充实活动方案,并在下一学期,结合切实的教育任务有效执行。

从这个案例中可以看到以下理念:①基于对优化日常工作的前瞻思考,以"解决学校教育教学问题"和"提高教师解决问题的能力"为主要内容,开展实务培训,教师会觉得更有用。②教师也喜欢生动的学习。适当创设合理、有趣的培训情境,多采用头脑风暴加智慧分享等培训方式,教师会觉得更有趣。③在有意义的任务驱动中开展校本培训,让教师带着问题学习,带着任务研修,比空洞的说教更容易内化,能更加迅速地提升教师的实践应用能力。④校本培训的成果预设需要显性与隐性并重,既注重教师内在能力与专业素养的提升,又恰如其分地为日常工作留下可以传承、分享、借鉴的经验。

3. 教师未来素养联合培训:研修范围与视野的创新

从经济合作与发展组织开展的教师教学国际调查(TALIS)2013调查结果看,上海的初中教师素养远超国际均值,或许可以推断,上海教师整体的专业素养在国际上也是较为出色的。但仔细分析数据,可以看到在信息素养、数据素养等面向未来挑战的应对力和创新力方面还是存在一些短板。基于改进自身现状的意愿,2013年底,我校牵头教育协作块(区域集团化办学模式之一)内其他五所小学,借助某数据专业机构的平台支撑,就教师面向未来的素养向全体教师开展了一次问卷调研。调研问卷包括六个维度(见下表)。

表1 "未来学校变革"问卷调研六个维度

创新意愿	考察教师对于改革创新的接受度
科学素养	考察教师是否了解现代生活当中常用的科学知识
信息素养	考察教师是否了解信息传播和处理的基本概念
数据素养	考察教师处理和理解大数据的能力
国际视野	考察教师对于教育国际化与信息化的了解程度
执行力	考察教师执行任务时的推进力度

根据调研结果,我们从近三百位参与调研的教师中筛选出前30%,委托培训机构开展"数据改变管理""数据改变课堂""数据改变评价"等专题系列培训,从大数据视角探讨未来学校的信息技术运用、学生发展策略和学校管理方法,开拓了教师的视野。

从这个案例中可以看出,实务性的培训很有效,有创意的培训很有趣,但不能缺少关于专业发展的前瞻性。在校本研修内容的选择上,除了聚焦教育改革中的热点问题,还可以将视角作进一步拓展。视野越宽广,教师专业素养的提高就越全面。通过教育协作块联合开展培训,受益面更广;对筛选的对象开展配套的后续培训,针对性更强。

我校的校本研修紧扣教师专业素养,用心改进顶层设计,不断丰富研修内涵,提升研修品质,凸显研修价值。这是我们继续要走好、必须走好的实践道路。今后,我们将继续努力。

(2016年7月发表于《现代教学》)

三、让项目化学习在校园真实发生

作为市级种子学校,我校申报的研究项目是"指向创造性问题解决的数学学科项目化学习课堂样态的实践探索"。这个名称听起来很长，其实仔细解读一下，它主要是由三个关键词构成的。围绕这三个关键词，我来做一个简单的解释。

第一个关键词是"数学学科项目化"，首先就意味着我们的研究是在国家课程体系当中实施的，主要的设计内容就是数学教材中的知识点和具体的内容，所用的主要课时也是规定的数学教学课时——当然也会视需要连接一些其他学科少量的课时，比如数学加自然，数学加美术或者数学加语文等。主要的教学设计和主导者是我们的数学学科教师。所以说，它主要是在国家课程体系当中来体现的数学学科项目化。项目化中包括核心知识内容的微单元设计、微任务设计。在我们的研究当中，一般一个微任务或一到两个数学学科核心知识在两到四个课时内完成，形成"从录像到知识能力的建构，合作探究初步的形成成果，再到抽象"的一个微单元，相对机动灵活，不改变太多的教学时空。

其次，"数学学科项目化"指向的是数学学科核心素养以及一些通用学习基础素养的培育。数学的学科素养包括数感、符号意识、空间观念、几何直观、数据的分析、观念运算的能力、理解推理的能力以及模型思想等。通用的学习能力包括认真地倾听、有序地表达、小组合作探究等。这些通用的学习技术素养也是我们的研究方向。总而言之，在国家课程体系当中实施，以微单元、微任务的方式包裹核心知识，指向素养的培育，这就是第一个关键词的内涵。

第二个关键词是"指向创造性问题解决"，这在我们的学科项目化当中实施其实是很难的。我们主要抓两条路径。第一条路径是将学科的核心知识与真实的世界建立有意义的联系。书本上的知识都是经过筛选和梳理后高度凝练的抽象的知识，而小学生感兴趣的是一些具象的事物。让学生带着具体的任务在真实的情境中完成探索，形成认知，总结后变成自己的经验，这样的学习过程可能对学生更有益。我们可以通过学科项目做到这一点。我们首先梳理了数学教材中可以进行项目化设计的内容，然后和一些真实的情境建立联系。比如四年级有一个数学学科知识是运用网格进行估测，我们就据此设计活动。我们设计的驱动性任务是给学校图书馆提出优化建议，学生首先需要了解图书馆现有的藏书情况，然后才可以在这个基础上调研学生的阅读需求，知道要扩容多少。这个任务带有综合性，学生非常感兴趣，也是贴近他们的生活的。这个项目中就包含运用网格估测的这个知识点。我们图书馆里面的图书架都是相对规整的一个一个格子,可以看作一个个网格,从一个网格藏书的数量可以推算出整个图书馆的藏书量。同时还可以复习二年级学的抽样调查这一知识点。了解学生现实的阅读需求需要大量的调研,抽取样本来调研是一个最有效的方法。综合这两个关于统计的新旧知识,用给学校图书馆提建议这一任务驱动学生真实地在情境中探究,让学生觉得所学的知识可以直接用来解决真实的问题。知识学得牢靠,学生对这种学习方式也非常喜欢。我们现在尝试从三到五年级的数学教材中选择相对适合开展结合项目化设计研究的部分,采用学科项目化的方法,作为对传统教学的一种相辅相成的补充,丰富学生的知识建构和能力的达成。

第二条路径就是用课堂中的深层评价作为学生学习的过程性思维支架。这句话怎么理解呢?传统的课堂教学当中,教师也越来越注重评价,但是很多评价都是预设的,都是教师先梳理形成一个框架或者一个体系,然后让学生在学习过程当中慢慢地去感悟、领会。而学科项目化学习希望减少预设,让学生用学习过程中所习得的共识作为自我评价和评价他人的内容,而且这个评价是在不断细化和丰富的。它既可以是学习过程中的一种学具,或者叫"思维之家",也可以作为项目完成之后评判某一项任务达成情况的一套标准。

例如,我们曾经在语文的学科小文化校本研究中,尝试给二年级学生设计"寻找最美朗读者"的学习任务。它的核心知识就是一至二年级所有的递进性的朗读要求,从一年级的读正确、读流利到二年级的读得生动、读得有感情。那么具体怎么达成这四个要求呢?我们让学生梳理一年级掌握的方法,然后迁移到二年级,看看现在又掌握了哪些新的方法,最终帮助学生形成一个比较高阶的思维,即判断朗读得好和不好是有层级标准的,每一个层级标准当中还有一些具体的达成方法。"寻找最美朗读者"这个任务最终让每个学生都能够理解并且掌握改进自己朗读和评价别人朗读的方法。

说完了第二个关键词,再来说说第三个关键词:"课堂样态的实践探索"。我们这里讲的课堂样态更多指的是学生的学习流程,而不是在课堂中呈现的状态。传统的学习流程大家都非常熟悉,我们回顾一下:引出课题新授或者教学新知,然后是巩固复习,再就是作业练习。无论哪个学科基本上都是这几个环节。在数学学科项目化学习的实践研究探索过程当中,我们慢慢地摸索,提炼出了几个新的环节,我们觉得是适用于学科项目化设计的。

第一个环节是指向确定,或者说明确指向,即整个微单元、微任务的设计要明确几个维度:①指向哪一个或者哪几个核心知识,这个目标一定要清晰。②素养培育的目标,即明确主要培育哪几个方面的综合能力。③整个微单元的框架要比较完整,微任务要比较清晰。以上三点构成了第一个环节:指向确定。这是整个学科项目化内容设计的灵魂。

第二个环节是问题驱动。这一环节也是非常重要的,我们把它比作心脏,因为问题驱动是学生学习过程中一个非常重要的载体。首先要确定驱动问题是否能与有意义的真实情境或虚拟情境建立联系,然后要考虑我们所设计的或者和学生一起探讨形成的任务或问题是否具有多重思维挑战性。此外,我们还要思考驱动问题可以和哪些学科进行整合性学习。这些要素构成了我们第二个环节。

第三个环节是项目实施,包括以下内容:一个微单元分几课时,每一课的细分目标是什么;具体的小任务有哪些组织形式;教学时空如何进行转换;怎样形成初步的成果;等等。

最后一个环节就是成果反思,在评价、展示或交流的基础上进一步提升。这四个环节构成学科项目化新的课堂样态。这几个环节是否有科学性、准确性,还要请专家来指导。但在实践中,这四个环节已成为教师在进行学科项目化设计时的"拐杖"。

围绕三个关键词,我把我校所申报的研究课题做了一个初步的解读。接下来介绍一个微单元,这个微单元的项目叫"我是航天小主播",是五年级的数学内容,关联的学科是自然。指向的核心知识是时间的计算,我们设定的目标是掌握常用的时间计算方法,并能结合具体的内容对时间进行合理的安排。这个目标可细化为四条。第一条指向核心知识,即会用线段图和竖式计算等方法来解决同一天当中时间的计算问题,并能够结合具体的情境,即天宫课堂来对时间进行合理的切分。第二条是小组合作,制订空间站直播计划,让学生经历时间的计算和安排两个过程。第三条细化的目标是自主探究,探究构成一份直播计划的基本要素有哪些,如何评价这些要素的达成度。第四条是情感方面的目标,即了解祖国航天事业的大发展,激发爱国热情,同时加强对时间观念的培养。

本项目具体的驱动性任务是在第一课时教师和学生共同探讨的过程中形成并发布的，即"如果我是航天小主播，如何制订一份空间站的直播时间计划"。

我简单介绍一下三课时的内容。第一课时主要是合作探究。通过观看"天宫课堂"的视频回顾中国航天事业的迅猛发展，激发爱国热情。同时引出"如果你能够到太空中实现旅行的话，你想为大家分享什么？最想分享的是什么？用什么方式来进行分享？"等问题，逐步引导学生理出驱动性任务，即制订一份直播计划。然后让学生初步探索直播计划大概有哪些基本的构成要素。最后引出的就是时间。除了时间之外，还有主题、内容、时间匹配、分工等。第一课时主要是对要素内容进行探究，形成初步的评价，再进行交流。支持第一课时学习的学习支架除了"天宫课堂"的小视频之外，教师还模拟了一份"天宫课表"，为学生提供学习单以及各类可以支持学生讨论的思维支架。

第二课时侧重于知识与能力的建构，包含合作探究及初步形成一些研究成果。第二课时可能相对数学的意味更浓，因为要让学生了解开始时刻、结束时刻和经过时间的区别，并且在计算的时候要知道满60分钟要进一小时，不满要退一小时等一些学科知识。然后是小组合作来完善时间要素，探究时间要素怎么和内容进行合理的匹配，时间的计算如何做到准确。然后进行一个总体的交流和评价。第二课时也会用到各种各样的学习工具，此处不多介绍。

第三课时相对比较简单，即进一步完善这份直播计划。每一个小组要把分工的安排落实好，做一些小小的美化。然后各组之间进行巡讲，相互借鉴点评。通过点评了解到一份直播计划要完成得好，主题要非常明确，内容要丰富且时间安排合理。因为是在特定的环境中直播，所以还有一些限定的条件，包括人员的分工等。

以上就是一个微单元的教学设计概况。今天做这个教研的工作坊，是带着问题来思考和讨论的。我们有三个问题供大家思考交流。当然也不必局限于这三个问题，还可以拓展。

第一个问题：如何让学科核心知识与真实世界建立有意义的联系且兼顾任务的合理性和学生的主动性参与性？

第二个问题：如何整合其他学科来丰富学科项目化的内容设计，促进项目化学习的高效实施？

第三个问题:如何生成有意义的评价指标,使之成为检验驱动性任务达成度的一种可依靠的支架?

希望今天能够得到各位老师及专家团队的指导,让我们把这条路坚定地走下去,走出自己的步伐。希望不仅是影响我们学校的数学学科教学,也可以在其他国家课程教学中用这样的思维方法去进行一种推演,最终能丰富学生的学习生活、学习方式,改变学生的学习习惯。这就是我们这项研究的目的。

(2021 年黄浦区校长高峰论坛上的发言)

四、上海市黄浦区第一中心小学 2021—2025 五年发展规划

(一) 规划制订的背景与基础

1. 规划制订的背景

2016—2020 年,我校以办学理念为引领,积极践行"用真情和智慧打造师生共有的文化空间和精神家园"的价值追求,主动探索教育综合改革背景下的内涵发展之路,促进了学校持续优质发展,赢得了社会赞誉,办学成效显著。我校于 2020 年 12 月接受了黄浦区人民政府教育督导室为期两天的综合督导,获得了督导室的高度评价。

面对未来新一轮的发展,我校将一如既往坚持社会主义办学思想,全面贯彻党的教育方针,坚持"五育并举",落实立德树人根本任务,以中共中央、国务院《关于深化教育教学改革全面提高义务教育质量意见》、教育部等八部门《关于进一步激发中小学办学活力的若干意见》等文件精神为指导,积极对标黄浦区"十四五"教育改革与发展规划纲要,以贯彻落实"双减""五项管理"等为抓手,构建"学校教育新生态",持续推动内涵发展高质量,为黄浦区"打造社会主义国际大都市核心引领区一流的现代教育"这一发展目标贡献智慧与力量。

2. 现有发展基础

(1) 优势

① 坚持依法科学管理,办学声誉持续提升。

我校全面贯彻落实党的教育方针,高度重视顶层设计,加强推进现代学校管

理制度建设,坚持依法科学管理,积极构建多方参与的治理格局;重视文化建设,积极践行"用真情和智慧打造师生喜爱的精神家园"的价值追求,打造师生共有的文化空间和精神家园,引领师生共同成长,办学成效显著,连续多年获得"上海市文明单位""上海市安全文明校园""上海市行为规范示范校"等荣誉称号,先后成为上海市首批依法治校示范校、市"书香校园"基地校、市家庭教育示范校、市心理健康达标校、市健康教育促进校、市义务教育项目化学习三年行动计划种子实验校、市小学低年级主题综合活动实验校、黄浦区创新教育学校项目标杆校等,办学品质不断提高,办学声誉持续提升。

② 注重分层培养,教师队伍持续发展。

我校拥有一支教育教学经验丰富、爱岗敬业的教师队伍。近几年来,围绕"队伍精干,发展自觉与创新活力并举"的教师发展目标,不断优化完善教师专业发展制度,为教师发展提供目标导向与机制保障。积极搭建不同的发展平台,满足不同教师的发展需求。加强中层管理队伍建设,设立青年后备管理力量轮岗体验机制,为中层管理队伍储备力量。注重骨干的培养和使用,让骨干教师担任工作坊主持人,组织开展国际或跨省市的教学研讨活动,为骨干教师提供高平台的展示、研讨舞台,积极发挥其示范引领作用。重点打造青年教师队伍,为青年教师创造各种锻炼机会,助推其快速成长,成为学校未来发展的中坚力量。

③ 落实"五育并举"方针,促进学生精彩成长。

我校坚持立德树人导向,管理保障,研究跟进,多措并举落实学生"五育并举"的发展目标。健全德育工作管理制度和运行机制,形成全体师生认同和自觉遵守的制度规范。抓实师德教育,提高全体教师的育人自觉性和能力,将德育融入日常教育教学。重视班主任队伍建设,落实班主任培训、带教、管理、评价考核等措施。创新班级管理,注重学情分析,提高学生工作的针对性和有效性。充分整合利用校内外资源,拓宽教育渠道和内容,发挥课程教学、各类活动的教育功能,促进学生全面发展、精彩成长。

④ 聚焦育人方式变革,提升学生学习素养。

我校积极参与上海市教科院普教所"学习基础素养"项目研究,以项目化学习作为撬动学校教学改革的支点,深入开展课堂实践研究,促进教与学方式的转型。通过对"情境—规则—工具"等要素的研究,探索促进学生学科素养提升的途径和方法;通过对学习内容的任务化、情境化、游戏化设计,优化课堂实施,促进学习效能。以学生为中心,聚焦核心素养培育,加强课程统整、综合和跨学科学习,突出实践,变革育人方式。围绕核心素养,开展基于课程标准的教学和评价,促进学生基础性学力的养成。

⑤ 聚焦空间创意设计,支撑教学有效变革。

我校以"办学生喜欢的学校"为价值追求,关注校园空间与学习空间在学校整体环境中的融合。作为市教委"指向创新素养培育的学习空间重塑研究"课题核心成员校,以"遵循儿童立场,慧创学习空间"为方向,重塑校园学习空间,以系统思考、整体规划、分步实施的策略,打破常规的变革思路,对学习空间进行了系统化的全面重塑。连续八年对学校传统教室、专用教室、公共平台和走廊分步进行了重构再建,满足多种教学需求,让学校课程融入校园环境,让环境成为学生学习的隐形课程,成为支持教与学变革的有效资源。我校在空间重塑方面的实践成果特色鲜明,在市(区)享有很高的知名度。

⑥ 聚焦集团共建共享,促进优质均衡发展。

我校从 2012 年开始成为区域教育协作块的牵头校,坚持发挥龙头学校的示范引领作用,以管理互通、研训联动和课程共享为切入点,建立章程、完善机制,不断健全协作区内的治理体系。加强协作块学校间的教学共研和课程共享,通过学科工作坊、协作块班主任培训、教学比武、教师才艺展示、低年级联合主题活动等,有效促进了协作块内优质教育资源的共享、教师间的交流力度和队伍共育,进而促进协作块内学校的共同发展。2020 年,我校又成为格致教育集团成员校,为推动黄浦区教育优质均衡发展贡献了办学智慧,发挥了积极作用。

(2) 不足

我校教育教学改革成绩明显,拥有很好的社会声誉。但随着新时代教育改革的不断深化,我校也面临着新的挑战与机遇,在新一轮发展中仍需对百年老校的文化精神作进一步的挖掘与提炼。

我校采取了一系列有力的措施加强队伍建设,但面对新时代新要求,学校教师队伍的年龄结构、职称分布还不够合理,部分学科骨干缺乏,个别教师工作内驱力还需进一步激发。

我校项目化学习的实践研究在市(区)有一定的影响力,推动了学校课堂教学的变革,取得了一定的成效。但要巩固标杆校的定位,项目化学习的目标、内容、实施和评价的系统性还需要进一步完善。

(二) 2021—2025 年发展目标概述

1. 办学理念

以人为本,追求人的发展。

2. 价值追求

用真情和智慧同筑师生共有的文化空间和精神家园。

3. 三风建设

"创新、自主、和谐"的校风;"开拓、自立、和洽"的教风;"进取、自勤、和悦"的学风。

4. 学校阶段发展目标

通过教育管理顶层设计、教师队伍创意引育、课程内涵迭代升级、教学方式变革突破、学习空间系统再造等途径,推动学校教育形成"五育融合"、持续发展的高质量和新样态,努力成为上海市中心城区兼具百年文化底蕴和创新发展动能的创新发展标杆校。

5. 教师阶段发展目标

倡导"真情育人、智慧育人"的育人文化,形成"精研精进、共研共进"的教研文化。通过启动"师能、师爱、师养"工程(简称"三师"工程),进一步建立健全黄一中心小学教师学习、工作、关怀、奖励等各项机制,打造一支敬业爱岗、有追求、个人素养全面、团队协作发展、富有创新活力、能应对高质量发展任务要求的创新型教师队伍。

6. 育人目标

培育德智体美劳全面发展,能力素养与社会性发展良好的五色全能"小睛睛"。

红色——德育:明是非、讲诚信、正言行。

黄色——科学:爱学习、善思考、勇创新。

绿色——体育:勤锻炼、耐挫折、强体魄。

蓝色——艺术:扬特长、懂欣赏、添才艺。

紫色——实践:能合作、会探究、乐公益。

7. 课程建设理念

全面成长与个性发展并重,实践能力与创新素养并举。

8. 课程目标

建设具有"融思、融智、融美、融创"特质的"晴彩课程",促进学生和谐发展、自主发展、创新发展。

(三) 分各领域发展任务

1. 学校发展任务

坚持党组织领导的校长负责制。依法治校,保障师生的合法权益。修订新一轮学校章程,健全和完善各项规章制度。践行高质量发展理念,系统思考,顶层设计,一手抓大力推进各项综改任务的内涵建设,不断筑高育人境界和水平,赋能师生发展;一手抓落实落细各项保障与支持系统的应用性建设,形成学校治理的良好生态与格局,在继续保持"上海市文明单位"等诸多荣誉的基础上,新增更多办学亮点。

以综合改革重点项目的实践研究为引领,不断提升教育教学品质。轻负担、高质量,持续保持"绿色指标"均衡高位走势;攻坚克难,继续推进学科项目化学习的深度研究,履行好市项目种子校的研究职责和区域辐射的带动职责;"五育融合",持续发展学校各项课程特色,形成文化品牌和典型经验,更高质量地惠及师生发展与成长;统整调配,继续借助系列学习空间的打造,将数字化教学场景应用和数字化评价应用融入其中。

以高质量紧密型教育集团的创建为目标追求,进一步发挥黄一中心教育协作块龙头校的引领作用,不断创新教育集团化管理,丰富教育集团化建设的内涵,实现"精彩绽放,美美与共"的共赢格局。同时作为格致教育集团成员校,积极参与集团各项活动,借势借力,以更丰富的教育资源赋能师生,做好创新人才一体化培养的实践探索。

2. 教师发展任务

全面加强党的领导,提升教师思想政治水平。健全把骨干教师培养成党员,把党员教师培养成业务骨干的"双培养"机制;加速思政教师队伍建设与制度保障;继续加强师德师风建设,坚持以"四有"好教师的标准引领,形成师德师风多方位监督机制,打造一支思想政治素质过硬、师德师风优良的育人锋范队伍。

科学合理地配置师资。为使教师数量和学科结构相匹配,满足教师一专多能的发展需求,学校应为教师创造更多实践岗位和机会,培养教学多面手;增强跨学科综合活动教师的培养;通过专家指导、互助共研、双师组合等多种途径和通道全面提高教师的课程设计能力、教学设计能力、活动设计能力和班级管理能力。

制订学校教师队伍发展专项计划,明确目标任务,确定路径方法,切实解决未来五年师资队伍"集体退休"、断层凸显的现实问题。加强管理干部和学科骨干的梯队建设,有计划、有步骤地起用年轻干部,搭建各种平台锻炼教学、科研、班级管理等各类骨干。

进一步优化教师各类发展指标。我校教师具有本科学历的占比达 90%～95%,有研究生学历的占比达 10%～15%。副高职称比例有所提高,继续争取实现正高职称零的突破。各级各类骨干、学科带头人比例在区内有一定优势,党员教师比例稳步提升,作用得到更充分发挥。

教师管理机制更加完善。深化教师人事制度改革,在原有系列管理制度的基础上进一步完善教师关爱制度、助学制度、奖励制度等。

3. 课程发展任务

基于"全面成长与个性发展并重,实践能力与创新素养并举,为学生提供精致、优质的课程服务"的课程理念,通过"融入项目化学习等综合学习方式推动国家课程中的学习变革""学校文化底蕴再挖掘,促进红色思政课程再提升""学校特色课程再深化,促进'五育融合'发展再创新"三大路径,不断优化迭代现有的学校课程体系,建设具有"融思、融智、融美、融创"特质的、"五育融合"的"睛彩课程",促进学生和谐发展、自主发展、创新发展。

① 国家课程高质量落实。

· 国家课程校本化落实体现普惠性。

在立德树人、"五育并举"的大背景下,学生的全面发展是国家课程的导向。因此,基础型课程的具体设计和实施应服务于每位学生的全面发展,体现普惠性。

持续增强课程意识,努力提高课程领导力。根据教育形势发展的新要求及日常教学中碰到的实际问题,每学期由学校顶层设计校本研修的内容模块,由教导处、科研室等具体细化研修的执行方案,体现校本研修促进教师发展、进而服务于学生成长的价值。

深化"项目化学习"研究,让每一个学生在问题解决中学会创新创造。进一步深化和拓展学科项目化学习研究,尝试在不同学科课堂教学中用项目化学习的思路开展学习设计,将项目化学习融入基础型课程三级课堂的创建,更高效地培育学生素养。

· 国家课程校本化落实体现精准性。

深刻学习领会各学科课程标准,在上海市教师教育学院(上海市教育委员会教学研究室)的专业引领下,聚焦教学与评价,精准教学,精细评价,全面提升教育质量。

② 校本课程体系迭代升级。

结合办学目标,重构和优化现有校本课程,为学生提供内容丰富、形式多样的课程选择,逐步架构知识体系,用融合的课程丰富学生体验,帮助学生拓宽知识面,提升综合素养。我校将逐步对原有的课程体系进行策略性的迭代升级,以形成"五育融合"的学校课程体系。

我校将对原先课程体系中"睛彩之窗"拓展型课程的六大系列课程内容进行梳理和优化,对标中国学生发展核心素养体系中的 18 个基本素养培育点,选择适合的课程,以核心任务作为载体,设计综合的项目化学习任务,将各素养培育点融入课程体系。同时,对学习空间与课程学习形态进行同步改变和发展。从多学科走向跨学科的项目化学习设计,将基础型课程中的各学科进行融合互通,课程形式与内涵不断迭代与创新,最终逐步形成具有项目化学习特质的学校课程群。

· 提供多样性的课程。

在必修的基础型课程之外,我校构建了"睛彩之窗"拓展型课程,分为"运动健身、艺术人文、民族文化、科技素养、国际视野、动手实践"六大板块,共四十多门选修课供学生自主选择。同时点面结合,为有兴趣、爱好和特长的学生开设提高型社团与兴趣小组,使学生的个性获得更充分的发展。每学期,教导处根据既有课程的受欢迎度和新兴课程资源的引入情况对课程内容进行微调,推陈出新,不断激发课程的生命力。

在"睛彩之旅"探究型课程板块中,开设贯穿五年小学生涯的"睛彩之旅"仪式教育课程、社会实践课程和生命课程,满足学生全面发展和个性发展的多重需求。

"睛彩之旅"探究型课程由以下三个部分组成:

第一,一至三年级开设探究课,以配套资料包为主要教学内容,每周一课时,排入课表。

第二,"睛彩之旅"仪式教育与生命教育课程内容设置。其一,仪式教育课程。经过多年实践,我校已经形成了一套比较成熟的仪式教育课程,每个年级、每个学期都有切合学生年龄特点的仪式教育课程,从一年级的入学仪式到建团、入队、十岁生日、毕业典礼等,课程内容贯穿整个小学的学习生活。其二,生命教育课程。我校将原先较为分散的、关于生命与成长的专题课程与每个年级固定的仪式教育相配套、相整合,对仪式教育进行实质性内容补充。

第三,"睛彩之旅"社会实践课程常规内容设置。设计形式多元、内容多样的"睛彩之旅"社会实践课程,丰富学生的学习体验,在活动中培养学生的实践能力和创新能力。

· 培育前瞻性的课程。

21世纪的学生有高阶学习的需求,即以追求人的发展为核心,围绕核心素养,面向未来工作技能的新文化素养。它同时促进新的教育模式变革——在课程设置方面,从各自为政的分科目到主题式、项目化、跨学科课程;在教学方式方面,从以教师为中心到以学生为中心,从孤军奋战到团队合作。如今的教育需要面向未来的课程,并确保这些课程从设计、实施到评价都具有前瞻和引领性。

我校"睛彩之窗"拓展型课程包括三大类:一、二年级开展主题式综合活动;三年级开展指向素养培育的"1+N"项目化学习活动;一至五年级的学生都可以自主选择参加每天课后的提高型社团与兴趣小组。其中许多课程是基于学生素养培育的学校特色课程。现具体介绍后两类活动课程。

三年级"1+N"项目化学习活动中,我校教师与同济"未来创造家"团队共同开发了"未来创造家系列课程"。该课程旨在将设计学研究范式嵌入学生的日常学科学习,一方面,通过学习设计学中建构化研究的方法培养教师建立学科知识点关联网络的能力,以便设计出问题解决的高阶策略,解决学科知识点线性教学与真实问题非线性存在的矛盾;另一方面,学生通过运用设计学的相关知识,对真实生活中的复杂问题进行结构化梳理,打通知识系统性与问题情境性之间的壁垒,也为日后生存技能作前置储备。

提高型社团与兴趣小组活动是在保留原有"睛彩之窗"拓展型课程和"睛彩之旅"探究型课程中一部分传统课程的基础上,对标中国学生发展核心素养体系中 18 个基本素养培育点,选择适合的课程,以核心任务作为载体重新设计的综合项目化学习任务。包括:以培育人文积淀和审美情趣为导向的"童心视界"少儿视觉艺术课程、以培育国家认同和国际理解导向的"我们的蓝色国土"海洋教育启蒙课程、以培育创意思维和工程实践素养为导向的"未来创造家"创意实践课程、以培育科学精神为导向的"DI 风暴"创新思维课程与以创意思维培育和社会实践为导向的"TE 校园创业大亨"社会认知与商业素养启蒙课程。通过这些课程让学习横向延伸,让学生的核心素养得到全面培育。

③ 课程评价平台的打造。

作为黄浦区创新教育标杆校,我校聚焦学生综合素养评价,已经开始着手打造铸就学生"睛彩"未来的数字化专业评价系统,记录学生成长轨迹,指引其未来发展。

· 确定评价维度。

拟确定六大评价维度。除指向德育的"行为与品德"、指向智育的"学习与能力"、指向体育的"运动与健康"、指向美育的"艺术与表现"和指向劳动教育的"科技与实践"外,聚焦项目化学习的研究,借助平台对学生在项目化学习中的能力和高阶思维发展进行跟踪与评价,因此增加了"创新与发展"维度的评价。

· 确立评价指标。

以教研组为单位,组织教师对六大维度中的评价内容和评价指标分别进行设定,分为一级指标和二级指标。

· 实施平台评价。

组织教师对德智体美劳五大领域的内容进行操作,从建立课程体系、创建课程方案、课时阶段设置、评价指标设置到最终形成学生的评价报告。以教研组为单位,组织教师反馈评价平台使用意见或建议。

· 实施"创新与发展"维度的评价。

创建项目化学习方案；设计学习工具；确定各课时评价维度与指标；实施项目化学习；选择需评价内容，提供相应学习单或学生成果；对学生进行过程性和终结性评价；查看学生综合素养报告。

④ 进一步完善校本质量保障体系。

根据新的教育形势与要求，适时调整各项机制，修订并健全各项制度，确保我校教育教学质量稳步提升。

· 合理整合多方资源，定期开展调研与诊断，并进行有针对性的改进和完善。

· 在全面实施等第制评价并完善学校新一轮课程方案的基础上，初步完成本校学生综合能力评价平台的构建，并不断在实施过程中迭代。

· 明确质量保障体系涵盖的四大方面（德育管理、教学质量、特色课程、身心健康）的责任人，建立每学期分析汇报制度与考核评价制度，坚持正确的质量导向，落实科学的质量管理，促进学生的健康成长。

4. 学生发展任务

培育德智体美劳全面发展，能力素养与社会性发展良好的五色全能"小睛睛"。简要概括为：讲文明诚信、善学习积累、乐思辨创新、勤强身健体、会生活玩耍。

① 立德树人，聚焦公民人格养成。

以"培养与社会主义现代化国际大都市中心城区所需公民道德素养要求相一致的未来建设者和接班人"为目标，积极推进具有现代教育特征鲜明的新时代德育工作：进一步完善以思政课为主体，学科德育和德育特色课程为两翼的德育工作主阵地；进一步构建体现"六育人"路径的校内外育人共同体。

② 因材施教，丰富学生学习体验。

充分整合教育资源，建立起广泛参与、保障有力、层次鲜明的"睛彩课程"活动序列。基于学生的不同个性，提供更加丰富、更多层次和领域的课程资源与学习机会，让学生在更开放、更个性、更高效的学习氛围中释放潜能，主动学习，快乐成长，彰显个性，全面发展。让更适合的教育教学促进每个学生具备面向未来的核心知识、必备技能和关键能力。

③ 强健体魄,守护健康阳光成长。

实施健康校园促进计划,依托大数据信息平台,逐步完善学生体质健康监测与分析机制。完善学校传染病的防控机制与保障举措,坚决守牢学校公共卫生安全防线。深化"医教结合",做好近视、肥胖等常见疾病预防的监测干预工作。聚焦文明用餐、自我保健、垃圾分类、环保节能等专项行动,合力推进新时代校园爱国卫生运动。加强健康宣教,提高学生的健康意识和卫生防病能力。

④ 以美养心,提升艺术综合素养培育。

加强中华优秀传统文化艺术教育、美育课程建设及美育环境优化。充分挖掘资源为学生提供艺术实践的条件,力求让学生拥有一项能终身受益的特长。通过校园歌舞剧表演、民乐演奏、舞蹈排练等方式,不断向艺术节输送节目,为学生的艺术素养展示提供更高、更大的舞台。同时适时引进优秀的剧目、团队加入,丰富校园艺术教育的内涵,提升校园艺术教育的活力。

⑤ 知行合一,加强现代劳动教育。

充分发挥现代劳动教育的综合育人价值,聚焦培养学生创新意识和创造能力的现代劳动教育,通过规范劳动教育课程、创新校内劳动实践、繁荣校园劳动文化、重视日常家庭劳动教育、开展多样化社会劳动实践等途径,不断赋予劳动教育新的时代内涵。

采取的具体措施有:

① 思政建设。

坚持以提升学生思想道德素养和增强德育工作实效性为目标导向,以爱国主义教育和公民道德建设为主要内容,夯实思政课程和学科德育,注重融入贯穿,把社会主义核心价值观教育内容和要求体现在各学科教育中。引导学生把社会主义核心价值观作为明德修身、立德树人的根本。

继续"我们的蓝色国土"特色课程的区域共享,利用"特色课程+主题活动"双渠道设计进行辐射及外延,构建"小学生海洋学习共同体"。

弘扬法治精神,促进校园和谐。利用少先队活动课、法治行规课,结合教育时机相应开展宪法、民防、禁毒、安全、行为规范等专题教育,进一步增强师生法治观念和法律意识,促进依法治校、依法执教、普法育人,积极打造平安、文明的校园。

继续以"童心视界"为载体,借助影像中的红色记忆开展"睛睛学党史"活动;通过道德与法治课讲读红色读本等形式开展"四史"学习,引导学生学史明理、学史增信、学史崇德、学史力行,从小树立正确的历史观、民族观、文化观、国家观。

② 校本德育品牌建设。

加强行为规范教育,保持上海市行为规范示范校荣誉。根据学生身心特点和时代发展要求,提出"有序、有规、有度、有智、有美"的"五有"的行为规范培养目标,即培养在家庭、校园、社会生活中守秩序、讲规则、守法有度、有智慧、创造美的阳光学子。

加强心理健康,建立以心理健康教师为主、班主任为辅、各科教师为基础的学生心理教育战线,为全校学生的心理健康保驾护航。编写心理社团教案《一盏盏亮堂堂》,进行有针对性的辅导。采用开设心理辅导课、举行"阳光小屋"心理咨询、办好"心灵信箱"等多种方式,努力提高心理教育的针对性和有效性。

建立和完善学校、年级和班级三级家委会制度,调动家长参与学校管理和教育教学活动的积极性。定期举办"睛彩之家"家长学校讲座,定期召开形式多样的家长会,通过创建学习型家庭等活动开展家教交流。设立"校园开放日""家委会驻校办公"机制,引导家长关注学生的全面发展,推动家校合作,共同育人。重视社会资源的开发和利用,建立学校社委会制度,充分利用社会资源为学校课程建设拓展空间,提供专业支撑,为学生提供丰富的学习经历。

继续打造校园文化精品系列,形成各有特色的艺术节、体育节、书香节、科技节等校园文化节日。在前几年的积累基础上,对活动内容进行分析、提炼、再加工,使其成为有主题、有序列、形式多样、体验丰富、师生喜爱的校园盛典。

创建健康校园活动。以"为学生提供丰富的运动经历和体验,让每个孩子都能找到运动的时间和空间"为指导思想,构建体育兴趣化课程,努力把普及与提高、传承与发展、运动与文化等要素融入课程,不断激发学生参与运动的兴趣性和积极性。

继续开展丰富多样的校园科技活动。通过 DI 创新思维、校园大亨、无人机等课程,引导学生对科学形成正确认知,对科技充满创想和探索热情。

建立全员导师制。因材施教、因人而异,关注并回应所指导的学生在心理、学业、生活等方面的个性化需要。

5. 资源保障任务

进一步加强机制体制建设,完善各类制度和管理措施,统整运用好空间环境、设施设备、信息技术、社会资源、家长资源等各类人、财、物资源,作为整体支持教育内涵发展的外部系统,赋能和助力学校各项事业的高位均衡发展。

以"全育"和"全予"为宗旨,继续推进并全面完成校园全域学习空间改造,形成功能凸显、特色鲜明、实用有序的系列学习空间,增加智能化和信息化的同步设计,支持跨学科综合学习,满足师生教学方式变革的物质需求,成为上海市基础教育段示范性样板。

进一步完善各类校园设施设备,做到两个"确保"。一是不断优化灯光照明、安全监控、防火防汛、消毒通风、饮食饮水等各类各仪器装置或设施设备,确保师生身心健康,在安全舒适的校园里工作和学习。二是定期更新或迭代教学电子屏、电脑、体育运动器材、科学实验器材、劳动材料工具等,确保师生能与时俱进地开展各类学习,满足教育教学的各种功能需求。

努力在现有场地条件下,尽最大可能扩大体育场地面积。一是通过"上天入地"的方式,深入挖掘潜力,发挥统一空间的复合功能,一地多用,同时将公共空间中的小边角打造成支持学生校园微运动的"金角银边"。二是租借周边社会体育场地资源,为学生提供就近、安全、规范的体育运动场地,丰富体育课程资源。

充分挖掘学校各类资源,统整利用,实现效益最大化。持续推进"睛睛导师制",完善机制,提炼经验,让每一位教师都成为助力学生成长的贴心人、引路人。持续进行家、校、社一体化建设,发挥二级家委会参与部分学生管理工作的主观能动性,办好家长学校、家长沙龙,优化家长课程。挖掘学校周边在地文化资源、专业资源、场馆资源,持续推进与高校、专业机构的合作,扩大优质共享通道,丰富课程体验。

五、课堂变革:聚焦学习素养培育的课程实施

上海市黄浦区第一中心小学是一所具有近 110 年历史的老校,是上海市整体改革实验学校,上海市教育学会小学语文教学研究专业委员会、小学数学教学专业委员会实验基地。进入 21 世纪以来,我校围绕学生成长需要,积极探索课程改革和课堂教学变革。

（一）课程背景

1. 课程发展基础

我校坚持"以人为本,追求人的发展,用真情和智慧打造师生共有的文化空间和精神家园"的办学理念,形成了"创新、自主、和谐"的校风、"开拓、自立、和洽"的教风和"进取、自勤、和悦"的学风。我校始终坚持聚焦课堂,致力于学科教学研究,积极探索实践,不断完善并丰富拓展型课程和探究型课程的设计、实施、评价、再完善,形成了良好的课程发展基础。

2. 课程理念和目标

课程目标基于我校的课程理念,并与总体的办学目标一致。在我校"以人为本,追求人的发展,用真情和智慧打造师生共有的文化空间和精神家园"的办学目标总领下,基于"全面成长与个性发展并重,实践能力与创新素养并举,为学生提供精致、优质的课程服务"的课程理念,将我校的课程目标定为:让学生实现和谐发展、自主发展、创新发展。

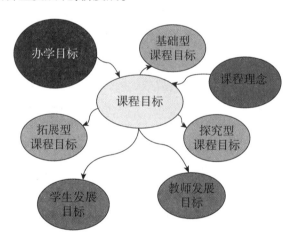

图 1　课程目标群示意图

3. 现实处境与应对

"为了每位学生的发展"是我国基础教育课程改革的核心理念,也是未来课程改革的基本趋势。那么,如何实现育人方式的转变,进而落实学校的课程目标?

在目前的基础型课程教学中,学生的学习内容、方式、时空都是单一的,学生缺乏自主学习的权力、动机和兴趣,也缺乏自主学习的时间和空间;而绝大部分教师则仍在凭经验用习惯的甚至是保守的教育行为来进行教育工作。在教师工作负担过重和人的价值取向多元化的今天,转变教师的教育观念,改变教师的教学行为,也是我们亟待思考并实践的。

而从现有的拓展型和探究型两类课程的建设来看,尚未形成一个完整的课程体系,只是由一个个小课程串联而成,学生学到的只是零散的、碎片化的知识,无法形成自我的知识系统。还有一部分课程由于在开发时既没有顾及学生真正的学习需求,也没有考虑结合学校、地区以及社会的需求,导致缺乏活力。

通过以上对三类课程的分析,我校决定进行前瞻性的课程改革:聚焦课堂变革,转变育人模式。在做了大量的调查研究并盘整现有资源后,自下而上地对我校原有的课程框架进行重新架构,让三大课程板块齐头并进、相互补充,充分满足学生学习的个性需求,共同服务于学生的全面健康成长。

以全学段开展"基于课程标准的教学与评价"研究为教研抓手,以部分年级"融入学习素养,聚焦学习能力"项目与"'项目化学习'在学科教学中的融入与创新"项目研究为科研抓手,整体推进基础型课程建设,在形成良好学习素养的过程中促进学生发展。

"睛彩之窗"拓展型课程利用周五"快乐活动日"时间,通过选课走班制等形式,为面上所有学生提供拓展学习的资源、条件和机会;同时利用课余包括早晨、午间和放学后"330"时间,通过社团活动、兴趣小组活动等形式,为部分有兴趣、爱好、特长的学生提供拓展学习的资源、条件和机会,在拓宽学习视野的过程中促进学生发展。

"睛彩之旅"探究型课程利用市教委课程计划中规定的集中课时以及寒暑假,开设成长仪式教育课程和生命教育课程、社会实践课程,以年级、班级为单位开展学习和实践,在丰富学习经历的过程中促进学生发展。

(二)课程实施

1. 指向素养培育的基础型课程变革

以国家课程为载体,在全学段开展"基于课程标准的教学与评价"研究的基础上,在部分年级开展"融入学习素养,聚焦学习能力"项目与"'项目化学习'在学科教学中的融入与创新"项目研究,整体推进基础型课程建设,促进学生养成基础性学力,为学生的终身和谐发展奠基。

（1）"融入学习素养,聚焦学习能力"项目研究

通过近几年"以学习为中心"的课堂变革研究,我校在课堂教学的设计和实施过程中,总结了以下培育学生学习素养的策略。

① 设计规则,使学习约定促进课堂交互。

在以语文、数学为主要研究学科的课堂实践中,从课堂组织文化、学科学习要求、具体学习步骤等不同维度形成师生共同的"课堂约定",立体地构建起师生共同遵守的、全新的课堂文化,并以之为基础来支撑情境的创设和工具的使用。

· 教师的教学设计规则。

以追求"内在稳定、协同有序、学习真正在发生的课堂"为目标,教师基于实践总结出了以下规则:从学习较困难的学生启动教学,关注学生是否真正发生学习;课堂低控,气氛柔软,教师退为"隐形"的学习设计者;裁剪学习素材,减少流程环节,把每一环节内学习与互动的容量做大;鼓励学生提出问题,巧妙设计情境任务,依据学生年段特点,多作可视化呈现……

· 师生课堂文化约定。

通用类规则,包括倾听、分享、有序、互助等。从一年级起就可以在各学科课堂中不断强化,并将之逐步培育成课堂文化。比如,认真倾听老师和同学的发言与讲解,目光专注,积极与表达者的思维与情感产生联接;积极融入小组合作学习,小组合作中分工明确,各司其职,全班有共同的时间约定……

学科类规则,即不同学科根据各自的学科特性和学习需求制订的学科学习规则。比如,数学学科的规则有:组织交流的规则——遵循"明确要求,独立思考,同桌互议,组内交流,全班分享,互评互补"的流程。海报撰写的规则——有组织者,有具体分工,关注弱势同学,讨论充分后再落笔,注重表达的逻辑,全班分享时不忘提及有特别贡献的同学。

程序类规则,也就是在具体开展某项活动或完成某项任务时的步骤和流程。比如,自然学科的规则有:活动安排的规则——有序开展,难度递进,设计合理。工具使用的规则——安全放置,规范使用,及时收纳。数据记录的规则——及时记录,如实记录,正确分析。实验操作的规则——安全有序,操作规范,分工合作。

② 设计情境,把探知过程还给学生。

教师尝试通过单元整体设计、教材内容重组、课程目标对应等策略,将课程

标准的落实置于一个个具有挑战性的情境任务中。在实践过程中,遵循以下基本原则。

· 挑战性原则。

情境中的任务不能与生活割裂,教师要在真实生活中寻找情境素材,与所要学的知识点对接。任务设计上要具有一定的复杂性和挑战性,更有利于学生激发群智,将"真正的学习"带入学习情境。

例如,在数学三年级第一学期的《除法的应用》一课中,教师基于这节课的知识点"根据实际情况解决除法算式中的余数",结合学生的知识经验和认知水平,适当考虑了任务的复杂性,构成了本节课具有挑战性的任务:选择合理的游船和住宿方案。运用"有余数的除法"这一知识点,通过比对、筛选和优化解决了生活中的实际问题。

· 分层性原则。

设计情境任务时,为了使学生更高质量地完成任务,对各个层次学生的任务达标进行分层设计。

例如,在道德与法治五年级《拓展板块:黄河、长江古遗址》一课中,教师发现这些内容与四、五年级已经学过的该学科教学内容有许多相关性,于是设计了以下的情境任务:目前我们已学习过6000年前的崧泽文化、4700年前的良渚文化、三四千年前的三星堆文化以及7000年前的河姆渡文化,请继续探究黄河、长江流域的古遗址,选择一至两个内容,用你喜欢的形式向同学作专题介绍。

从学生完成情况来看,大致可以分为三类:第一类,能对已知的信息进行再探,也就是在重温学过的四个遗址文化的基础上深入探究,用文字和图片的形式呈现丰富的细节;第二类,能对未知的信息进行初探,出现了对半坡遗址、老官台遗址、半山遗址、裴李岗遗址、田螺山遗址、石家河遗址、大溪遗址、贾湖遗址等未接触过的文化遗址的探究;第三类,能对查找到的信息进行归类统整,比对差异。

· 整合性原则。

情境任务的设计还要考虑整合性,包括同一单元目标下同质学习内容课时的整合、跨学科的整合以及学习内容与校园活动的整合等。在课时相对有限的现状下,对某些学科作单元统整设计有利于同步提高教与学的效能。

例如,在语文三年级第一学期第四单元中,基于单元目标,教师通过创设"与名人同行"这一情境,利用单元学习单,引导学生掌握正确的预习方法。借助学习单中的表格,请学生在阅读中关注人物的简介、具体事例以及精神品质,从而巧妙地将这些同一单元目标下同质的学习内容进行了统整,落实单元目标。同时将原先"一文两课时"调整为"两周一单元",如此切割,在提升阅读成效的同时,强化了学生的自主学习能力。

· 递进性原则。

在设计任务时,要密切关注任务间的前后联系和层层递进,让学生更好地建立与真实世界的联结,促进学习的迁移。

例如,数学五年级第二学期"可能性"这一单元,教材中安排了丰富多彩的动手活动。教师先对这些活动进行梳理,汇总成一目了然的总框架图(见图2),然后进行对应的游戏化设计。学生在游戏中尝试探索、理解规则,并通过概率知识进行预测、观察和探究,从而在真实生活和抽象概念之间建立联系,增强对概率知识的运用。

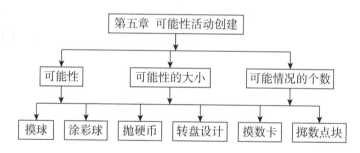

图2 数学学科递进性情境任务设计

③ 设计工具,让思维支架伴随深度学习。

在课堂实践研究中,教师对于学习工具作了进一步的细化和分类,并在各学科中进行个性化的设计与使用。

· 工具的分类。

在以学习为中心的课堂中,学习工具的设计从功能角度主要分为两类,一类是支持学习者学习并提供学习策略的普通类基本工具,另一类是促进学习者学科思维外显化的学科类专用工具。从学习方式角度主要分为两类,一类是支持个体学习的思维工具,另一类是支持小组合作的思维工具(见表2)。

表2　学习工具设计分类例举

分类	普通类 基本工具	学科类 专用工具	支持个体学习的思维工具	支持小组合作的思维工具
举例	1. 标贴纸 2. 彩色笔	地图	黄浦区著名景点实用信息整理表	"黄浦一日游"合作设计记录单
作用	1. 辅助完成基本学习任务 2. 辅助完成特定学习任务		1. 个体学习时辅助思考和信息提取 2. 合作学习时作为可拼接、可裁选的素材	1. 提供一定的思维开放度，又防止思维无限扩散 2. 学习成果路径清晰可见，同学者可一目了然 3. 方便记录者简要书写，方便发布者扩展表达
功能			个体学习支架	小组共用学习支架
特点	普遍通用性	学科专业性	前置性、建构性	开放性、可视化
说明	无需设计		需要根据学习内容进行适切的设计	

· 工具的设计与使用。

工具设计步骤如下：首先，提炼学科关键概念和能力；其次，了解学生的已知经验；最后，将学科知识转化为不同类型的情境任务，在完成任务的过程中设计各种思维可视化工具。学习工具设计与使用的策略如下：提供与情境和学科知识有关的、能产生矛盾冲突的工具；提供思维可视化的微视频，使抽象的知识变得直观生动；利用表格，让思维过程外显；利用各类思维导图，建构知识网络等。

学习工具的选择、设计和使用有很多共通的原则：必须基于学习任务和情境的实际需求；能促进学生的独立思考和合作学习；作为支架最终改善学生的学习心智模式。

④ 改造环境，助力学生素养培育。

改变传统的教室座椅摆放形式，根据学科特点、学生特质、学习内容等要素，进行课堂物理环境的再设计，助力学生在各学习环节中获得最佳的空间体验。

注重提倡班级文化建设，除传统的德育、行为规范等教育外，增设基于学科学习的作业分享、海报展示等软环境。从学校层面逐年打造各类课程新空间，以硬环境助力学习时空的不断优化,进一步推动学习文化和学习形态的创新发展。

(2) 单学科和跨学科项目化学习研究

我校"以学习为中心"的课堂变革行动研究到了一定的阶段后,尝试将项目化学习的方式融入教学设计以及学校课程设计的实践。希望通过项目化学习,学生能将好的学习策略和习惯逐步内化为一种学习心智,进一步深化"以学习为中心"的课堂教学变革。

我校组建了项目化学习研究团队,开展单学科和跨学科项目化研究。目前,基于以项目化学习促进学生问题解决能力提升的研究,在初步形成的解决问题全过程路径模板基础上形成了三条实践策略(见图3)。

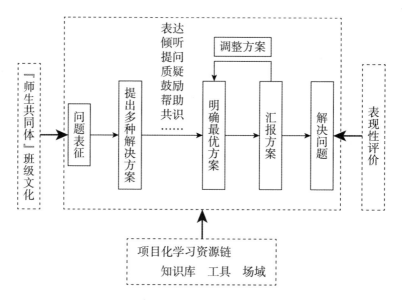

图3 "提升问题解决能力"的策略

① "师生共同体"的班级文化创建,引领学生建立并保持共同理解、采取恰当的行动解决问题、建立并维持团队形式规则,开展有效的协作学习。

② "项目化学习资源链"的建构,助力学生进行高质量的探究。"资源链"包括知识、工具、场域(班级、学校、社区等)。

③ 以"表现性评价"的设计为学习先导,不断校正学习过程,使学生始终聚焦核心任务,减少对驱动性任务理解和解决中的偏差。

2. 指向素养培育的两类课程变革

(1) 三年级"1+N"项目化学习活动

我校"睛彩之窗"拓展型课程有两类,一类是普及型课程,为面上所有学生提供拓展学习的资源、条件和机会,利用每周五下午市教委规定的"快乐活动日"时间,一、二年级开展主题式综合活动,四、五年级以走班制的方式进行传统的"六大板块自主选"活动,三年级则尝试开展指向素养培育的"1+N"项目化学习活动。

我校教师与同济大学"未来创造家"团队共同开发了"未来创造家"系列课程。该课程旨在将设计学研究范式嵌入学生的日常学科学习,一方面通过学习设计学中建构化研究的方法,培养教师建立学科知识点关联网络的能力,以便设计出问题解决的高阶策略,解决学科知识点线性教学与真实问题非线性之间的矛盾;另一方面学生通过运用设计学的相关知识,对"真实生活中的复杂问题"进行结构化梳理,打通知识系统性与问题情境性之间的壁垒。两个团队的教师每周联合教研,共同设计课程,在三年级实施,并在每学期以各种形式展示阶段性学习成果。实践中发现,在设计项目化学习活动的过程中,如何设计有效的驱动性问题尤为重要,应关注以下几点:

① 将具体问题提升为更本质的问题。

一个适合的驱动性问题要去除其中具体的细节部分,成为更上位和指向本质概念的问题。下面以"如何在学校开一家便利店?"课程中某几个课时的驱动性问题为例加以说明。

《动线》一课的目标是通过动线的学习与策略的制订,让学生了解生活中的规则和看不见的系统都是深思熟虑后的设计,培养学生的预判能力。本课的驱动性问题是"制订怎样的策略可以最快速、准确地发完作业本?"学生通过个体思考、小组讨论形成了过程性成果。

② 将本质问题和学生经验建立联系。

对于难理解的、抽象的概念,要结合学生的特点和经验进行转化,成为学生感兴趣的情境。比如,"如何在学校开一家便利店?"的课程主题即来自学生。以"尺度的感性认识""商品的属性探究"和"方案的原型制作"三个单元为基础,从学生熟悉的事物——牛奶盒入手展开探究,学生在整个项目学习过程中始终充满兴趣和好奇。为了降低问题的难度,教师将问题进行了结构化,并将最终的复杂问题进行了限定,变"开一家便利店"为"制作牛奶贩卖机"。

③ 运用可引发论争的问题。

许多问题并没有固定答案,可以激发学生的积极性。通过论争可考查学生的论证是否充分,帮助学生将思维"桥接"至具有更大深度和可迁移的概念。

当"制作牛奶贩卖机"课程进行到第六课时,全年级围绕着"未来,收银员会不会被机器所替代?"这个主题,以辩论的形式开展了第一阶段的成果综合发布会。以正式的辩论比赛作为抽象的学习空间,可引发论争的问题极大地调动了学生的学习兴趣,使其激发了学习积极性,增强了自信。

(2) 集中性 PBL 活动

"睛彩之窗"拓展型课程中的另一类是提高型课程,包括社团活动、兴趣小组活动等,为部分有兴趣、爱好、特长的学生提供拓展学习,并组织学生参加各类竞赛。社团建设主抓"四团、四队、一社",竞赛类兴趣小组共十余个,主要安排在放学之后的"330"时段。除此之外,我校近年来还结合两类课程的特点,在素养的视角下,以项目为载体,进行了拓展和探究的研究。

上学期,我校开展了首届 PBL 周活动,旨在进一步推动教师了解项目化学习,跳出传统的教学思维重新审视学生的学习。三至五年级集中安排课时,利用三个下午的时间开展分年级活动。统整各年级各学科教师、家长志愿者进入各班教室一起协助开展活动。

三年级围绕"铅笔:第一支现代化书写工具"这一主题,在"快乐半日活动"中已经开展了数次探究性学习,学生对铅笔的发展演变有了一定的了解。在此基础上,教师在这个学习周里集中就"木头铅笔和活动铅笔各有哪些利弊"这个问题组织学生探讨和辩论。

四年级从《道德与法治》教材中的问题"如何让班级变得更好"出发,通过调研班情、汇总梳理、提出改进意见建议、形成解决方案等环节,开展"我们班四岁了"项目化学习。

五年级借第二届进博会召开的契机,开展"策划进博会黄一中心分会场"这个虚拟项目的设计。各班学生根据学校空间、人员条件和外部可调动的相关资源,就场地安排、人员分工、产品布置、宣传接待、后勤保障等各方面策划方案。

在三个年级的出项活动时,夏雪梅研究员和市项目组的部分教师来校进行观察和指导。随后,我校组织教师开展了两场反思活动,一场是线上反馈,另一场是线下总结反思会,结合专家意见,对各个项目进行了反思和总结。

在本次PBL周的尝试中,我们总结了经验,为后续的项目化学习设计提供指导。

① 关注核心知识预设。

预设核心知识时,既要基于学科,又要从学生理解的角度去整合,并尽可能与各学科相关联。在项目化学习过程中,要始终关注学生对于核心知识的理解程度,让活动始终围绕核心知识展开。

② 关注反思迁移。

在项目化活动进行到出项步骤后,教师除了和学生一起对自己在整个项目学习过程中各方面表现进行评价外,更需要关注学生对学习内容的迁移,帮助学生有序复盘整个学习过程,让学生进行自我反思,从而认识到他们是如何思考问题、完成探究任务的。这种元认知能力的培养有助于学生逐步成为学习的主人。

希望通过在三类课程中渗透的项目化学习,能真正达成培养学生适应终身发展和社会发展所需要的关键能力、必备品格和正确价值观的目标。

(三) 实施成效

近几年来,我校以课程建设为载体,围绕"聚焦课堂变革,转变育人模式"进行了课程改革,对满足学生学习的个性需求以及服务学生全面健康成长起到了积极作用。主要体现在以下几个方面:

1. 挖掘素养培育的深度

在基础型课程中,我校坚持立足课堂教学主阵地。在"以学习为中心"的课堂教学变革中,教师通过在教学设计和组织实施中用好"情境、规则、工具"三要素,帮助学生在课堂学习中获得知识的链接、经验的转化、思维的整合、能力的提升,让学习向纵深发展。"深度学习"促进了学生自主学习和自主发展。

2. 拓展素养培育的宽度

基于教育部提出的中国学生发展核心素养体系中18个基本素养培育点,从原有的"睛彩之窗"拓展型课程和"睛彩之旅"探究型课程中筛选适合的课程,设计了一批综合的项目化学习。如"童心视界"少儿视觉艺术课程、"我们的蓝色国土"海洋教育启蒙课程、"未来创造家"创意实践课程、"DI风暴"创新思维课程与"TE 校园创业大亨"社会认知与商业素养启蒙课程等。这些课程能够让学习横向延伸,让学生的核心素养得到全面培育。

3. 促进综合素养的提升

近年来,我校还尝试对三类课程进行统整与融合,用融合的课程进一步促进学生基础素养的综合提升。如将原有的影视教育课和摄影课进行统整设计,融入创意美术的一些视觉元素,着力打造了校本特色鲜明的"童心视界"少儿视觉艺术课程。该课程以学校、家庭和周边社区为探究的任务载体,通过创意绘画、摄影和小视频创作等形式,引领学生用小眼睛观察大世界,用艺术和创意表达对在地文化的了解、对真善美细节的记录和捕捉、对正确价值观的弘扬。我校两年一度开展与此课程相关的视觉艺术文化节活动,集中展示学生艺术素养和艺术学习的成果。与此同时,适时融入基于培养学生正确价值观及身心健康等目的所设计的项目化学习任务,把课内所学的知识与原有的生活经验和现实社会相联结,促进学生对世界的深度理解,形成更灵活、更大格局的心智习惯,应对未来挑战。

义务教育学业质量"绿色指标"评价结果也印证了本次课程改革的成效。反馈指标中显示:学生的学习动力得到了较好的激发,学习过程中的情绪较为饱满,师生关系趋向平等、积极,高阶思维能力发展得到一定程度的提升,学习和创新能力也在逐步增强。我校将继续深化指向素养培育的"以学习为中心"的教学、项目化学习、探究学习等教学实验,推动以核心素养为结构的课程体系的建立。

后　记

在完成这本书的最后章节时，我深感欣慰与感慨。从最初的构思到如今的定稿，每一步都充满了挑战，但正是这些挑战让我更加坚定。在这个过程中，我得到了学校许多老师的帮助和支持，没有他们，这本书是无法完成的。我要特别感谢赵健老师参与部分书稿的撰写、修改和整理，感谢严斌老师参与第三章中数字评价平台的相关研究及内容撰写。同时，我也要感谢鲁晓微、严萍、程微、张帆卫老师作为各章节召集人的辛勤付出，他们积极协调各方资源，确保本书的顺利推进；感谢李雨菲老师协助校稿。最后，我要感谢所有读者，是你们的关注和支持让我有动力继续前行。希望这本书能够给你们带来一些启发和思考，也期待听到你们的反馈和建议。

张烨

2024 年 1 月

图书在版编目（CIP）数据

创新之路：面向未来的校园新生态构建 / 张烨编
著. — 上海：上海教育出版社，2024.4
ISBN 978-7-5720-2586-0

Ⅰ.①创… Ⅱ.①张… Ⅲ.①小学教育－教育管理
Ⅳ.①G627

中国国家版本馆CIP数据核字(2024)第076252号

责任编辑　陈　群　李良子
封面设计　王　捷

创新之路：面向未来的校园新生态构建
张　烨　编著

出版发行　上海教育出版社有限公司
官　　网　www.seph.com.cn
地　　址　上海市闵行区号景路159弄C座
邮　　编　201101
印　　刷　上海商务联西印刷有限公司
开　　本　700×1000　1/16　印张21　插页1
字　　数　331千字
版　　次　2024年5月第1版
印　　次　2024年5月第1次印刷
书　　号　ISBN 978-7-5720-2586-0/G·2280
定　　价　88.00元

如发现质量问题，读者可向本社调换　电话：021-64373213